ODIP

Oficina de Direito Internacional Público e Privado

Bruna Barletta

Bacharel em Direito pela Pontifícia Universidade Católica de São Paulo em 2013, se especializou nas áreas de arbitragem e contencioso cível. Faz parte da Associação Brasileira dos Estudantes de Arbitragem – ABEArb, do Grupo de Estudos em Direito Comercial Internacional da PUC/SP e do Grupo de Estudos em Arbitragem também da PUC/SP. É mestranda em Direito das Relações Econômicas Internacionais pela Pontifícia Universidade Católica de São Paulo.

Carlos Roberto Husek

Possui Graduação em Direito pela Pontifícia Universidade Católica de São Paulo (1975), Mestrado em Direito pela Pontifícia Universidade Católica de São Paulo (1991) e Doutorado em Direito pela Pontifícia Universidade Católica de São Paulo (2004). Atualmente é Assistente Doutor do Departamento de Direito das Relações Tributárias, Econômicas, Internacionais e Comerciais da Faculdade de Direito do Centro de Ciências Jurídicas, Econômicas e Administrativas da Pontifícia Universidade Católica de São Paulo, Coordenador do Curso de Pós graduação Lato Sensu de Direito Internacional da Pontifícia Universidade Católica de São Paulo, Professor Credenciado na Pós graduação de Relações Econômicas Internacionais, com aulas no mestrado e doutorado. É Desembargador do Tribunal Regional do Trabalho de São Paulo, Sócio Fundador da Comunidade de Juristas de Língua Portuguesa – CJLP e Membro do Instituto Brasileiro de Direito Social Cesarino Júnior - Seção Brasileira da Société Internationale de Droit du Travail et de la Sécurité Social – SIDTSS. Membro da Academia Paulista de Direito onde ocupa a cadeira de n. 74. Publicou diversos trabalhos na área de direito, como os seus livros de Direito Internacional Público, na 13. ed., pela LTr, e pela mesma editora o Direito Internacional Público e Privado do Trabalho, na 3. ed. Fora do campo do Direito tem desenvolvido atividade literária com publicação de quatro livros de poesia e um de contos.

Cláudio Finkelstein

Possui graduação em Direito pela Pontifícia Universidade Católica de São Paulo (1989), mestrado em Direito Internacional – University of Miami (1991), doutorado em Direito pela Pontifícia Universidade Católica de São Paulo (2000) e Livre-Docência pela Pontifícia Universidade Católica (2011). Atualmente é professor da Pontifícia Universidade Católica de SP, em nível de graduação e pós-graduação. Diretor do Instituto Nacional do Contencioso Econômico e do Instituto Brasileiro de Direito Constitucional e vice Presidente da Sociedade Brasileira de Direito Internacional, ex-coordenador de Curso de Contratos Internacionais do COGEAE e da Fundação Getúlio Vargas – SP e coordenador do Curso de Contratos Internacionais do IICS em São Paulo. Orientador de TCC, Iniciação Científica, Mestrado e Doutorado da Pontifícia Universidade Católica de São Paulo, onde coordena a subárea de Direito Internacional no Pós-Graduação. Professor Convidado do Summer Course da SouthWestern University em Buenos Aires e da University of Miami, EUA. Tem experiência na área de Direito, com ênfase em Direito Internacional Privado, atuando principalmente no seguinte tema: direito internacional.

Felipe Nicolau Pimentel Alamino

Advogado. Pós-graduando em Direito Internacional na PUC/SP Cogeae. Fernanda De Miranda Abreu Doutoranda e Mestre em Direito das Relações Econômicas Internacionais pela PUC/SP. Professora assistente do Curso de Especialização em Direito Internacional do Cogeae/PUC-SP. Advogada.

Frédéric Walthère Joachim Pili

Estudou na Universidade de Liège história e relações internacionais. Ele se formou em Direito pela Pontifícia Universidade Católica de São Paulo. Atua como advogado na área de planos de saúde.

Henrique Araújo Torreira De Mattos

Advogado formado pela PUC/SP em 1998. Mestre em Direito das Relações Econômicas Internacionais pela Pontifícia Universidade Católica de São Paulo (2009), Pós graduado em Direto Empresarial pela Pontifícia Universidade Católica de São Paulo (2001) e em Direito Internacional Público e Privado pela Hague Academy of International Law em Haia/Holanda (2004). Assistente de Coordenação e Professor no curso de pós-graduação latu sensu em Direito Internacional da Pontifícia Universidade Católica de São Paulo (COGEAE) desde 2007, Professor assistente no curso de graduação em Direito Internacional na Pontifícia Universidade Católica de São Paulo desde 1999 e Colaborador da ODIPP (Oficina de Direito Internacional Público e Privado). Professor de Direito Empresarial na ESEG (Escola Superior de Engenharia e Gestão) desde 2013.

Ígor Santos Katz

Advogado. Mestrando em Direito das Relações Econômicas Internacionais pela PUC/SP. Especialista em Direito Internacional pela PUC/SP. Especialista em Gestão de Negócios Internacionais pelo SENAC/SP. Bacharel em Direito pela FMU com Módulo na University of Lódz Faculty of Economics and Sociology "Social-Economic Integration In Europe in the Period of Global Crisis". Bacharel em Relações Internacionais pela UNILUS. Professor assistente do Curso de Especialização em Direito Internacional do Cogeae/PUC-SP. Membro Efetivo da "Comissão de Direito Aduaneiro" da OAB, nomeado em 2015 pela Portaria n. 180/15/PR.

Karla Karolina Harada Souza

Advogada. Doutoranda em Direito pela Pontifícia Universidade Católica de São Paulo – PUC-SP. Mestre em Direito pela PUC-SP. Especialista em Direito Ambiental e Gestão Estratégica da Sustentabilidade pela COGEAE/ PUC-SP. Bacharel em Direito pelo Centro Universitário do Pará – CESUPA. Membro da Comissão Permanente de Meio Ambiente da OAB-SP. Pesquisadora do CNPq. Professora Assistente na PUC-SP. Palestrante e conferencista. Autora de diversos artigos e coautora dos livros "Tributação ambiental: reflexos na política nacional de resíduos sólidos" e "Direito Minerário e Direito Ambiental: Fundamentos e Tendências".

Marcos Neves Fava

Juiz do trabalho titular da 89ª Vara de São Paulo, mestre e doutor em direito do trabalho pela Faculdade de Direito da Universidade de São Paulo – USP; membro do Instituto Brasileiro de Direito Processual – IBDP.

Nuria López

Doutoranda e mestre em Filosofia do Direito pela PUC/SP. Bacharel pela mesma Universidade.

Sandra Thomaz

Mestre em Direito das Relações Econômicas Internacionais pela PUC/SP. Professora assistente do Curso de Especialização em Direito Internacional do Cogeae/PUC-SP. Advogada.

Vera Regina Garabini

Advogada e Professora. Mestre em Direito do Trabalho pela PUC/SP; pós-graduada em Direito do Trabalho pela USF/SP; pós-graduada em Direito Processual Civil pelo Centro de Extensão Universitário – SP; pós-graduada em Gestão de Turismo pelo Idepe/ECA – USP; MBA em gestão empresarial pela FGV – Management.

Yuri Pedroza Leite

Possui graduação em Direito pela Pontifícia Universidade Católica de São Paulo (2014), Pós-Graduando em Direito Internacional pela Pontifícia Universidade Católica de São Paulo (2016). Advogado na Finkelstein Advogados, atuando principalmente nas áreas de arbitragem comercial doméstica e internacional, direito empresarial e direito contratual. Participante das edições XXI e XII do Willem C. Vis Moot Court (2014-2015), assistente do Professor Cláudio Finkelstein nas aulas de International Arbitration da Pontifícia Universidade Católica de São Paulo (2015-2016).

Carlos Roberto Husek
Fabricio Felamingo
Henrique Araújo Torreira De Mattos

Coordenadores

ODIP

Oficina de Direito Internacional Público e Privado

N. 2

EDITORA LTDA.
© Todos os direitos reservados

Rua Jaguaribe, 571
CEP 01224-003
São Paulo, SP – Brasil
Fone (11) 2167-1101
www.ltr.com.br
Novembro, 2016

Produção Gráfica e Editoração Eletrônica: Linotec
Projeto de Capa: Fábio Giglio
Impressão: Paym Gráfica e Editora

Versão impressa: LTr 5648.3 — ISBN: 978-85-361-8992-5
Versão digital: LTr 9023.3 — ISBN: 978-85-361-8986-4

Dados Internacionais de Catalogação na Publicação (CIP)
(Câmara Brasileira do Livro, SP, Brasil)

ODIP N. 2: Oficina de Direito Internacional Público e Privado / Carlos Roberto Husek, Fabricio Felamingo, Henrique Araújo Torreira de Mattos, coordenadores. -- São Paulo : LTr, 2016.

Vários autores.
Bibliografia.

1. Direito internacional privado 2. Direito internacional público I. Husek, Carlos Roberto. II. Felamingo, Fabricio. III. Mattos, Henrique Araújo Torreira de.

16-06468   CDU-431

Índice para catálogo sistemático:
1. Direito internacional

SUMÁRIO

APRESENTAÇÃO 7

NAU DOS DESGRAÇADOS E O ACOLHIMENTO AOS ESTRANGEIROS
Carlos Roberto Husek 9

FORO NATURAL DAS RELAÇÕES COMERCIAIS INTERNACIONAIS
Cláudio Finkelstein e Yuri Pedroza Leite 14

A REALIDADE GLOBAL DE UNIFORMIZAÇÃO DAS PRÁTICAS DE COMÉRCIO
Ígor Santos Katz 19

O COMÉRCIO INTERNACIONAL E A PROTEÇÃO DOS TRABALHADORES
Fernanda de Miranda Abreu e Sandra Thomaz 25

CONVENÇÃO N. 138, DA OIT E A IDADE MÍNIMA PARA O TRABALHO NO BRASIL: 18 ANOS
Marcos Neves Fava 39

A RESPONSABILIDADE INTERNACIONAL DOS ESTADOS POR VIOLAÇÃO AO PRINCÍPIO COGENTE DA BOA-FÉ
Bruna Barletta 45

DIREITO AERONÁUTICO: ASPECTOS INTERNACIONAIS E INTERNOS
Vera Regina Garabini 54

DIREITO AMBIENTAL: INTERNACIONALIZAÇÃO E CONSTITUCIONALIZAÇÃO – CONSIDERAÇÕES SOBRE O DIREITO AMBIENTAL NA UNIÃO EUROPEIA E NO BRASIL
Karla Karolina Harada Souza 63

O DIREITO ÀS NARRATIVAS CALADAS
Nuria López 72

A NATUREZA JURÍDICA DA FIFA E SUA INFLUÊNCIA INTERNACIONAL
Henrique Araújo Torreira de Mattos e Frédéric Walthère Joachim Pili 78

EVOLUÇÃO HISTÓRICA DO INSTITUTO DO REFÚGIO: DO SÉCULO XX AOS DIAS ATUAIS
Felipe Nicolau Pimentel Alamino 86

APRESENTAÇÃO

Repetimos para os estudiosos o que já foi escrito na apresentação anterior dada a importância para o grupo, de há muito constituído, esta história que se renova, dia a dia. Neste grupo de Direito Internacional criado em 2000 e de lá para os dias de hoje, o círculo de pessoas foi gradativamente aumentando, entre pesquisadores, professores e interessados. Hoje a ODIP – Oficina de Direito Internacional Público e Privado composta por expoentes das letras jurídicas e, principalmente, por aprendizes, entusiasma-se e busca ampliar, cada vez mais, os seus pensadores e produtores do Direito.

São membros naturais e permanentes desta Oficina: Carlos Roberto Husek, Fabrício Felamingo e Henrique Araújo Torreira de Mattos (coordenadores desta revista), Paulo M. R. Brancher, Sandra Thomaz, Fernanda de Miranda S. C. Abreu, Luciano Terreri Mendonça, Frédèric Walthère Joachim Pili, Clarisse Laupman Ferraz Lima e Vera Garabini.

Saliente-se, mais uma vez, que os referidos estudiosos dão aulas e palestras em diversas instituições de ensino e auxiliam na coordenação e sub-coordenação do curso de especialização de Direito Internacional do COGEAE – Coordenadoria Geral de Especialização, Aperfeiçoamento e Extensão da PUC-SP.

Esperamos ansiosos pela leitura e pelas críticas, abrindo as portas do nosso Caderno para futuras publicações.

Agradecemos mais uma vez à LTr por esta oportunidade de publicação. Como sempre essa Editora, sob o comando efetivo e equilibrado de Armando Casimiro Costa Filho (Armandinho), apoia e incentiva novas publicações que contribuem para o Direito.

Assim esperamos.

CARLOS ROBERTO HUSEK

NAU DOS DESGRAÇADOS E O ACOLHIMENTO AOS ESTRANGEIROS

Carlos Roberto Husek(*)

> "Se existe um povo que a bandeira empresta
> Prá cobrir tanta infâmia e cobardia!...
> E deixa-a transformar-se nessa festa
> Em manto impuro de bancante fria!...
> Meu Deus! Meu Deus! Mas que bandeira é esta,
> Que impudente na gávea tripudia?!...
> Silêncio! Musa! Chora, chora tanto
> Que o pavilhão se lave no teu pranto...
> Auriverde pendão de minha terra,
> Que a brisa do Brasil beija e balança,
> Estandarte que a luz do sol encerra,
> E as promessas divinas da esperança...
> Tu, que da liberdade após a guerra,
> Foste hasteado dos heróis na lança,
> Antes te houvessem roto na batalha,
> Que servires a um povo de mortalha!...
> ....
> Andrada! Arranca esse pendão dos ares!
> Colombo! Fecha a porta de teus mares!
>
> *Castro Alves*

A poesia datada de 18 de abril de 1868, poderia ter sido feita nos dias atuais, senão indicando a bandeira brasileira, que na ocasião transportava para cá os escravos, ora observando as demais bandeiras que alimentam a escravidão moderna. Não só da África, mais de outras partes do mundo e se expandiu, porque cruza os mares em todas as partes em busca de um porto seguro, mas que no mais das vezes não se revela como tal.

As motivações, se não são as mesmas, tangenciam-se parecidas, porquanto a causa econômica ainda persevera, e a fome acompanha as bocas secas e as barrigas infestadas de impaludismo e outras doenças.

Os escravos não têm pelos dias atuais, apenas rostos escuros e/ou beiços largos, estes ainda continuam vindos de parte de uma África sofrida e de há muito explorada e esquecida, mas são de todas as raças e cores e se escondem sob peles brancas, pretas e amarelas, narizes aduncos, bigodes e barbas, panos atirados sobre o corpo e a cabeça envolta em indefectíveis turbantes, antes símbolos de honra e de identificação tribal.

Vivemos no mundo do faz de conta, em que as instituições brincam de promover a igualdade social e a elevação do ser humano à condição de interlocutor moderno da nova civilização planetária, mas a distância para alcançar tal desiderato ainda é enorme. Sobram espaços na área internacional para a desenvoltura econômica e politicamente egoísta dos Estados, que mantêm um poderio sobre as instituições internacionais e premência sobre as relações sociais, na comunidade internacional.

(*) Possui Graduação em Direito pela Pontifícia Universidade Católica de São Paulo (1975), Mestrado em Direito pela Pontifícia Universidade Católica de São Paulo (1991) e Doutorado em Direito pela Pontifícia Universidade Católica de São Paulo (2004). Atualmente é Assistente Doutor do Departamento de Direito das Relações Tributárias, Econômicas, Internacionais e Comerciais da Faculdade de Direito do Centro de Ciências Jurídicas, Econômicas e Administrativas da Pontifícia Universidade Católica de São Paulo, Coordenador do Curso de Pós graduação Lato Sensu de Direito Internacional da Pontifícia Universidade Católica de São Paulo, Professor Credenciado na Pós graduação de Relações Econômicas Internacionais, com aulas no mestrado e doutorado. É Desembargador do Tribunal Regional do Trabalho de São Paulo, Sócio Fundador da Comunidade de Juristas de Língua Portuguesa – CJLP e Membro do Instituto Brasileiro de Direito Social Cesarino Júnior - Seção Brasileira da Société Internationale de Droit du Travail et de la Sécurité Social – SIDTSS. Membro da Academia Paulista de Direito onde ocupa a cadeira de n. 74. Publicou diversos trabalhos na área de direito, como os seus livros de Direito Internacional Público, na 13. ed., pela LTr, e pela mesma editora o Direito Internacional Público e Privado do Trabalho, na 3. ed. Fora do campo do Direito tem desenvolvido atividade literária com publicação de quatro livros de poesia e um de contos.

A matéria é daquelas que influenciam a sociedade internacional e as sociedades internas, num mundo em que a soberania se tem por relativa – embora não gostemos dessa expressão, porque infiel à própria ideia de soberania – e as fronteiras se entendem por líquidas (Bauman)[1] porque frágeis para opor obstáculos aos mais variados ventos externos e amparar seus nacionais das investidas alienígenas e também nas suas andanças fora do país.

Neste último aspecto, há necessidade de que as legislações dos Estados da comunidade ou sociedade internacional (entendemos sinônimas as expressões, para os fins deste artigo) devem buscar adotar normas compatíveis com os princípios internacionais, principalmente os que se referem aos direitos humanos, para bem cumprir o papel de sujeitos de direito, no século XXI, observando-se que a nossa Constituição Federal, em diversos artigos, deixa clara a espinha dorsal que a sustenta, relativa aos direitos humanos, a saber, dentre outros, os seguintes dispositivos: Art. 1º. II, III, V; art. 3º. I, III, IV, art. 4º. II, III, IV, V, VI, VII, VIII, IX, X. A análise da cada uma das normas aqui elegidas é fundamental para que se entenda a personalidade jurídica do Brasil e como o nosso país se apresenta no concerto mundial, diante de tais mazelas. Antes, algumas palavras sobre a ideia de cidadania, que para nós têm amplitude maior do que aquela ensinada nos cursos de Direito.

1. A cidadania

Tem, em princípio, um significado interno conhecido, simploriamente posto expresso na condição daquele que é membro do Estado e/ou aquele que vivendo no território do Estado tem garantidos seus direitos civis, políticos e sociais, o que corresponderia basicamente aos seus nacionais. Fugindo dessa ideia clássica e, embora possa parecer estranha, muitos autores desenvolvem alguma reflexão sobre o que chamam de "cidadania internacional". Concordamos plenamente, quando pura e simplesmente, situamos o ser humano na face da Terra, como sujeito de direitos internacionais, independente de governos, ideologias, raças, nacionalidades e fixação territorial.

Trata-se, ainda que, desviada dos conceitos clássicos, uma qualificação natural, porque todo ser humano tem direito aos bens que decorrem da vida no planeta, não se permitindo a qualquer soberania ou organização internacional opor obstáculos a tal direito. É fato, no entanto, que esta cidadania não é exercida da mesma forma que é exercida no Direito interno. Há um dado novo na vida internacional que é a participação ativa e muitas vezes ombreada com o Estado, das pessoas que não se veem mais como simples componentes de um território e submetidas a um determinado poder.

No mundo moderno, multifacetário e complexo, o ser humano ganhou dimensão inusitada, está sobre a proteção de normas internacionais, tem foros próprios, cortes específicas, organismos que o amparam e que amplificam a sua voz.

Além do que, aos poucos, o ser humano passa a ser o centro da vida internacional, submetendo-se até a um tribunal que julga a prática de crime internacional, o Tribunal Penal Internacional. Desse modo, e sob estas perspectivas, seria imprópria a ideia de estrangeiro, em relação ao território internacional (o planeta), porque todos nós somos beneficiários de direitos que não se submetem a um determinado espaço geográfico. Repetimos, não existem estrangeiros para o Direito Internacional. A expressão "cidadania internacional" é a que dá a exata noção dos seres humanos perante a ordem internacional, porquanto tais direitos devem ser respeitados pelos diversos governos, sem que se desnature o controle interno de todos que vivem ou passam pelo território de um Estado.

De forma específica e uma vez que o mundo se divide em Estados, melhor exercício não há, do que examinarmos a Constituição brasileira, para constatarmos ou não, se absorvemos o Direito Internacional na expressão humana da cidadania internacional.

2. Art. 1º. III. A dignidade da pessoa humana

Tem amplo significado e é tida como uma categoria axiológica aberta, e, portanto, uma definição rígida não é cabível, porque deve representar a multifacetária personalidade do ser humano e nas diversas situações a que ele se submete. No âmbito internacional, a par de diversas manifestações, tratados e atos internacionais, cuja análise não cabe na finalidade deste artigo, não se pode deixar de mencionar "A Declaração Universal dos Direitos Humanos", de 1948 (ONU), e nela, o que se tornou um princípio, sempre exemplarmente citado: "todos os seres humanos nascem livres e iguais em dignidade e direitos. Dotados de razão e consciência, devem agir uns para com os outros em espírito de fraternidade".

---

(1) Bauman, Zygmunt, sociólogo, polonês, professor da London Schpool of Economics, autor de várias obras, como "Amor Líquido", "Comunidade", Globalização: As consequências humanas", "O mal-estar da pós-modernidade", "Modernidade líquida", "Tempos líquidos", "Vida para consumo", "Vida líquida" e outras.

Relembrando sempre Bauman, não há fronteira para a afirmação e a prática da dignidade humana.

E esta expressão abrange variados aspectos da vida em sociedade e que no mundo de hoje mostram-se cada vez mais, desde questões relacionadas ao crime, à duração abusiva e prolongada da prisão cautelar, à biossegurança, o uso de entorpecentes, a operação de mudança de sexo, o feto anencéfalo, a interrupção da gravidez, as oportunidades de vida razoável, digna e com o mínimo de oportunidade para o desenvolvimento profissional, para a manutenção da saúde e para o aprimoramento da personalidade, a liberdade de comunicação e de associação filosófica, religiosa e política, bem como as manifestações sectárias e racistas.

O ex-Ministro Maurício Corrêa, em julgamento objetivo e simples, deixou clara a posição do Brasil, ao firmar os padrões éticos e morais da nossa Carta Política.[2]

Enfim, a gama é muito grande, e apesar de vivermos no tempo da internet e da comunicação ampla, nem tudo chega aos tribunais, nem sobre tudo há administração do Estado, e as lacunas legais são enormes sobre estas e outras facetas, ficando os Poderes Legislativo e Executivo, ausentes de várias dessas questões.

Acusa-se, no Brasil, o Judiciário de ativismo indevido, mas não pensamos assim, porquanto há necessidade do Estado, e neste caso o Estado-juiz, na falta de atuação dos demais poderes, manifestar-se para garantir a dignidade humana, independentemente da nacionalidade daquele que venha reivindicar algum direito. Todos esses casos ocorrem dentro do território nacional ou alhures, com a vinda do estrangeiro para o Brasil.

3. Art. 1º. V. Pluralismo político

Sem entrarmos numa análise específica das questões políticas, naturalmente profundas, porque por intermédio delas é que, de certa forma, readequamos o convívio social, e nos direcionamos pelo caminho dos princípios invocados e consagrados na Carta Maior, observamos que a opção do Brasil pelo pluralismo político é a opção pelo respeito ao pensamento humano e à proteção a todos que desejam se reunir e agir sob um conjunto de regras próprias sobre a concepção do Estado e do governo e da vida em sociedade. Imaginar e conceber um melhor funcionamento para as relações sociais e atendimento para as necessidades básicas de cada ser humano e da coletividade, é, em si, demanda natural do espírito humano e não pode ser castrada sob nenhum argumento, salvo aquelas premissas que buscam contrariar a própria liberdade e eternizar no poder uma pessoa ou um grupo de pessoas.

4. Art. 3º. I. Objetivos da República: construir uma sociedade livre, justa e solidária

Nobres propósitos que não podem ser esquecidos e que abrangem naturalmente brasileiros e estrangeiros. Não há sociedade livre, se tal liberdade não se estender àqueles que estão além fronteiras e que procuram o Brasil para aqui viver, progredir e eventualmente procriar, com a garantia dos direitos fundamentais, seguridade e previdência social, educação, emprego, participação na comunidade.

5. Art. 3º. III. Erradicar a pobreza e a marginalização e reduzir as desigualdades sociais e regionais

Tal qual o inciso anterior, aplicável a todos que vivem ou passam pelo território nacional. A marginalização implementa as desigualdades e alimenta a pobreza. No combate ao poder econômico que produz desequilíbrios, favorecendo alguns poucos e desfavorecendo a muitos, deve o Estado pautar-se pela regulação de uma política econômica condizente. Há ainda, profundas diferenças sociais no Brasil, entre habitantes do Norte e do Sul, do leste e do Oeste, e entre nativos e estrangeiros, que refletem na assimetria social injusta, cujas fundações sociais implicam na construção de pilares igualmente assimétricos, que não estão aptos a sustentar uma sociedade igualitária.[3]

---

(2) "Fundamento do núcleo do pensamento do nacional-socialismo de que os judeus e os arianos formam raças distintas. Os primeiros seriam raça inferior, nefasta e infecta, características suficientes para justificar a segregação e o extermínio: inconciabilidade com padrões éticos e morais definios na Carta Política do Brasil e do mundo contemporâneo, sob os quais se ergue e se harmoniza o estado democrático. Estigmas que por si só evidenciam crime de racismo. Concepção atentatória dos princípios nos quais se erige e se organiza a sociedade humana, baseada na respeitabilidade e dignidade do ser humano e de sua pacífica convivência social. Condutas e evocações aéticas e imorais que implicam repulsiva ação estatal por se revestirem de densa intolerabilidade, de sorte a afrontar o ordenamento infraconstitucional e constitucional do País." (HC 82.424, Rel. p/o ac. Ministro Maurício Corrêa, julgamento em 17.09.2003, Plenário, DJ de 19.03.2004)

(3) "Em face da atual Constituição, para conciliara o fundamento da livre iniciativa e do princípio da livre concorrência com os da defesa do consumidor e da redução das desigualdades sociais, em conformidade com os ditames da justiça social, pode o Estado, por via legislativa, regular a política de preços de bens e de serviços, abusivo que é o poder econômico que visa ao aumento arbitrário dos lucros." (ADI 319-QO, Rel. Min. Moreira Alves, julgamento em 03.03.1993, Plenário, DJ de 30.04.1993)

6. **Art. 3º. IV. Promover o bem de todos, sem preconceitos de origem, raça, sexo, cor, idade e quaisquer outras formas de discriminação**

Promover o bem de todos, sem quaisquer medidas de diferenciação social, política, econômica, racial, sexual, religiosa, de nacionalidade.

Embora as fronteiras do Estado sejam mais acessíveis que em outras épocas, e para o cumprimento dos princípios e normas de direitos humanos, devam ser desconsideradas, como possíveis barreiras, para que não haja penetração de alienígenas indesejados e/ou a evasão de pessoas para o exterior, principalmente mulheres e crianças, como escravas modernas (objetivos sexuais) ou para fins científicos (venda de órgãos), tais fronteiras devem ser consideradas, quando se trata de não permitir tais quebras da humanidade, pouco importando o movimento, se de fora para dentro ou de dentro para fora. Já, muitos casos chegam ao Judiciário, a exemplo dos menores, que são levados de suas famílias, do dia para a noite, com a perda de identidade, de seu conhecido espaço no mundo, e o afastamento daqueles que as protegem. Os poderes do Estado devem agir, imediatamente, para resolver tais problemas e mesmo as circunstâncias de ordens legais, envolvendo os pais e a adoção ou guarda definitiva da criança. O Brasil assinou diversas Convenções internacionais, uma particularmente importante, a "Relativa à Proteção das Crianças e à Cooperação em Matéria de Adoção Internacional", de 29.05.1993, que se internalizou pelo Decreto n. 3.087, de 21.06.1999. Tais convenções, de cooperação judiciária, dão uniformidade nos procedimentos e evitam que a soberania dos países e suas fronteiras possam servir de obstáculo para a proteção, e sim, que se transformem em fortalezas de cooperação contra o crime e contra as irregularidades e desvios sociais nessa matéria. O voto abaixo, em caso que chegou ao STF, da Ministra Ellen Gracie, tem ao nosso ver algumas impropriedades terminológicas e de conceito, como na questão de referir-se ao mesmo tempo a Estados-membros e Estados-partes da Convenção e ao falar do cumprimento do tratado sob o princípio da reciprocidade, uma vez que entendemos que o princípio é da obediência da lei comum, mas serve para localizar a matéria que vem sendo tratada pelo judiciário, os nossos compromissos internacionais e a Constituição Federal.[4]

7. **Art. 4º. II. Prevalência dos direitos humanos**

É a prevalência total sobre qualquer outro direito, lembrando-nos aqui o § 2º do art. 5º da C. F. *"Os direitos e garantias expressos nesta Constituição não excluem outros decorrentes do regime e dos princípios por ela adotados, ou dos tratados internacionais em que a República Federativa do Brasil seja parte."*

Aliás, para nós, bastava esse artigo para garantir a própria prática e obediência aos tratados internacionais de direitos humanos, sem necessidade do acréscimo feito pelo constituinte do § 3º do mesmo artigo, pela Emenda 45 de 2004, mas este é outro assunto, que deixamos para publicação futura, se houver oportunidade.

8. **Art. 4º. III. Autodeterminação dos povos. IV. Não intervenção. VI. Igualdade entre Estados. V. Igualdade entre os Estados. VI. Defesa da paz. VII. Solução pacífica dos conflitos**

Aqui, uma breve consideração sobre estes dois incisos, uma vez que prestigiam a soberania de cada

---

(4) "Gostaria (...) de tecer algumas considerações sobre a Convenção de Haia e a sua aplicação pelo Poder Judiciário brasileiro (...) A primeira observação a ser feita, portanto, é a de que estamos diante de um documento produzido no contexto de negociações multilaterais a que o País formalmente aderiu e ratificou. Tais documentos, em que se incluem os tratados, as convenções e os acordos, pressupõem o cumprimento de boa-fé pelos Estados signatários. É o que expressa o velho brocardo pacta sunt servanda. A observância dessa prescrição é o que permite a coexistência e a cooperação entre nações soberanas cujos interesses nem sempre são coincidentes. Os tratados e outros acordos internacionais preveem em seu próprio texto a possibilidade de retirada de uma das partes contratantes se e quando não mais lhe convenha permanecer integrada no sistema de reciprocidade ali estabelecido. É o que se chama de denúncia do tratado, matéria que, em um de seus aspectos, o da necessidade de integração de vontades entre o chefe de Estado e o Congresso Nacional, está sob o exame do Tribunal. (...) Atualmente (...) a Convenção é compromisso internacional do Estado brasileiro em plena vigência e sua observância se impõe. Mas, apesar dos esforços em esclarecer o conteúdo e alcance desse texto, ainda não se faz claro para a maioria dos aplicadores do Direito o que seja o cerne da Convenção. O compromisso assumido pelos Estados-membros, nesse tratado multilateral, foi o de estabelecer um regime internacional de cooperação, tanto administrativa, por meio de autoridades centrais como judicial. A Convenção estabelece regra processual de fixação de competência internacional que em nada colide com as normas brasileiras a respeito, previstas na Lei de Introdução ao CC. Verificando-se que um menor foi retirado de sua residência habitual, sem consentimento de um dos genitores, os Estados-partes definiram que as questões relativas à guarda serão resolvidas pela jurisdição de residência habitual do menor, antes da subtração, ou seja, sua jurisdição natural. O juiz do país da residência habitual da criança foi o escolhido pelos Estados-membros da convenção como o juiz natural para decidir as questões relativas à sua guarda. A Convenção também recomenda que a tramitação judicial de tais pedidos se faça com extrema rapidez de em caráter de urgência, de modo a causa o menor prejuízo possível ao bem-estar da criança. O atraso ou a demora no cumprimento da Convenção por parte das autoridades administrativas e judiciais brasileiras tem causado uma repercussão negativa no âmbito dos compromissos assumidos pelo Estado brasileiro, em razão do princípio da reciprocidade, que informa o cumprimento dos tratados internacionais, (...) Este é o verdadeiro alcance das disposições da Convenção." (ADPF 172-REF-MC, Rel. Min. Marco Aurélio, voto da Min. Ellen Gracie, julgamento em 10.06.2009, Plenário, DJE de 21.08.2009).

Estado, mas seguramente – ao se considerar o conjunto das normas constitucionais e o ordenamento jurídico brasileiro – não podem prevalecer no que contrariar a dignidade humana. Os povos têm autodeterminação e os Estados são iguais, todavia, diante do sistema internacional, tal autodeterminação e tal igualdade não permitem a escravização, a barbárie, a matança, em nome de qualquer regime ou de qualquer ideologia. Tais dispositivos apenas garantem que o Brasil não interferirá nos assuntos alheios, nem, por óbvio, invadirá qualquer território, mas não impede que o Brasil, juntamente com outros Estados, com a ONU e/ou com outras organizações internacionais, condene os desmandos e mesmo faça junções internacionais para que um membro da sociedade internacional volte a se comportar dentro dos limites admissíveis em defesa da vida e da sobrevivência de seus próprios nacionais. O ser humano, repita-se, tem prioridade no Direito Internacional.

9. Art. 4º. VIII. Repúdio ao terrorismo e ao racismo

O repúdio ao terrorismo e ao racismo representa um compromisso ético-jurídico assumido pelo Brasil, na administração do seu povo e das relações estabelecidas no seu território e perante a comunidade internacional. Nada mais retrógrado do que o terrorismo, apesar da atualidade do seu acontecimento, porque nele está embutido o desprezo pela opinião alheia, a intolerância, o egocentrismo das próprias razões, a cegueira ao espaço ocupado pelo outro, o egoísmo, o desprezo pela vida, a afirmação dos próprios motivos pela ação violenta e inesperada. Ainda que alguns grupos terroristas busquem justificar as suas idiossincrasias com base em injustiças e desmandos históricos – que eventualmente podem ter existido – perdem a razão ao se posicionarem "à latere" da sociedade organizada, como se fossem os únicos possuidores da verdade.

Quanto ao racismo, de há muito nos debruçamos sobre este mal, que vem dos tempos de antanho, e dele não conseguimos nos livrar, apesar das leis e dos princípios. Entretanto, constar da norma constitucional esse compromisso, é obrigar à sua prática, e isso, nos torna um Estado avançado e efetivamente do futuro. O Direito tende sempre, a buscar a implementação de normas e princípios que tornem melhor a humanidade, localizada em um determinado território ou espalhada pelo globo terrestre. Isto é o que pensamos. Acreditamos no Direito e nos sistemas jurídicos, ainda que primevos; melhor algum sistema do que nenhum. Em nosso caso, caminhamos bem, embora nos falte uma melhor praticidade, fiscalização, seriedade e responsabilidade na implantação efetiva e concreta do que está na Constituição. Vamos em frente. Um passo de cada vez.

10. Art. 4º. IX. Cooperação entre os povos x Concessão de asilo político

Nada mais nos resta a acrescentar. Cooperação entre os povos é o produto de tudo o que escrevemos em torno deste assunto, aqui neste artigo e a prática do asilo político já é uma tradição do Brasil. Os que forem perseguidos pelas suas ideias terão amparo em terras brasileiras (asilo territorial) ou, de início, em nossas embaixadas (asilo diplomático). O mesmo não ocorre com os que praticaram crimes em terras alheias e fogem para o Brasil. Estes não terão nossas portas abertas, porque em solidariedade e reciprocidade, em obediência, enfim, ao princípio da soberania e da igualdade entre os Estados (aqui vale, plenamente ressaltar os poderes constituídos em cada povo e território), se o criminoso aqui vier e sua extradição for requerida, é nosso dever devolvê-lo ao Estado requerente, salvo casos e exceções que devem ser analisados, diante de bens maiores que atinjam a pessoa e a vida do criminoso, como, por exemplo, a condenação no seu país de origem à pena de morte (não admitimos) ou a tortura ou à lei de Talião (olho por olho, dente por dente), priorizando o que for mais indigno e vingativo nas relações humanas. Cada caso concreto deve ser analisado com equilíbrio e ponderação.[5]

11. Conclusão

Está na hora da nau dos desgraçados aportar em lugar seguro e nós, componentes da raça humana, embora divididos em Estados, estendermos as nossas pontes, para permitirmos que o ser humano caminhe livre e viva com saúde e atenção, independentemente do sentimento de patriotismo e da necessidade de defesa territorial e populacional dos governos locais.

---

(5) Não há incompatibilidade absoluta entre o instituto do asilo político e o da extradição passiva, na exata medida em que o STF não está vinculado ao juízo formulado pelo Poder Executivo na concessão administrativa daquele benefício regido pelo Direito das gentes. Disso decorre que a condição jurídica de asilado político não suprime, por si só, a possibilidade do Estado brasileiro conceder, presentes e satisfeitas as condições constitucionais e legais que a autorizam, a extradição que lhe haja sido requerida. O estrangeiro, asilado no Brasil só não será passível de extradição quando o fato ensejador do pedido assumir a qualificação de crime político ou as circunstâncias subjacentes à ação do Estado requerente demonstrarem a configuração de inaceitável extradição política disfarçada." (Ext 524, Rel. Min. Celso de Mello, julgamento em 31.10.1989, Plenário, DJ de 08.03.1991).

FORO NATURAL DAS RELAÇÕES COMERCIAIS INTERNACIONAIS

Cláudio Finkelstein(*)
Yuri Pedroza Leite(**)

"Commercial arbitration must have existed since the dawn of commerce. All trade potentially involves disputes, and successful trade must have a means of dispute resolution other than force."[1]

Nos últimos anos, a comunidade jurídica e econômica brasileira viu-se tomada por importantes discussões e transformações do cenário internacional, a respeito de suas leis e de suas relações comerciais. Já com 20 anos, a lei de arbitragem vem desenvolvendo debates e práticas novas acerca da resolução dos conflitos. Em 14 anos, o sistema judicial brasileiro já está se moldando favoravelmente às mais modernas aplicações da Convenção de Nova York de 1958 sobre o Reconhecimento e Execução de Sentenças Arbitrais Estrangeiras, com uma posição pró-arbitragem encapada pelo Superior Tribunal de Justiça. Ainda, o Brasil ratificou a Convenção de Viena de 1980 sobre a Compra e Venda Internacional de Mercadorias, além de introduzir importantes mudanças acerca da cooperação e contratação internacional no novo Código de Processo Civil de 16 de março de 2016 (Lei n. 13.105/2016).

Uma das inquirições a respeito de todo esse novo arcabouço legal introduzido no nosso direito pátrio é a análise da flexibilização jurídica acerca dos foros judiciais disponíveis para a prática do comerciante e do jurisconsulto. Hoje são adicionados novos fatores, tais quais os elementos caracterizadores dos contratos internacionais, a previsão de foros judiciais de competência para análise de uma disputa, e de foros internacionais para a execução das sentenças domésticas e internacionais.

Em vista das tão recentes modificações vigentes, uma discussão que se faz imperativa para a análise da evolução do direito comercial internacional envolve a observação dos elementos acima indicados e a explicitação da arbitragem internacional como o melhor foro para desenvolver as particularidades atinentes ao comércio internacional.

1. Das relações econômicas internacionais e o desenvolvimento do direito

Globalização. Uma palavra utilizada já por muitos e há muito, buscando definir um fenômeno recente visto no mundo, porém sem ainda uma definição satisfatória o suficiente para abarcar toda a ideia que busca abraçar[2]. Contudo, é tal fenômeno definitivo para a formação do complexo sistema dos mercados internacio-

---

(*) Possui graduação em Direito pela Pontifícia Universidade Católica de São Paulo (1989), mestrado em Direito Internacional – University of Miami (1991), doutorado em Direito pela Pontifícia Universidade Católica de São Paulo (2000) e Livre-Docência pela Pontifícia Universidade Católica (2011). Atualmente é professor da Pontifícia Universidade Católica de SP, em nível de graduação e pós-graduação. Diretor do Instituto Nacional do Contencioso Econômico e do Instituto Brasileiro de Direito Constitucional e vice Presidente da Sociedade Brasileira de Direito Internacional, ex-coordenador de Curso de Contratos Internacionais do COGEAE e da Fundação Getúlio Vargas – SP e coordenador do Curso de Contratos Internacionais do IICS em São Paulo. Orientador de TCC, Iniciação Científica, Mestrado e Doutorado da Pontifícia Universidade Católica de São Paulo, onde coordena a subárea de Direito Internacional no Pós-Graduação. Professor Convidado do Summer Course da SouthWestern University em Buenos Aires e da University of Miami, EUA. Tem experiência na área de Direito, com ênfase em Direito Internacional Privado, atuando principalmente no seguinte tema: direito internacional.

(**) Possui graduação em Direito pela Pontifícia Universidade Católica de São Paulo (2014), Pós-Graduando em Direito Internacional pela Pontifícia Universidade Católica de São Paulo (2016). Advogado na Finkelstein Advogados, atuando principalmente nas áreas de arbitragem comercial doméstica e internacional, direito empresarial e direito contratual. Participante das edições XXI e XII do Willem C. Vis Moot Court (2014-2015), assistente do Professor Cláudio Finkelstein nas aulas de *International Arbitration* da Pontifícia Universidade Católica de São Paulo (2015-2016).

(1) Lorde Mustill, Juiz de Apelações (*House of Lords*, Reino Unido). *Arbitration – History and Background*, Journal of International Arbitration, 1989.

(2) Na concepção de Malcolm Shaw, pode tal conceito ser entendido como "um alto grau de interdependência entre indivíduos, grupos e empresas, públicas e privadas, dentro e fora das fronteiras nacionais". SHAW, Malcolm N. *Direito Internacional*. São Paulo: Martins Fontes, 2010.

nais, que veem um *boom* de crescimento das trocas de mercadorias, serviços e investimentos, além da consequente regulação que lhes é particular.

Conforme precisamente indicado pelos professores Mistelis e Schmitthoff, o desenvolvimento do comércio internacional resultou na divisão da concepção tradicional do direito comercial em dois ramos distintos: um primeiro, envolvendo as normas aplicáveis às trocas domésticas, e um segundo, relacionado às trocas comerciais internacionais[3].

Essa nova introdução de um estudo específico às relações empresariais internacionais estabelece um aprofundamento de propósito do direito econômico. Conforme observa José Cretella Neto ao citar Raiser, entre as funções desse ramo do direito está a de conferir certeza e estabilidade às relações econômicas, mediante a regularidade e legalidade de sua atuação, bem como a de assegurar a liberdade econômica concreta do indivíduo e compatibilizar a propriedade privada com o dirigismo estatal, consolidando a justiça substancial atinente a esse setor jurídico[4].

Essa evolução concretiza-se com a formulação de distintos instrumentos normativos voltados à regulamentação das transações internacionais. É o caso da criação de Tratados Internacionais[5], flexibilização ou atualização das normas internas[6], desenvolvimento de organismos e associações privadas internacionais especializados, como no caso da UNCITRAL, da *International Bar Association* ("IBA") e da *International Law Association* (ILA), formulação de Leis e Contratos modelo sobre temas modernos atinentes às novas práticas comerciais criadas[7], e também o aperfeiçoamento das chamadas *Soft Laws*[8].

Em aprofundada análise, Filali Osman anuncia a existência de uma instituição que predetermina os modos de produção normativa intrínsecos à *lex mercatoria*, qual seja, a existência de uma sociedade mercantil ("*societas mercatorum*").

Sua gênese vem do que todos os participantes do mercado internacional aspiram para o mesmo fim, um ideal mercantil único: atender às necessidades do comércio internacional. Quanto à existência de demandas distintas – e até mesmo concorrentes –, em decorrência da pluralidade de contextos possíveis, assinala como denominador comum de todos os atores da *lex mercatoria* a própria necessidade de se operar no mercado internacional, amplo, e, portanto, consolidam a unidade institucional da *societas mercatorum*.[9]

Especificamente no caso brasileiro, imperativo que a doutrina nacional comece a cuidar de uma relevante introdução de um conceito importantíssimo para o desenvolvimento do direito comercial internacional. Em seu art. 25, o novo código de processo civil trouxe à nossa legislação a primeira menção a um novo tipo de contrato, qual seja, o contrato internacional[10]. Sem qualquer previsão legislativa anterior, ou intenso debate, os legisladores brasileiros resolveram pela inserção do texto, que, até o momento, está passível de diversas interpretações, que muito provavelmente se alimentarão das discussões já existentes no estudo comparado.

Como inicialmente informado, a criação e adoção de todos esses regramentos pelos Estados e pelos agentes privados permitiram o progresso e, em certa medida, o aumento da dinamicidade prosperada pelos agentes comerciais no cenário internacional. Essa vitalidade das transformações legais e comerciais fazem também

---

(3) "The development of international trade led to a division of the traditional commercial law into two branches, the law applying to domestic transactions and that applying to international business transactions". MISTELIS, Loukas; SCHMITTHOFF, Clive M. *Is harmonization a necessary evil? The future of harmonization and new sources of international trade law*. In: FLETCHER, Ian; MISTELIS, Loukas & CREMONA, Marise, *Foundations and Perspectives of International Trade Law*, Sweet and Maxwell Limited, London, 2001. p. 9.

(4) CRETELLA NETO, José. *Curso de Direito Internacional Econômico*. São Paulo: Saraiva, 2012. p. 61.

(5) A exemplo das já citadas Convenções de Nova York e de Viena, bem como a Convenção de Bruxelas de 1968 e de Lugano de 2007, sobre competência judiciária e execução de decisões em matéria civil e comercial

(6) Como, no caso brasileiro, ocorreu da promulgação da Lei n. 9.307/1996 (Lei da Arbitragem) e sua recente alteração (Lei n. 13.129/2015), e a inserção de capítulos específicos no atual código de processo civil brasileiro (título II da Lei n. 13.105/2015).

(7) Leis-Modelo da UNCITRAL sobre Arbitragem Comercial e sobre Comércio Eletrônico; Contratos-Modelo de Distribuição Internacional e de Consórcio da Câmara de Comércio Internacional ("CCI").

(8) Costumes e Prática Uniformes relativos a Créditos Documentários (*Uniform Customs and Practice* – UCP 600) da CCI; INCOTERMS; Regras comerciais acerca da qualidade e exigências formais de documentos alfandegários; Princípios contratuais da UNIDROIT; Diretrizes da IBA relativas a conflitos de interesses em arbitragem internacional, para representação de partes em arbitragem internacional, e regras de mediação entre Investidores-Estados.

(9) "Son unité fondatrice provient de ce que tous les acteurs aspirent à une même fin, un idéal marchand unique: répondre aux besoins du commerce international. Or, à moins de soutenir l'idée de besoins différents, voire concurrents, les nécessités du commerce international sont le dénominateur commun de tous les acteurs de la lex mercatoria et, partant, le ferment de l'unité institutionnelle de la societas mercatorum". OSMAN, Filali. *Les principes généraux de la Lex Mercatoria : Contribution à l'étude d'un ordre juridique anational*. Libraire Générale de Droit et de Jurisprudence, Bibliothèque de droit privé, tome 224, Paris, 1992. p. 409.

(10) "Art. 25. Não compete à autoridade judiciária brasileira o processamento e o julgamento da ação quando houver cláusula de eleição de foro exclusivo estrangeiro em contrato internacional, arguida pelo réu na contestação."

prosperar as discussões e as práticas envolvendo a solução de eventuais disputas. Como determinar o direito aplicável, e o procedimento que melhor aproveita todas as necessidades que o caso concreto reserva às quimeras geradas pelos contratos comerciais internacionais?

2. Disputas internacionais

Essas relações, contudo, promovem também o surgimento de desentendimentos, muitas vezes derivados da ausência de uma sólida aplicação harmônica e uniforme de todos esses instrumentos. Em verdade, embora toda essa estrutura jurídica desenvolvida em torno das novas práticas comerciais internacionais tenha por pretensão a harmonização de princípios e de direitos, fato é que ainda encontra-se num marco histórico muito recente e, como tal, permite uma leitura variante de intérprete para intérprete, a despeito de serem criadas buscando uma linguagem objetiva e um estudo das mais variadas tradições jurídicas modernas (simplificadas na dicotomia das tradições *Civil Law* x *Common Law*).

2.1. Arbitragem Internacional

A arbitragem é meio de solução das controvérsias desde tempos imemoriais. Antes da existência de reis e de Estados que reservavam para si a possibilidade de decidir os conflitos de seus subordinados, estes já implementavam um sistema de solução alternativa. Não se pode precisar como ou quando a arbitragem iniciou entre as relações interpessoais, mas sua origem remota por vezes é utilizada como crítica, sendo apontada como método rudimentar de solução. Seus críticos não poderiam estar mais enganados.

Em sua vertente internacional, a arbitragem tem florescido de uma forma extremamente sofisticada, pela produção normativa que foi indicada anteriormente. Sua utilização é preferência na esfera das relações internacionais entre Estados, tendo sido utilizada pelos Estados modernos na definição de fronteiras de navegação (tal como no Tratado de Trodesilhas, decorrente da Bula *Inter Coetera* de 1493, e as famosas *Alabama Claims*, entre Estados Unidos da América e a Grã-Bretanha, resolvidas em 1872 por um painel de cinco árbitros, um inglês, um americano, um italiano, um suíço e um brasileiro). Essa predileção (à lamentosa exceção das vias de guerra vistas durante os séculos XIX e XX) inclusive levou à formação de uma organização internacional especializada, cuja única proposta é a administração de casos arbitrais oriundos de disputas entre Estados, a Corte Permanente de Arbitragem, prevista na Convenção de Haia de 1899.

Entretanto, sua evolução também foi promissora no campo das disputas internacionais privadas. Foram promovidas as criações de câmaras internacionais de arbitragem, tais quais a da CCI e do ICSID, instituto filiado ao Banco Mundial, responsável por resolver disputas desenvolvidas no seio dos Tratados Bilaterais e Multilaterais de Investimentos Estrangeiros. O mundo também viu a criação de um dos tratados de maior adesão até o presente, a Convenção de Nova York de 1958, facilitando a cooperação internacional a respeito do reconhecimento e execução de sentenças arbitrais estrangeiras, e, consequentemente, fortalecendo o instituto da arbitragem internacional como forma efetiva de solucionar e de garantir a consolidação dos direitos levados a este foro específico.

Todo esse desenvolvimento gerou respeitabilidade ao instituto. A arbitragem já não é mais vista como uma renúncia arriscada dos direitos substantivos. Não deve ser vista como a exclusão dos foros nacionais, mas, na verdade, deve ser vista como a seleção do foro natural para a solução das disputas internacionais[11].

Por fim, conforme indicado na célebre sentença arbitral do caso paradigmático *Dow Chemical*, as sentenças arbitrais formam progressivamente uma jurisprudência relevante, pois deduz as consequências da realidade econômica e atende às necessidades do comércio internacional, as quais devem atender às regras específicas da arbitragem internacional, sendo estas mesmas elaboradas progressivamente.[12]

2.2. Privilégios de foro e Forum Shopping

Nunca são demais as metáforas envolvendo a disputa travada pelos litigantes no processo judicial. A mais corrente, arrisca-se dizer, é aquela clássica noção do combate no campo do xadrez. Astúcia e estratégia são elementos determinantes para se aproveitar ao máximo dos lances do adversário ao seu favor. Na

---

(11) "Arbitration is no longer considered a dangerous waiver of substantial rights. In fact the selection of arbitration is not an exclusion of the national forum but rather the natural forum for international disputes". LEW, J.D.M.; MISTELIS, L.A. Mistelis; and KRÖLL, S.M. *Comparative International Commercial Arbitration*, Kluwer, The Hague, 2003.

(12) "(...) que les décisions de ces tribunaux forment progressivement une jurisprudence dont il échet de tenir compte, car elle déduit les conséquences de la réalité économique et est conforme aux besoins du commerce international, auxquels doivent répondre les règles spécifiques, elles-mêmes progressivement élaborées, de l'arbitrage international." Sentença Arbitral ICC No. 4532 (Dow Chemical), Révue d'Arbitrage, 1984, p. 137 et seq.

dinâmica da formação contratual, as partes já pensam em seus futuros movimentos, traçando as mais variadas previsões acerca de hora e lugar de cada jogada. Nas contratações mais tradicionais, entre as concessões encontra-se a determinação de um foro judicial para dirimir as disputas. Idealmente, essas cláusulas de eleição de foros seriam verdadeiras cláusulas de proteção de direitos, ou moedas de troca para conquistar uma negociação mais vantajosa para outra obrigação.

Entretanto, em sua análise estratégica, a cláusula de eleição de foro também pode ser utilizada como ferramenta de privilegiar-se um determinado interesse. Na sua função jurisdicional, as cortes localizadas tendem a seguir um viés interpretativo de definição do sentido da lei por muitas vezes homogêneo, em determinado temo e espaço. Sabendo-se dessas idiossincrasias, uma parte melhor munida de informações tentaria estabelecer aquela que melhor lhe aprouvesse (como, por exemplo, em situações de cortes que priorizam os pedidos formulados pelos requerentes, ou que maximizam a fixação de valores discricionários etc.). Em se tratando dos mercados globais, e, portanto, da pluralização dos elementos de conexão que permite a uma mesma relação contratual estabelecer liames com distintas jurisdições, o fenômeno do *forum shopping* é espelhado na dinâmica internacional[13].

Portando esse conhecimento, uma parte vê-se diante da possibilidade de determinar qual a jurisdição que melhor lhe aprazerá. Entretanto, embora muito debatido na teoria internacional, o sistema de *forum shopping* é comumente visto sob uma ótica negativa, tendo como significado não a mera escolha de um foro, mas sim como a forma de se aproveitar injustamente dessa seleção em detrimento dos interesses comuns das partes[14].

2.3. Forum Shopping na arbitragem: a definição da sede

Como acima afirmado, para Maloy, a característica que distancia o sistema de *forum shopping* da livre escolha de foro (*forum selection*) é que aquela possui como característica a injustiça e o desequilíbrio entre as partes[15]. Essa assertiva, entretanto, não deve ser transmitida para o mundo da arbitragem internacional, por alguns motivos que orbitam duas grandes realidades que distinguem este daquele método judicial das cortes estatais.

A primeira, derivada do princípio da autonomia da cláusula arbitral, que garante a ela o status de cláusula autônoma e presumidamente contratada de forma específica. Isto é, baseia-se no consenso mútuo das partes, característica essencial para atestar-lhe validade. Ao contrário da cláusula de eleição de foro, a cláusula arbitral levemente destaca-se da dinâmica interpretativa da íntegra do contrato, para realizar-se uma análise das vontades específicas para sua formação, pela qual não se admite, *a priori*, que tenha sido ela pactuada para gerar um desequilíbrio ou uma injustiça entre as partes, justamente por serem estas detentoras de igual vontade e barganha na conclusão de sua redação[16].

A segunda, em razão da heterocomposição do tribunal arbitral, e da possibilidade de escolha de uma lei aplicável ao procedimento. Serão os árbitros, portanto, responsáveis pela dita interpretação da lei e posicionamento da mesma para resolver o desentendimento. Podendo as partes escolher seu árbitro, seja ele único, ou dentro de uma composição bilateral, nivela-se o equilíbrio entre as partes e extirpa-se a presunção de desigualdade de tratamento.

Ademais, chegam alguns autores a identificar na arbitragem internacional a possibilidade de um completo descolamento do procedimento arbitral internacional de uma ordem jurídica nacionalizada. O fenômeno da delocalização permite que o tribunal desvincule-se por completo das amarras jurisdicionais definidas pela sua sede, devendo este aplicar a norma em consonância não com os fatores políticos inerentes à legislação (enquanto vontade do poder dirigente do Estado), mas sim como ferramenta para resolver as

---

(13) "In this new era of a globalising economy it remains to be seen what the reaction of global capital markets to continuing differences in commercial law systems will be. It appears that the notorious phenomenon of forum shopping has been welcomed in several circumstances". MISTELIS, Loukas; SCHMITTHOFF, Clive M. *Is harmonization a necessary evil? The future of harmonization and new sources of international trade law*. In: FLETCHER, Ian; MISTELIS, Loukas & CREMONA, Marise, *Foundations and Perspectives of International Trade Law*. Sweet and Maxwell Limited, London, 2001, p. 5]. Ver mais em PETSCHE, Markus. *What's wrong with forum shopping? An attempt to identify and assess the real issues of a controversial practice*. The International Lawyer ed. 45, vol. 4, 2011. pp. 1.005-1.028.

(14) "Counsel, judges and academicians employ the term 'forum shopping' to reproach a litigant who, in their opinion, unfairly exploits jurisdictional or venue rules to affect the outcome of a lawsuit". JUENGER, Friedrich K. *Forum Shopping, Domestic and International*. 63, Tul. L. Rev. 553 (1989); "Forum shopping is the taking of an unfair advantage of a party in litigation". MALOY, Richard. *Forum Shopping? What's wrong with that?* 24 Quinnipiac Law Review 25, 2005.

(15) MALOY, *op. cit.*, p. 28

(16) Igualmente de interesse para o presente estudo é a discussão acerca das *unconscionable clauses*, isso é, as cláusulas "inescrupulosas" de arbitragem, onde uma parte não pode, não teve a oportunidade, ou simplesmente não realizou as devidas diligências para proteger suas vontades quando da negociação desse tipo de cláusula.

particularidades contidas no caso concreto de forma *pro-legem* e, acima de tudo, *pro-parte*.

Assim, a dinâmica da escolha da sede da arbitragem como estratégia serve muito mais para a composição de interesses das partes do que propriamente vantagens sobrepostas. A necessidade de selecionar um foro neutro, por si, já encaminha as partes em afastarem-se de seus costumes particulares (foros internos onde estão acostumadas a solucionar seus conflitos), bem como a seleção de um árbitro por cada parte dilui a possibilidade de haver um desnivelamento de forças.

2.4. Foro natural

Feita a análise dos elementos que circundam a prática do comércio internacional, desenvolvida pela *societas mercatorum*, o consequente desenvolvimento da arbitragem como forma eleita de solução de conflitos permite a elaboração da teoria de que é ela o foro natural para a solução das disputas internacionais.

Na definição de John O. Haley, o fórum natural é, por definição, aquele que tem a conexão mais próxima com as partes e com o caso[17]. Sem pormenores, a sofisticação dos recursos legais apresentados no transcurso das últimas sete décadas permitiram aos agentes da sociedade comercial internacional de cristalizar suas práticas e consolidar suas operações no desempenho de seus ofícios. Ainda, a arbitragem evoluiu enquanto criatura contratual em constante simbiose com os agentes comerciais, que nela encontraram determinadas benesses, garantindo-lhe sua predileção.

Por fim, em acertada observação, os professores Loukas Mistelis e Clive Schmitthoff compreendem que "a arbitragem internacional surgiu como o método preferido para a solução de disputas envolvendo transações comerciais internacionais (...) A arbitragem lida preponderantemente com disputas comerciais internacionais, enquanto as cortes nacionais lidam com casos domésticos para os quais a lei nacional e os interesses do Estado são normalmente incidentes. (...) Normas comerciais, que compreendem as leis do comércio internacional (*lex mercatoria*), devem ser aplicadas em preferência e, muitas vezes, em deferência às regras do direito nacional"[18]. Aprofundando-se no tema, argúem que a arbitragem é normalmente um procedimento personalizado, sendo o foro mais adequado para a análise das disputas comerciais internacionais, tendo em vista que a maioria das cortes estatais relutam com a ideia de aplicar leis estrangeiras, ainda mais se a regra soberana ou internacional puder ser encontrada somente nos costumes mercantis[19]. Por fim, destacam que os tribunais arbitrais, ao contrário, possuem facilidade na aplicação da *lex mercatoria* (ou, suplementarmente, de direito estrangeiro), o que obrigará futuramente as cortes estatais a flexibilizarem-se para aplicar tais normas, caso haja necessidade de tais casos complexos serem decididos em suas jurisdições[20].

3. Referências Bibliográficas

FLETCHER, Ian; MISTELIS, Loukas & CREMONA, Marise, *Foundations and Perspectives of International Trade Law*, Sweet and Maxwell Limited, London, 2001.

PETSCHE, Markus. *What's wrong with forum shopping? An attempt to identify and assess the real issues of a controversial practice*. The International Lawyer ed. 45, vol. 4, 2011.

LEW, J.D.M.; MISTELIS, L.A. Mistelis; and KRÖLL, S.M. *Comparative International Commercial Arbitration*, Kluwer, The Hague, 2003.

SHAW, Malcolm N. *Direito Internacional*. São Paulo: Martins Fontes, 2010.

CRETELLA NETO, José. *Curso de Direito Internacional Econômico*. São Paulo: Saraiva, 2012. p. 61.

OSMAN, Filali. *Les principes généraux de la Lex Mercatoria: Contributionà l'étude d'un ordre juridique anational*. Libraire Générale de Droit et de Jurisprudence, Bibliothèque de droit privé, tome 224, Paris, 1992.

---

(17) "The term 'natural forum' is by definition the forum that has the closest connection with the parties and the case". HALEY, John O. *Fundamentals of Transnational Litigation: The United States, Canada, Japan, and The European Union*, LexisNexis, 2012.

(18) "International arbitration has emerged as the preferred method for settlement of disputes in international business transactions. (...) Arbitration deals preponderantly with international trade disputes while national courts deal predominately with national cases for which national law and state interests are often called upon. (...) Trade standards, which comprise the law of international trade, should be applied in preference and often in deference to the rules of national law." MISTELIS, Loukas; SCHMITTHOFF, Clive M. *Is harmonization a necessary evil? The future of harmonization and new sources of international trade law*. In: FLETCHER, Ian; MISTELIS, Loukas & CREMONA, Marise, *Foundations and Perspectives of International Trade Law*, Sweet and Maxwell Limited, London, 2001. p. 5.

(19) "Most national courts are reluctant to apply foreign law, more so if the sovereign or international rule can only be found in a trade usage." MISTELIS, Loukas; SCHMITTHOFF, Clive M. *Is harmonization a necessary evil? The future of harmonization and new sources of international trade law*. In: FLETCHER, Ian; MISTELIS, Loukas & CREMONA, Marise, *Foundations and Perspectives of International Trade Law*, Sweet and Maxwell Limited, London, 2001. p. 11.

(20) "As an optimistic note, it may be emphasized that arbitral tribunals have little or no difficulty with the application of lex mercatoria. National Courts will have to follow. (...) International commercial arbitration has gladly stepped in to accommodate the needs of the business community. Arbitration has soft procedural rules, with the exception of procedural fairness, and emphasizes the settlement of dispute as a matter of substantive justice". MISTELIS, Loukas; SCHMITTHOFF, Clive M. *Is harmonization a necessary evil? The future of harmonization and new sources of international trade law*. In: FLETCHER, Ian; MISTELIS, Loukas & CREMONA, Marise, *Foundations and Perspectives of International Trade Law*, Sweet and Maxwell Limited, London, 2001. pp. 25-26

A REALIDADE GLOBAL DE UNIFORMIZAÇÃO DAS PRÁTICAS DE COMÉRCIO

Ígor Santos Katz(*)

1. Alguns aspectos da necessidade de padronização do comércio internacional

Há forte convicção de que as regras do Direito Aduaneiro não contrariam os institutos legais brasileiros, sobretudo, a Constituição Federal de 1988, porém, há muito trabalho e grande desafio para todos estudiosos do Comércio Internacional em uniformizar as regras e boas práticas aproximando-se da tão famosa Lex Mercatoria, que mais parece um Instituto atual do que retrógrado, uma vez que, o Estado tende a se distanciar das regras de Comércio Internacional a fim de facilitar as trocas entre Estados e Continentes. Não obstante, aos que pensam que o Estado pode temer a perda do controle, parece que a cada dia deixa de ser uma escolha e passa a ser uma necessidade para que o Estado se torne mais competitivo internacionalmente.

A exemplo, cito a revisão aduaneira, que traz insegurança jurídica, ao ter que se decidir qual será a classificação fiscal de uma mercadoria. As aduanas e controles aduaneiros de todos os países têm procedimentos ora assertivos, ora duvidosos, acerca do mesmo produto. Outros grandes desafios a Aduana mundial são: o livre comércio versus protecionismo; tráfico de drogas; lavagem de dinheiro; meio ambiente; propriedade intelectual; tráfico de pessoas. Considerando que a segurança jurídica é garantia do passado, mais a certeza no presente e a possibilidade de planejamento no futuro, a de se buscar a determinabilidade das normas e das decisões, pois é essencial para se ter decisões coerente, com fundamentação suficiente e controláveis.

Nos mais variados fóruns de comércio internacional constarão na pauta as discussões em torno da complexidade da regulamentação nacional, os avanços que já foram feitos neste século, perante a expectativa e desafios das principais organizações do comércio internacional, bem como, da relação jurídica desencadeada por um processo de revisão aduaneira devido à classificação fiscal de sua mercadoria ou ações protecionistas que trazem insegurança jurídica para pequeno importador brasileiro, que ao importar insumos da Alemanha, produzirá peças e equipamentos no Brasil, e posteriormente, por meio de um regime aduaneiro denominado como Drawback exportará para a China equipamento de maior valor agregado, graças ao erário de que abriu mão do recolhimento dos impostos para que este exportador pudesse ter maior competitividade global. Até aí tudo parece normal, salvo pelo fato de que este empresário terá que apresentar uma série de documentos perante Ministérios, Secretarias e Autoridades Portuárias que nem sempre estão em perfeita harmonia.

Nada obstante, terá o empresário brasileiro que obter um seguro de crédito a exportação, terá também que ser um operador econômico autorizado, terá ainda que negociar um contrato internacional de compra e venda de mercadoria, em inglês com o produtor alemão dos insumos necessários à produção, negociar seu produto com possíveis compradores da Ásia, redigir uma minuta de contrato internacional em algum idioma estrangeiro, embarcar o produto em um navio de bandeira filipina, contratar o seguro de frete com uma seguradora inglesa, acertar o pagamento do preço em moeda

---

(*) Advogado. Mestrando em Direito das Relações Econômicas Internacionais pela PUC/SP. Especialista em Direito Internacional pela PUC/SP. Especialista em Gestão de Negócios Internacionais pelo SENAC/SP. Bacharel em Direito pela FMU com Módulo na University of Lódz Faculty of Economics and Sociology "Social-Economic Integration In Europe in the Period of Global Crisis". Bacharel em Relações Internacionais pela UNILUS. Professor assistente do Curso de Especialização em Direito Internacional do Cogeae/PUC-SP. Membro Efetivo da "Comissão de Direito Aduaneiro" da OAB, nomeado em 2015 pela Portaria n. 180/15/PR.

conversível no exterior e o meio de pagamento por uma carta de crédito emitida por um banco chinês, que será confirmada por um banco holandês de primeira linha. Isto sem contar, negociações nacionais e internacionais com intervenientes da cadeia de *supply chain*, como por exemplo: o depositário de mercadoria, os transportadores, os agentes, os armadores, corretoras de câmbio, despachantes etc.

É por isso que, diferentes instituições internacionais, como a Organização Mundial do Comércio (OMC), Organização Mundial das Aduanas (OMA), a Organização para a Cooperação e Desenvolvimento Econômico (OCDE), o Instituto de Roma (UNIDROIT) e a Comissão das Nações Unidas de Direito do Comércio Internacional (UNCITRAL), vêm-se ocupando de um dos maiores desafios do século XXI, que é a importante tarefa de uniformizar e regulamentar aspectos do comércio internacional, dentre os quais a uniformização merece destaque, uma vez que os contratos internacionais de compra e venda de mercadorias representam a base do comércio mundial.

2. O Brasil e a uniformização das regras de comércio internacional

Tendo em vista que as Relações Econômicas Internacionais viabilizaram o descobrimento de novos mundos, e o crescimento das relações comerciais entre países e continentes, é importante analisar a confiança jurídica que o comércio enseja e os aspectos legais do Comércio Internacional e do Direito Aduaneiro. Neste cenário somos protagonistas, pois recentemente o Brasil chegou a ser a 7ª maior economia mundial (PIB), e está entre os 20 maiores exportadores do mundo. Como se vê abaixo, de 2000 a 2013 o desempenho do comércio exterior brasileiro foi bem superior ao da média mundial.

Ao analisar o cenário internacional, torna-se fácil constatar a grande complexidade e diversidade de leis, usos e costumes que regem os negócios internacionais atualmente. O resultado é que as empresas sem experiência internacional e, em particular, as pequenas e médias empresas acabam inibidas diante do desafio do comércio exterior. Por conseguinte, torna-se fundamental à organização de um sistema jurídico universal, que contenha um conjunto mínimo de regras materiais, que possa assegurar um justo equilíbrio nos contratos de compra e venda internacionais.

O fenômeno da globalização fortaleceu o processo de integração regional, que intensificou definitivamente as relações comercias entre os países, de forma irreversível. Com isto, as normas jurídicas de outros países estão cada vez mais em evidência, tornando a tão sonhada unificação das normas jurídicas comerciais entre os países não mais uma utopia e sim uma necessidade para a evolução do comércio internacional.

Os aspectos jurídicos das relações comerciais envolvem uma gama de possibilidades e acontecimentos que apesar de consubstanciar-se numa modalidade muito antiga que é o comércio, quer seja entre nacionais, quer seja entre estrangeiros, ainda hoje oferece insegurança jurídica, sobretudo, pelo fato de envolverem partes de nacionalidades diferentes e, consequentemente, leis e estatutos diversos.

Ao se analisar as semelhanças entre os principais estatutos de comércio internacional, lembramos a atual *lex mercatoria*, enaltecendo as leis que protegem esta modalidade de comércio, e as formalidades existentes entre o exportador e importador, que é o elo principal entre a oferta e a demanda.

"O objetivo central da OMC, assim como o do GATT, não é promover o "livre comércio", segundo a percepção frequentemente difundida na imprensa e até mesmo nos meios políticos e acadêmicos." A OMC é uma instituição internacional que tem como objetivo a regulação do sistema mundial do comércio por meio de um conjunto de princípios, acordos, regras, normas, práticas e procedimentos. Conforme os próprios documentos oficiais da OMC, "não é uma instituição livre cambista", sendo mais correto afirmar que a OMC envolve "um sistema de regras dedicadas à concorrência aberta, justa e não distorcida" do sistema mundial de comércio.

A ausência de normas jurídicas comuns e a falta de comunicação impossibilitam o desenvolvimento da operação comercial. Dada a importância para a unificação do Direito Internacional Privado e uma tendência para que o idioma oficial seja o do destinatário (importador estrangeiro), quando não em inglês. Os aspectos culturais das exportações, são de grande importância no processo decisório de compras e vendas internacionais, fazendo um paralelo com os principais Tratados, Acordos, e Blocos Econômicos que individualizam e protegem as suas próprias normas, inibindo a uniformização de normas internacionais.

A proximidade desta uniformização tão almejada por todos, pode ser encontrada no transporte marítimo, que emite em língua inglesa, o Conhecimento ou Certificado de Embarque, que comprova ter a mercadoria sido colocada a bordo do meio de transporte. Este documento é aceito pelos bancos como garantia de que a mercadoria foi embarcada para o exterior. O documento corresponde ao título de propriedade da mercadoria e pode ser consignado ao importador. Além deste documento, serão analisados outros documentos que são descritos de forma uniforme no comércio internacional como a Fatura Comercial (Commercial Invoice), Romaneio (Packing List), Certificados de Origem, Contrato de Câmbio de Compra.

No intuito de se enfatizar a problemática da uniformização dos estatutos do comércio internacional, há um trabalho árduo de instituições internacionais contemporâneas como o Instituto de Roma (UNIDROIT) e a Comissão das Nações Unidas de Direito Internacional (UNCITRAL), das quais objetivam a uniformização e regulamentação do comércio internacional.

3. *Lex mercatoria*

No comércio internacional surgem a cada dia novas modalidades de negociação, canais de distribuição e normas jurídicas que passam a conduzir essas atividades. Quando se encontra uma referência ao comércio internacional, é possível identificar, também, os elementos jurídicos, normas e costumes relacionados ao comércio internacional de mercadorias. Quando se analisa a problemática relativa ao comércio internacional é importante enfatizar os contratos internacionais, sobretudo, nos aspectos de sua normatividade e de sua elaboração.

O comércio é dividido entre o Mercado interno e externo, e respectivamente as concorrências nacionais e internacionais, tendo está última um maior número de competidores, obviamente. O alicerce do comércio internacional é o transporte marítimo, que desde sua criação, vem aperfeiçoando de tempos em tempos a melhor forma de atender a demanda global de exportar e importar mercadorias. Esta foi uma forma de comércio que melhor propiciou o acúmulo de mercadorias dentro de um container, onde neste baú de ferro fosse protegida até a chegada ao destino final, atravessando oceanos e cruzando as fronteiras imagináveis e inimagináveis deste planeta.

O direito comercial internacional moderno deve alguns de seus princípios fundamentais à *Lex mercatoria* desenvolvida na Idade Média, como a escolha de instituições e procedimentos arbitrais, de árbitros e da lei aplicável e o seu objetivo de refletir os costumes, uso e boa prática entre as partes. Muitos dos princípios e regras da *Lex mercatoria* foram incorporados aos códigos e civis a partir do início do século XIX.

A *Lex mercatoria* foi um sitema jurídico desenvolvido pelos comerciantes da Europa medieval e que se aplicou aos comerciantes e marinheiros de todos os países do mundo até o século XVII. Não era imposta por uma autoridade central, mas evoluiu a partir do uso e do costume, à medida que os próprios mercadores criavam princípios e regras para regular suas transações. Este conjunto de regras era comum aos comerciantes europeus, com algumas diferenças locais.

A evolução da sociedade e seu desenvolvimento organizacional fazem com que haja o aperfeiçoamento das fontes dos princípios que regem a sociedade dos comerciantes. Ainda não havia uma separação clara entre a sociedade civil e os comerciantes internacionais no começo do século XIX, estes ainda não formavam uma sociedade autônoma. Os negociantes do mercado internacional celebravam contratos de venda conforme a técnica habitual, respeitando o Código Civil ou o Código Comercial (ou outras fontes legislativas nacionais) e aproveitando da liberdade contratual prevista pelo conjunto de direitos europeus para dispor das soluções legais.

Os textos legislativos, por emanarem de autoridade (competente) do governo, não eram questionados pelos tribunais, já que atendiam a ordem pública. Estes textos legislativos eram redigidos por comissões das quais participavam os maiores juristas da época, o que em combinação com o momento histórico próspero, reforçava a suposição de sua excelência. Até hoje é sentido o reflexo da tradição jurídica segundo a qual foram educados tais comerciantes e seus conselheiros, quando é observado que as condições gerais de venda estão impregnadas de direito inglês.

4. Facilitação do comércio internacional

Os contratos de compra e venda eram frequentemente impostos pelo comércio britânico, o que permite supor uma "unificação do direito comercial sob a bandeira "inglesa" no século XIX. Com a primeira crise econômica capitalista (de superprodução) em 1917 e o começo da segunda metade do século XX, são rejeitadas muitas soluções antes admitidas. Há uma transformação radical e determinante do mundo comercial internacional e o papel do Estado teve que ser reanalisado, pois as relações econômicas ganhavam a cada dia proporção de grandeza maior que outrora, exigindo que se regulamentassem as relações entre diversos atores globais. São exemplos dessa dinamização a criação das casas de câmbio, o nascimento das instituições bancárias e das bolsas de valores, dentre outros. O comércio internacional buscava criar institutos que viabilizassem a total integração entre os mercados, o que pressupõe uma regulamentação supranacional.

A relação mundial entre países desenvolvidos e países com baixo índice de desenvolvimento também faz com que seja criada a necessidade de se normatizar as relações entre esses Estados, de forma a garantir o máximo de igualdade possível nas suas relações comerciais. No mundo globalizado é importante a relação pacífica entre Estados, bem como a solução pacífica de seus conflitos, defendida pelas organizações internacionais que surgem como organizações supranacionais legitimadas pelos próprios Estados.

Desta forma, o Estado talvez por temer perder competitividade, deixa de ser o único a editar normas e solucionar os conflitos advindos das relações comerciais internacionais, o que vai muito além dos conflitos oriundos das controvérsias existentes entre empresas de diversas nacionalidades, ou mesmo entre essas empresas e outros Estados. Tal fenômeno nos remete a *lex mercatória*, onde destacamos três conceitos.

Segundo Irineu Strenger, *lex mercatoria* pode ser entendida como: Um conjunto de procedimentos que possibilita adequadas soluções para as expectativas do comércio internacional, sem conexões necessárias com os sistemas nacionais e de forma juridicamente eficaz.

Outra definição que merece destaque é a de Antônio Carlos Rodrigues do Amaral: As regras costumeiras desenvolvidas em negócios internacionais aplicáveis em cada área determinada do comércio internacional, aprovadas e observadas com regularidade.

Já para Ana Paula Martins Amaral, *lex mercatoria* seria: Um novo direito anacional, surgido no seio da comunidade dos comerciantes internacionais, formado por usos e costumes internacionais, jurisprudência arbitral e contratos-tipo.

Cada vez mais os Estados vêem com bons olhos o fenômeno de abrirem mão do seu domínio legal comercial internacional, abrindo espaço às boas práticas do mercado, como por exemplo, os INCOTERMS que são termos comumente seguidos pelos compradores e vendedores internacionais, onde é determinado entre as partes, o ponto inicial e final da responsabilidade de cada um no comércio internacional, desde a saída da mercadoria, até a sua chegada, no destino final.

Na época da Lex Mercatoria, ocorreu fenômeno muito parecido com o atual, onde a autoridade central que hoje é o Estado, que deixava aos poucos de interferir nas regras do comércio, que evoluia naturalmente a partir do uso e do costume, à medida que os próprios mercadores criavam princípios e regras para regular suas transações.

Hoje temos um princípio base do direito civil e do direito internacional que o "Pacta sunt servanda" que significa que "os pactos devem ser respeitados" ou "os acordos devem ser cumpridos". Com isto, e tendo em vista o sentimento de que a maior parte das transações internacionais, ocorrem com base nas boas práticas e a contentamento do comprador e vendedor, que tem como objetivo preciso voltarem a fazer negócio novamente, afirmamos com cautela que os estados deixam aos poucos de regulamentar as transações internacionais, abrindo espaço para que organizações internacionais aprimorem e aperfeiçoem as regras de comércio internacionais, que por vezes demonstra ser mais dinâmica, e com maior segurança jurídica, do que a máquina estatal e os governos que nos países democráticos mudam de 4 em 4 anos, ou de 8 em 8 anos.

Outro ponto de destaque que faz com que nosso sentimento de que o Estado se distancia das relações comerciais internacionais, é o número crescente de litígios internacionais e nacionais que são resolvidos hoje por intermédio da arbitragem. Sem sobra de dúvidas, a arbitragem é a forma mais recomendável de solução de controvérsias surgidas no comércio internacional, e o Estado tendo consciência disto, não vai medir esforços para atrair e fomentar o comércio internacional, mesmo que para isso tenha que abrir mão do controle de fluxo do comércio internacional, quer seja por temer deixar de ser competitivo, que seja por se tornar a sexta principal economia global.

5. Solução de conflitos comerciais internacionais

A solução de litígios por arbitragem, ocorre quando as partes em um contrato estabelecem que as controvérsias serão dirimidas por árbitros por elas indicados, com base na Lei n. 9.307/1996, vem revolucionando as negociações comerciais.

Desde o final do século passado, muitos países revisaram suas legislações internas, para atrair fomentar o comércio internacional, tais como as leis francesa de 1981, inglesa de 1996, belga de 1998 e suíça de 1987. As leis dualistas têm por finalidade facilitar a solução de controvérsias internacionais, e com isto, propiciar ambiente neutro para as partes, menor interferência do Judiciário local, e dar tratamento diferenciado e condizente com as especificidades do comércio internacional. Neste sentido, as leis belga e suíça possibilitam até que as partes renunciem à possibilidade de recurso da sentença arbitral final.

É indubitável que a arbitragem é a forma mais usada e recomendada de solução de controvérsias surgidas no comércio internacional. Contudo, do ponto de vista operacional, algumas questões devem ser analisadas no momento em que os contratos internacionais são elaborados, pois geralmente a cláusula arbitral é esquecida, e somente é notada quando surge a controvérsia e se verifica que os custos podem ser mais altos do que se pressupunha.

O que ocorre na prática, é que geralmente o vendedor brasileiro, aceita sem questionar as cláusulas arbitrais sugeridas pelo comprador estrangeiro, que, na maioria das vezes, indica a sede da arbitragem no exterior e elege instituições arbitrais com taxas e custos altíssimos, que podem até inviabilizar o acesso à arbitragem. Contudo, como a cláusula arbitral tem efeito vinculante, é obrigatória e surgiu de consenso das partes, deverá ser cumprida e honrada sem discussão, posto que se assim não for violará o contrato, a lei e os tratados internacionais.

Os aspectos logístico, operacional e jurídico são de suma importância na formação dos contratos internacionais de compra e venda de mercadorias e dos contratos marítimos de transporte, fretamento e seguro. No custo da atividade empresarial, o Direito é um dos principais itens que interferem positiva ou negativamente no orçamento desta atividade, que devido às demandas jurídicas, pode o empreendedor prosperar ou não em suas atividades.

Toda empresa visa prevenir a demanda de litígios, a fim de minimizar os custos jurídicos, que incidirão de forma intrínseca no preço do produto final. Tal análise pode ser determinante para que um produto seja ou não competitivo.

Imaginemos o importador que aguarda a chegada do produto eletrônico que será essencial para confecção de um maquinário de alto valor agregado. Ocorre que este importador da mesma forma, já firmou compromissos de entrega do seu produto a centenas de clientes, e que se por ventura este primeiro container não chegar no prazo determinado, acarretará na perda de diversos clientes para seu principal concorrente que também vende um produto de semelhante qualidade.

Tendo em vista o exemplo acima, torna-se óbvio o quão importante será esta transação, e que quaisquer entreveros podem afetar de forma drástica a estabilidade destas duas empresas, sem ressalvas pode-se afirmar que poderão ocorrer situações em que uma empresa poderá até decretar sua falência devido a uma transação mal planejada juridicamente. Portanto, torna-se indispensável o conhecimento da sistemática das transações internacionais desde sua fase preliminar de negociação, pois todos os termos previamente negociáveis interferirão não só no custo da transação, mas em riscos e responsabilidades.

Dessa forma, a fase pré-contratual da negociação internacional assume extrema importância e engloba estratégias de minimização de custos, que trarão a tão desejada segurança jurídica. Nos contratos comerciais, é praxe a emissão de *pro forma invoice* ou fatura *pro forma* e a carta de intenção (*letter of inttent*). Já nesta fase que antecede o contrato internacional de compra e venda, devem as partes decidir a forma pela qual o contrato será regido, a forma depende da concordância entre as partes.

O contrato internacional de compra e venda pode ser formalizado por meio de um *e-mail* ou fax, conforme a confiança estabelecida pelas partes. A oralidade do contrato também é admitida, contudo, obviamente não é a forma mais indicada, segura e eficaz.

A fatura comercial emitida pelo exportador contém as informações detalhadas quanto a descrição e quantidade da mercadoria, dados do comprador/importador, tipo de transporte e porto de embarque ou destino, preço unitário e o valor total da fatura, data provável do embarque, formas e modalidades de pagamento, preço e Incoterm.

Nas negociações comerciais vem comumente sendo utilizadas as cartas de intenção, que contém motivos da negociação, direitos e obrigações, prazo, hipóteses de suspensão da negociação e imposição recíproca de sigilo e confidencialidade da transação.

Regra geral, nas negociações internacionais, o ponto de partida é representado pelas práticas *lex mercatoria* e pelas manifestações do que se convencionou chamar de *nova lex mercatoria*, tais como: usos e costumes do comércio internacional, contratos-tipo, condições gerais de venda, arbitragem comercial internacional e princípio da autonomia da vontade pelas partes em contratar.

A regulamentação das negociações comerciais é calcada em acordos internacionais e usos e costumes de diferentes portos, fazendo com que o direito marítimo se torne o protagonista nos conflitos de leis, sobretudo, aos que se referem aos contratos de transporte e fretamento marítimos.

No direito brasileiro não é reconhecido o princípio da autonomia de vontade das partes na escolha da lei aplicável aos contratos internacionais. Conforme a regra do direito internacional privado brasileiro referente à lei aplicável aos contratos, em geral, enaltece que as obrigações serão qualificadas e regidas pela lei do país no qual se constituírem, conforme reza o art. 9º da Lei de Introdução do Código Civil.

Contudo, a jurisprudência vem assentando entendimento no sentido de não se admitir autonomia de vontade. E assim, na determinação de lei de regência, a regra vigorante é o art. 9º da Lei de Introdução ao Código Civil, que remete a aplicabilidade do país de celebração do contrato, independentemente de haver disposição contratual específica ou na omissão do contrato no referente à lei aplicável. A exceção à regra ocorre quando as partes optam pela arbitragem comercial com um mecanismo alternativo de solução de controvérsias que consagra a autonomia de vontades das partes em determinar a legislação aplicável ao procedimento arbitral.

Encontra-se em trâmite o Projeto de Lei n. 4.095/1995 que substituirá a LICC e adota o princípio da autonomia da vontade.

Em 2005, o STJ homologou o primeiro caso de sentença estrangeira de juízo arbitral envolvendo a empresa brasileira Têxtil União S.A. e a empresa Suiça L'Aiglon S.A. Tendo sido este, o primeiro caso em que houve um pedido para homologação de sentença estrangeira realizada em juízo arbitral, a Corte Especial do Superior Tribunal de Justiça (STJ) deferiu a homologação, desconsiderando a alegação da Têxtil de não ter havido concordância na escolha da arbitragem para solução do processo por falta de assinatura. A homologação foi deferida mesmo com argumento de não assinatura de cláusula compromissória pela empresa têxtil. Segundo a Corte Especial, a Lei n. 9.307/1996 e a Convenção de Nova York de 1958, ratificada pelo Brasil por meio do Decreto n. 4.311/2002, não exigem assinatura das partes como pressuposto da validade da cláusula compromissória.

6. Referências Bibliográficas

BROWNLIEM, Ian. *Principles of Public International Law*. Editora: Oxford University Press, 2008.

CASSESSE, Antonio. *International Law*. Editora: Oxford University Press, 2005.

EDELMAN, Joel. *The Tao of Negotiation*. Editora: Harper Business, 1993.

ENGELBERG, Esther. *Contratos Internacionais do Comércio*. 3. ed. São Paulo: Atlas S.A, 2003.

GONÇALVES, Reinaldo. *O Brasil e o Comércio Internacional*. 2. ed. São Paulo: Contexto, 2003.

HUSEK, Carlos Roberto. *Curso de Direito Internacional Público*. Editora: LTr, 2015.

KISSINGUER, Henry. *Diplomacy*. Editora: Simon and Schuster Paper Backs, 1994.

MARTINS, Eliane M. Octavian. Curso de Direito Marítimo. 1. ed. Baruerí, São Paulo: Manole, 2008.

SEGRE, German. *Manual Prático de Comércio Exterior*. 2. ed. São Paulo: Atlas S.A., 2003.

O COMÉRCIO INTERNACIONAL E A PROTEÇÃO DOS TRABALHADORES

Fernanda de Miranda S. C. Abreu(*)
Sandra Regina Thomaz(**)

1. Introdução

Provavelmente antes mesmo de ler essas primeiras linhas, ao passar o olho pelo sumário do livro que nesse momento o leitor possui em mãos, este cogite: outro artigo sobre direito do trabalho como direitos humanos? Não é preciso que aquele que nos lê seja operador do direito para entender a pujança do tema, basta que tenha trabalhado algum dia em sua vida. É de conhecimento quase universal que o trabalho está umbilicalmente ligado à dignidade da pessoa humana.

Já sabíamos disso desde os tempos bíblicos, imemoriais. E, no entanto, ainda assim, deparamo-nos com enorme resistência de empresários e políticos diante de um simples fato da vida: o trabalhador precisa ser protegido, como ser humano que é. Protegido de atribulações econômicas, de elementos ambientais que precarizam sua saúde física e mental, da miséria, da hipossufiência. Disso não temos dúvida.

Mas há, também, o outro lado da moeda: como proteger o trabalhador se ele não possuir emprego (formal ou não, nos moldes celetista, como autônomo etc.)? Não havendo atividade econômica, não haverá a necessidade mão de obra, restando esvaziada toda a discussão sobre a necessária proteção ao trabalhador. Deparamos-nos, enfim, com a questão crucial, erroneamente considerada dicotômica. Como conciliar os primados do direito do trabalho com a dinâmica realidade econômica?

Escapa aos estreitos limites do presente trabalho a hercúlea (e talvez utópica) missão de encontrar uma resposta – assumindo que esta de fato exista. No entanto, como mentes inquietas que somos e apaixonadas pelo tema e sensíveis à realidade que nos cerca, não podemos deixar de ponderar alguns dos diversos pontos da questão que nos propomos.

Sendo originárias de um mesmo sistema jurídico, sob cujo abrigo desenvolvemos nossa formação e nosso pensar, a forma com que olhamos e analisamos a questão necessariamente perpassará, ainda que "de raspão", pelas normas brasileiras. O constituinte de 1988, bastante afinado com as disposições internacionais sobre o tema, elegeu como valores constitucionais da República Federativa do Brasil o valor social do trabalho e o apoio à livre iniciativa. Lado a lado a esses, temos a função social da propriedade e a dignidade da pessoa humana.

O mesmo espírito encontramos na Organização Internacional do Trabalho, que, afinada com os novos tempos, editou em 2008 a importante *Declaração sobre Justiça Social para uma Globalização Justa*. Conforme lemos em seu preâmbulo, a Declaração proporciona aos líderes uma abordagem equilibrada que relaciona as pessoas com soluções locais produtivas, oferecendo, simultaneamente, uma plataforma comum de governança a nível internacional.

Contribui para a coerência das políticas a favor de um desenvolvimento sustentável nas políticas nacionais, entre as organizações internacionais e na cooperação para o desenvolvimento, congregando os objetivos social, econômico e ambiental. A este respeito, a

---

(*) Doutoranda e Mestre em Direito das Relações Econômicas Internacionais pela PUC-SP. Professora assistente do Curso de Especialização em Direito Internacional do Cogeae/PUC-SP. Advogada.
(**) Mestre em Direito das Relações Econômicas Internacionais pela PUC-SP. Professora assistente do Curso de Especialização em Direito Internacional do Cogeae/PUC-SP. Advogada.

Declaração destaca que as organizações internacionais e regionais, cujos mandatos abrangem áreas conexas, podem proporcionar um importante contributo para a implementação desta abordagem integrada.

Partindo da premissa de ser possível (e imperioso) conciliar a proteção ao trabalho e o não engessamento dos meios econômicos. Os instrumentos mais adequados para tanto têm sido tratados internacionais e instrumentos de baixa densidade normativa, como resoluções e diretivas. Encontrar o fino equilíbrio entre o regramento por entes internacionais (ou supranacionais) e a necessária liberdade viabilizadora do dinamismo fático parece ser um dos grandes desafios atuais.

A partir da análise do contexto globalizante no qual estamos inseridos atualmente, passamos a tangenciar os regramentos das relações de trabalho nas esferas regionais e no âmbito universal. Sendo certo que as necessidades são cada vez mais amplas, as organizações e organismos internacionais envolvidos em tal regramento também tem se diversificado sobremaneira.

2. O Comércio Internacional Globalizado e a normatização do trabalho

Globalização, de acordo com Carlos Roberto Husek é o *"[...] fenômeno social, consistente na aproximação de distâncias geográficas e na homogeneização das expectativas de consumo, de imaginários culturais, e de práticas políticas decorrentes da globalização econômica"*.[1] A globalização tem como inevitável e previsível consequência a hegemonia, dominação e transnacionalização de empresas.

Contrariamente ao que se costuma pensar, explica-nos Deilton Ribeiro Brasil, que a globalização não é um fenômeno recente. Aquela de que se fala hoje representa apenas o êxito mais elaborado de uma eterna tendência humana de explorar e depois colonizar todo o território que ainda existe, até fazer dele um único vilarejo controlado. A tradução prática dessa tendência deu-se de várias formas, segundo a criatividade de cada grupo, o seu espírito empreendedor, a sua agressividade e a disponibilidade de tecnologia, mais ou menos avançadas.[2]

Embora a globalização seja um fenômeno muito antigo, fato é que até a Revolução Industrial o processo foi tímido, podendo citar como exemplos o domínio romano no início da época cristã e o posterior mercantilismo no início da era burguesa. Com o advento da Revolução Industrial e a liberação do Capitalismo para suas plenas possibilidades de expansão, a globalização deu um salto qualitativo e significativo.

A ampliação dos espaços de lucro conduziu à globalização. O mundo passou a ser visto como um enorme mercado, com locais de investimento e de matéria-prima. Em um primeiro momento, a globalização foi também o espaço para o exercício de rivalidades intercapitalistas e daí resultaram duas grandes guerras mundiais.

Apesar do surgimento das empresas transnacionais ter ocorrido no final do século XIX e os principais grupos presentes hoje terem nascido, em sua maioria, nas primeiras décadas do século passado, somente após a Segunda Guerra Mundial elas adquiriram sua posição de hegemonia na economia mundial, pois, após a dominação do mercado interno, tornava-se atrativa a busca de outros mercados espalhados pelo mundo.

José Cretella Neto destaca que nos países industrializados, antes da Segunda Guerra Mundial, os principais segmentos da economia explorados pelas transnacionais eram o petróleo, veículos automotores, produtos químicos e alguns metais, sendo que a agricultura, o carvão e o aço, bem como a indústria têxtil ficavam mais concentrados em mãos dos cidadãos do país.[3]

Ao longo do século XX, a globalização foi conduzida a uma padronização da informação, da cultura e do consumo. Isso se deveu não apenas ao progresso tecnológico trazido pela Revolução Industrial, mas, sobretudo, ao desejo e necessidade da busca pelo lucro. As empresas transnacionais buscam, então, um mercado mundial aberto aos seus produtos e às suas fábricas, daí o fato de a globalização ser tão defendida por países europeus, Estados Unidos e Japão, que são países com altos níveis de desenvolvimento tecnológico.

José Cretella Neto assinala:

Com efeito, o desenvolvimento tecnológico, a melhoria dos meios de comunicação – ferrovias, navios a vapor, telégrafo – e a necessidade de expansão foram fatores decisivos para que essas empresas europeias e americanas passassem a operar no exterior, podendo manter adequado controle sobre filiais geograficamente distantes, atendendo mais adequadamente os clientes locais, por meio de geren-

---

(1) HUSEK, 2012. p. 158.
(2) BRASIL, Deilton Ribeiro. Empresas transnacionais sob o império da nova ordem mundial e sua integração no direito internacional. *Revista dos Tribunais*, São Paulo, n. 792, 2001. p. 35-62.
(3) CRETELLA NETO, José. *Empresa transnacional e direito internacional*. Rio de Janeiro: Forense, 2006. p. 7.

tes de mesma nacionalidade, familiarizados com a cultura de seus países de origem.[4]

Outro importante aspecto é que tais empresas possuem, atualmente, um grau de liberdade excepcional, que se manifesta na mobilidade do capital industrial, nos deslocamentos, na terceirização e nas operações de aquisições e fusões, segundo suas estratégias de controle do mercado e da produção, sendo que a maior parte desses fluxos de investimentos permanece concentrada nos países desenvolvidos.

De acordo com o entendimento de Hirst e Thompson, a globalização seria um mito porque a economia internacionalizada sempre existiu e as empresas genuinamente transnacionais são muito raras, já que a maior parte delas tem forte base nacional, não havendo transferência maciça de investimentos e empregos dos países avançados para os países em desenvolvimento, posto que tais investimentos se concentram justamente nas economias industriais do Japão, Europa e Estados Unidos, ficando os países menos desenvolvidos cada vez mais marginalizado.[5]

Portanto, são distintos os impactos da globalização para os países da periferia do sistema capitalista, dado que o grau de inserção desses países depende, em grande parte, do estágio de desenvolvimento industrial alcançado, das perspectivas de crescimento do mercado interno e de condições políticas que vão se constituindo internamente.

Carlos Roberto Husek assevera sobre a globalização:

> *[...] é um processo que, por suas regras, atinge o mundo todo, embora com efeitos desiguais, levando-se em conta o grau de desenvolvimento dos países, sua política externa, sua capacidade de sobreviver e defender seus interesses, participando de organizações e de blocos regionais, esgrimindo os ataques à sua economia e utilizando-se das regras postas, por necessárias e inevitáveis concessões democráticas, pelos organismos econômicos (OMC, FMI, BIRD etc.) para fazer valer alguns direitos.*[6]

Desde os anos 1950, num contexto de políticas desenvolvimentistas, verifica-se a presença de empresas transnacionais operando em setores chave da estrutura produtiva de países como Brasil, México e Argentina. Importante observar que a liberalização do comércio e a abertura dos mercados nacionais têm produzido também o acirramento da concorrência, sendo que a exploração do trabalho é cada vez mais um instrumento dessa disputa.

O trabalho infantil e o trabalho escravo são utilizados como vantagens comparativas na guerra comercial. Esta prática, conhecida como *dumping* (rebaixamento) social, consiste precisamente na violação de direitos fundamentais, utilizando a superexploração dos trabalhadores como vantagem comparativa na luta pela conquista de melhores posições no mercado mundial. Isso pode ocorrer pela ausência de normas na esfera interna ou, ainda, pela extrema desregulamentação das normas protetivas de garantias mínimas trabalhistas.

Em um mundo sem fronteiras, as empresas transnacionais sempre terão a oportunidade de optar por países que apresentem mão de obra barata, matéria-prima abundante e incentivos fiscais, sendo muito comum a precarização dos trabalhadores se tornar uma política de Estado a fim de atrair investimentos estrangeiros. Nesse sentido, Mozart Victor Russomano afirma:

> *[...] a competitividade dos produtos nacionais no mercado internacional globalizado exige a baixa de preços, que só se obtém com cortes de custos. O corte de custos sociais é mais facilmente realizável que outros cortes que ferem e reduzem interesses econômicos relevantes na condução da política do Estado, que movem o mecanismo da produção de bens e serviços.*[7]

De maneira geral, as empresas transnacionais agem, atualmente, instalando fábricas nos países que apresentam essas condições. Em certos casos, não necessariamente fabricam o produto completo naquele país, como ocorre com as montadoras de veículos e sim, fabricam as partes do produto, separadamente em países diversos, as quais são reunidas ou montadas em terceiros países e, então, exportadas para o resto do mundo.

Esse sistema de produção realizada separadamente é o que mais proporciona a circulação dos empregados das transnacionais para a prestação de serviços em locais diversos ao da contratação, bem como a contratação de mão de obra local por empresa estrangeira. Seria uma nova roupagem da clássica ideia da divisão internacional do trabalho.

José Cretella Neto observa que essa produção realizada separadamente foi bem acentuada entre o final

---

(4) *Ibid.*, p. 5.
(5) HIRST, Paul; THOMPSON, Grahame. *Globalização em questão*. Rio de Janeiro: Vozes, 1998. p. 15.
(6) HUSEK, Carlos Roberto. *A nova (des)ordem internacional – ONU*: uma vocação para a paz. São Paulo: RCS, 2007. p. 25.
(7) RUSSOMANO, Mozart Victor. Direito do trabalho e globalização econômica. In: *Direito do trabalho & direito processual do trabalho*: novos rumos. Curitiba: Juruá, 2002. p. 32.

dos anos 1970 até 2000; ocasião em que as transnacionais transferiram para o exterior (notadamente Índia e China) setores que não dependem de mão de obra tão especializada, como: a montagem de brinquedos, máquinas e ferramentas, *call centers* (comunicando-se via satélites), ou de outros fatores de produção mais baratos, tais como energia e matéria prima, visando à diminuição do custo produtivo e o consequente aumento de lucratividade.[8]

Desse modo, o reflexo da globalização nas relações trabalhistas se configura pela atuação das empresas transnacionais, com o grande poder que acabam por exercer sobre as decisões dos países em que estão instaladas, forçando inclusive à flexibilização (e, muitas vezes, à desregulamentação) das normas trabalhistas contrárias aos seus objetivos.

Sendo a empresa transnacional o principal vetor do desenvolvimento da economia globalizada, acirrou-se a polêmica entre os defensores do Estado Social e os adeptos do Estado Liberal frente às relações de trabalho. Os neoliberais pregam a omissão do Estado, desregulamentando, tanto quanto possível o Direito do Trabalho, a fim de que as condições de emprego sejam ditadas, basicamente, pelas leis de mercado.

Já os defensores do Estado Social, esteados na doutrina social da Igreja ou na filosofia trabalhista, advogam a intervenção estatal nas relações de trabalho, na medida necessária à efetivação dos princípios formadores da justiça social e à preservação da dignidade humana.

Nota-se que a globalização econômica, por meio de seu maior veículo que são as empresas transnacionais, causa um impacto direto na normatização das relações de trabalho, eis que: de um lado estão a força econômica e a expansão de mercados e desenvolvimento econômico dos países hospedeiros, e de outro, os direitos trabalhistas conquistados ao longo da história.

De forma simbiótica ao arrefecimento da globalização, após a Segunda Guerra Mundial, outro fenômeno econômico deflagrou-se, qual seja, a regionalização. A regionalização consiste no agrupamento de países, que unem esforços econômicos, culturais e sociais para a defesa de seus interesses frente às superpotências.

Sérgio Abreu e Lima Florêncio esclarece que a Globalização e a Regionalização se completam, porque os Estados de uma região se unem para sofrer com menos intensidade os impactos econômicos da globalização.[9] Na mesma toada, Octavio Ianni defende que a regionalização não é um obstáculo à globalização, ao revés, ela pode ser vista como um processo por meio do qual a globalização recria a nação, de modo a conformá-la à dinâmica da economia transnacional.[10]

Assim, os blocos econômicos são formados, movidos pela identidade cultural, política, social e/ou econômica, e também pela proximidade geográfica de seus estados-membros, passando ao processo de integração regional. Integração regional, nas palavras de Antonio Rodrigues de Freitas Jr., é a estratégia política induzida pelos agentes econômicos e implementada por intermédio do Estado, por via de compromissos internacionais e supranacionais, geradora de unificações aduaneiras, mercados comuns ou uniões econômicas.[11]

O processo de integração dos blocos regionais abrange, na concepção de Carlos Roberto Husek, cinco fases: a zona de livre comércio, a união aduaneira, o mercado comum, a união econômica e monetária e a união política. É na fase do mercado comum que ocorrem as relações de trabalho internacionais entre os cidadãos e as empresas, situados nos territórios dos diversos Estados-membros.

Isso porque, o mercado comum abrange as cinco liberdades: a livre circulação de bens, a livre circulação de pessoas, livre prestação de serviços (o que significa dizer que os cidadãos podem trabalhar, estudar e realizar demais atividades dentro do bloco, com os mesmos direitos dos nacionais do país em questão), liberdade de capitais e liberdade de concorrência.

Podemos mencionar como exemplo de regionalização a constituição do Mercosul e da União Europeia. O Mercosul, como sabemos, foi constituído por meio do Tratado de Assunção (1991) entre Brasil, Argentina, Paraguai e Uruguai. A Venezuela, desde 2006 também passou a ser membro pleno, sendo que o Mercosul ainda conta com membros associados, como Bolívia, Colômbia, Equador, Chile e Peru. O referido bloco ainda encontra-se em fase de união aduaneira incompleta, não tendo atingido a fase do mercado comum.

A União Europeia, por sua vez, decorre da fusão, por meio do Tratado de Roma (1957) de três Comunidades Europeias: CECA – Comunidade Econômica do Carvão e do Aço; CEE – Comunidade Econômica Europeia e CEEA – Comunidade Econômica de Energia Atômica.

---

(8) CRETELLA NETO, 2006. p. 35.
(9) FLORÊNCIO, Sérgio Abreu e Lima; ARAÚJO, Ernesto Henrique Fraga. *Mercosul hoje*. São Paulo: Alfa Ômega, 1996. p. 81.
(10) IANNI, Octávio. *A era do globalismo*. Rio de Janeiro: Civilização Brasileira, 1999. p. 115.
(11) FREITAS JUNIOR, Antonio Rodrigues. *Globalização, mercosul e crise do estado-nação*. São Paulo: LTr, 1997. p. 73.

A União Europeia encontra-se na fase de União Econômica e Monetária, sendo que desde 1968 alcançou a livre circulação de trabalhadores.[12] Desta forma, a União Europeia, para cuidar dos efeitos da livre circulação, de capital, de pessoas e de serviços, conta com normas supranacionais, consistentes de tratados internacionais que asseguram igualdade de direitos sociais a todos os cidadãos dos estados-membros que a compõem.

Pedro Dallari, nesse sentido, explica a diferença na produção e aplicação das normas nacionais em relação às normas de direito internacional público, necessárias à integração:

> *Esse processo de acentuação da integração internacional e de valorização do papel do Direito Internacional Público, se é verdade que não implica a superação do Estado, importa necessariamente na alteração de determinadas características na sua atuação como ente provedor de normas jurídicas para a sociedade. De mero produtor e aplicante autárquico de direito nacional, o Estado tende a ter acentuado seu papel de contratante, legitimador e aplicante de normas supranacionais. A soberania, assim, não se materializa tão somente na prerrogativa de conceber o próprio ordenamento jurídico, mas também e de modo crescente, na participação livre e independente na edificação de um ordenamento jurídico supranacional. Daí o porquê da relevância da reflexão acerca dos mecanismos atuais de integração do Direito Internacional Público ao direito interno.*[13]

Assim, no tocante às normas de direito do trabalho no âmbito da União Europeia, é importante mencionar que estas se consubstanciam em normas comunitárias e princípios gerais que prevalecem sobre as normas internas dos Estados-membros. A Carta Europeia dos Direitos Sociais Fundamentais é a norma vigente na União Europeia desde 1989, e define os direitos mínimos que devem ser assegurados por seus Estados-membros a todos os trabalhadores do bloco, como veremos no próximo tópico.

3. Normas Internacionais e a Proteção Internacional dos Trabalhadores

Em um mundo globalizado e com o incremento do comércio internacional, temos que as normas emanadas pela Organização Internacional do Trabalho precisam ser complementadas por normas editadas por outros organismos internacionais. Isso de dá tanto na esfera regional quanto na esfera universal. Neste tópico estudaremos quais normais são essas, especialmente aquelas produzidos pela ONU, OMC, União Europeia e Mercosul.

– OMC

Não há no âmbito da OMC qualquer dispositivo regrando relações de trabalho e sua precarização, ainda que para fins de vantagem comercial indevida. Em verdade, a Declaração Ministerial ao fim da Conferência de Singapura em 1996, ao reafirmar o compromisso com a observância dos padrões trabalhistas internacionalmente reconhecidos, apontou a OIT como organização competente para determinar e instrumentalizar tais padrões, rejeitando o uso destes para fins protecionistas.[14]

Ao estabelecer Tratados contendo direitos essenciais destinados a todos os obreiros, a OIT e seus membros formam uma rede sólida de normas e debates sobre o tema. Uma das razões para o grande número de ratificações das Convenções desta organização é a sua notória parcimônia ao estabelecer os padrões mínimos a serem observados. Ainda que alguns critiquem referida prudência, julgando-a prova de fraqueza e falta de vontade política, é, na verdade, medida de bom senso, a fim de se congregar realidades sociais as mais díspares possíveis.

Paralelamente, a atuação da OMC é de reconhecida importância para manter a livre concorrência no mercado entre os países, evitando tratamentos discrepantes e também a adoção de medidas distorcivas ao comércio internacional. Entre essas medidas podemos citar o *dumping* social, praticada por alguns países que, para atrair investimentos externos, aceitam flexibilizar as normas de proteção ao trabalho a níveis inimagináveis, chegando a caracterizar o aviltamento do trabalhador. Mesmo que com um viés comercial, visando proteger o mercado e a livre concorrência, a OMC desempenha importante papel na abolição dessas práticas nocivas, impondo medidas sancionatórias aos países que as adotam.

Para combater práticas distorcivas que ferem a dignidade do trabalhador enquanto pessoa humana são sugeridas, por diferentes linhas de pensamento, algumas saídas. Uma delas seria a aplicação de direitos *antidumping*, sob os auspícios da OMC, assim como se faz quando há comprovada prática de *dumping* meramente econômico.

---

(12) HUSEK, 2012. p. 183.
(13) DALLARI, Pedro B. A. *Constituição e tratados internacionais*. São Paulo: Saraiva, 2003. p. 6-7.
(14) HEPPLE, Bob. *Labour Laws and Global Trade*. Oxford: Hart Publishing, 2005. p. 130.

Outra seria a adoção de cláusulas sociais, embutidas em tratados comerciais, também no bojo da OMC. Como visto, os países desenvolvidos defendem a fixação de padrões mínimos de proteção ao trabalho a serem respeitados por todos os Estados-membros, sob pena de sofrerem sanções comerciais. Os países em desenvolvimento, por sua vez, acreditam que a instituição de cláusulas sociais inviabilizaria as suas exportações.

A OIT, por seu turno, sugeriu a criação de um "selo social", de engajamento voluntário por parte das empresas, que receberiam um certificado atestando serem respeitadoras das normas de proteção aos trabalhadores. Essa possível solução, assim como as outras, é alvo de críticas e discursos inflamados, pois dificultaria o desenvolvimento de indústrias incipientes ou que ainda não são tão competitivas no campo tecnológico quanto as provenientes de países desenvolvidos.

Porém, ainda que compreendamos a visão eminentemente pragmática dos que defendem a não normatização internacional sobre o *dumping* social, com ela não coadunamos. O desenvolvimento econômico de um país só poderá ser considerado legítimo quando não for construído sobre o desrespeito dos direitos trabalhistas e, principalmente, quando os frutos dele advindos não se limitarem apenas aos empreendedores.

– ONU

Ao final da Segunda Guerra Mundial, os países vencedores prepararam uma conferência pós-guerra, visando à criação de uma organização internacional em nível universal para a reconstrução jurídico-política do mundo, já que a então estabelecida pela Liga das Nações havia fracassado ao não conseguir evitar a Segunda Guerra.

Assim, em 1945, em São Francisco, na Califórnia, foi assinada a Carta das Nações Unidas, que tinha como principais propósitos: preservar as gerações vindouras do flagelo da guerra; reafirmar a fé nos direitos fundamentais do homem, da dignidade e no valor do ser humano; igualdade de direitos entre homens e mulheres, bem como entre as nações grandes e pequenas; promover o progresso social, e melhores condições de vida; prática da tolerância e da paz; manutenção da segurança internacional; conseguir a cooperação internacional para resolver os problemas internacionais de caráter econômico, social, cultural ou humanitário, respeitar e estimular o respeito aos direitos humanos, às liberdades fundamentais sem distinção de raça, sexo, língua ou religião.

É em seu art. 55, que a Carta das Nações estabelece seus propósitos relativos aos direitos sociais.[15] Outra fonte fundamental dos Direitos Sociais é a Declaração Universal dos Direitos Humanos, que foi adotada em 1948 pelo Conselho Econômico e Social das Nações Unidas.

Conforme explica Arnaldo Süssekind,

[...] ela não constitui um tratado ratificado pelos Estados-membros da ONU; mas, por consagrar princípios fundamentais da ordem jurídica internacional, que devem caracterizar a civilização contemporânea, é considerada fonte máxima de hierarquia no mundo do Direito. [...] Essa Declaração visou explicar tais direitos e ressaltar o dever das nações de torná-los efetivos".[16]

A Declaração contém artigos específicos de proteção ao trabalhador, que são os artigos I, II, IV, XXII, XXIII, XXIV e XXV.[17] No mesmo sentido, de suma importância se mostra o Preâmbulo da Declaração Universal dos Direitos do Homem, o qual nos leva à clara compreensão de que o seu principal propósito é garantir a dignidade da pessoa humana.[18]

---

(15) "Art. 55. Com o fim de criar condições de estabilidade e bem-estar, necessárias às relações pacíficas e amistosas entre as Nações, baseadas no respeito ao princípio da igualdade de direitos e da autodeterminação dos povos, as Nações Unidas favorecerão: a) níveis mais altos de vida, trabalho efetivo e condições de progresso e desenvolvimento econômico e social; b) a solução dos problemas internacionais econômicos, sociais, sanitários e conexos; a cooperação internacional, de caráter cultural e educacional; e c) o respeito universal e efetivo dos direitos humanos e das liberdades fundamentais para todos, sem distinção de raça, sexo, língua ou religião".

(16) SÜSSEKIND, 2000. p. 21.

(17) Artigos I e II: estabelecem a liberdade e a igualdade de todas as pessoas em dignidade e direito, sem distinção de idade, sexo, religião, cor, língua, classe social etc.; art. IV: proíbe o trabalho escravo ou de servidão; art. XXII: prevê o direito à seguridade social; art. XXIII: prevê o direito ao trabalho e ao emprego em condições justas e favoráveis, e a proteção contra o desemprego; igual remuneração a igual trabalho; remuneração justa e satisfatória assegurando a si próprio e familiares uma vida digna; art. XXIV: prevê o direito ao descanso e lazer, limite de jornada e férias remuneradas; art. XXV: prevê o direito a um padrão de vida capaz de assegurar a si e à família saúde, bem-estar, alimentação, vestuário, habitação, cuidados médicos e seguridade social, proteção especial à infância e maternidade.

(18) "Preâmbulo: Considerando que o reconhecimento da dignidade inerente a todos os membros da família humana e de seus direitos iguais e inalienáveis é o fundamento da liberdade, da justiça e da paz no mundo; Considerando que o desprezo e o desrespeito pelos direitos humanos resultaram em atos bárbaros que ultrajaram a consciência da Humanidade e que o advento de um mundo em que os homens gozem de liberdade de palavra, de crença e da liberdade de viverem a salvo do temor e da necessidade foi proclamado como a mais alta aspiração do homem comum; Considerando essencial que os direitos humanos sejam protegidos pelo Estado de Direito, para que o homem não seja compelido, como último recurso, à rebelião contra tirania e a opressão; Considerando essencial promover o desenvolvimento de relações amistosas entre as nações; Considerando que os povos das Nações Unidas reafirmaram, na Carta, sua fé nos direitos humanos fundamentais, na dignidade e no valor da pessoa humana e na igualdade de direitos dos homens e

Neste sentido, Arnaldo Süssekind, observa: "há uma lei maior de natureza ética, cuja observância independe do direito positivo de cada Estado. O fundamento dessa lei é o respeito à dignidade da pessoa humana. Ela é a fonte das fontes do direito".[19]

A dignidade da pessoa humana, como visto anteriormente, é o princípio de maior importância no campo dos direitos fundamentais e base de todas as normas de direitos humanos. Neste sentido, Flávia Piovesan leciona:

Daí a primazia do valor da dignidade humana, como paradigma e referencial ético, verdadeiro superprincípio a orientar o constitucionalismo contemporâneo, nas esferas local, regional e global, doando-lhe especial racionalidade, unidade e sentido. No dizer de Cançado Trindade: 'Não se pode visualizar a humanidade como sujeito de Direito a partir da ótica do estado; impõe-se reconhecer os limites do Estado a partir da ótica da humanidade'.[20]

Como se sabe, ele é um princípio aberto, mas que reconhece a todos os seres humanos, pelo simples fato de serem humanos, alguns direitos básicos – justamente os direitos fundamentais[21]. Grande parte da doutrina concorda que os direitos fundamentais "nascem" da dignidade humana. Dessa forma, há uma base comum da qual derivam todos os direitos fundamentais.

Alice Monteiro de Barros esclarece:

[...] o caráter genérico da dignidade torna fecunda as manifestações do direito à igualdade, à proteção da identidade, à integridade física e moral, à liberdade, à segurança e à auto-determinação política. A esses direitos, que constituem, segundo alguns autores, o conteúdo da dignidade humana, se inclui a garantia de um mínimo vital de subsistência, imprescindível no Estado Democrático de Direito. [...] A dignidade humana, tem servido ainda para consolidar a não discriminação em função de sexo, cor, idade, estado civil, orientação sexual, além de outros aspectos.[22]

Assim, observamos que, a dignidade da pessoa humana refere-se a todos os direitos inerentes ao ser humano, tais como: direito à vida, igualdade, liberdade, saúde, educação, direitos sociais, econômicos. Tal princípio funda-se nos direitos mínimos que os seres humanos devem exercer, sejam eles entre o Estado e o seu povo, sejam entre os próprios indivíduos, permitindo e obrigando igualmente a todos, o respeito a tal exercício.

Georgenor de Sousa Franco Filho ensina:

Esses sentimentos são, dentre outros, direito ao respeito, direito ao amor, direito à dignidade. Tais valores representam um plus para a Humanidade. Não se trata de respeitar por temor, mas respeitar por querer bem... Não se imagina dignidade com tratamento especial de reverências, mas sim como garantia de um standard minimum para a vida humana.[23]

Infere-se, destarte, que a dignidade humana é um princípio imprescindível ao exercício dos direitos e deveres decorrentes da relação de trabalho e aplica-se em nível internacional, a diversas situações, sendo a principal delas, evitar o tratamento degradante do trabalhador.[24]

– União Europeia

Na União Europeia, destacamos como principais instrumentos normativos:

a) Tratado de Roma (1957): estabeleceu e assegurou o direito à livre circulação de pessoas e do trabalho no âmbito da então Comunidade Europeia; o direito à seguridade social em cada um dos Estados, com o cômputo do período do tempo de serviço prestado nos outros países da Comunidade; direito à proteção em casos de doença e acidente de trabalho; direito à higiene; à negociação coletiva; direito sindical, dentre outros.

Ressalta Süssekind que o principal objetivo da Comunidade Econômica Europeia não foi gerar um direito comum, mas impedir que qualquer de seus membros discrimine na aplicação de suas próprias normas, contra o trabalhador estrangeiro procedente de outro país da Comunidade.[25] Ou seja, o que se buscou foi

---

das mulheres, e que decidiram promover o progresso social e melhores condições de vida em uma liberdade mais ampla; Considerando que os Estados-Membros se comprometeram a desenvolver, em cooperação com as Nações Unidas, o respeito universal aos direitos humanos e liberdades fundamentais e a observância desses direitos e liberdades; Considerando que uma compreensão comum desses direitos e liberdades é da mais alta importância para o pleno cumprimento desse compromisso [...]"

(19) SÜSSEKIND, 2000. p. 21.
(20) PIOVESAN, 2006. p. 13.
(21) MAZZUOLI, 2007. p. 676.
(22) BARROS, 2007. p. 187.
(23) FRANCO FILHO, Georgenor de Sousa. Os tratados sobre direitos humanos e a regra do art. 5º, 3º, da Constituição do Brasil. In: *Revista do Tribunal Regional do Trabalho da 8ª Regiao*, v. 41, n. 81, p. 35.
(24) BARROS, *op. cit.*, p. 187.
(25) SÜSSEKIND, 2000. p. 433.

equiparar ao máximo o trabalhador de outro Estado com o trabalhador nacional, para que, a largo tempo, se chegasse a uma igualdade dos direitos.

b) Código Europeu de Segurança Social (1954), completado em 1972 pela Convenção Europeia de Seguridade Social: o primeiro estabeleceu um código e um protocolo sobre seguridade social, que foram abertos à ratificação somente após 10 anos de sua elaboração. Era baseado na Convenção n. 102 da OIT sobre normas mínimas de seguridade social. Já a Convenção Europeia de Seguridade Social, de 1972, dispõe sobre normas sobre igualdade de tratamento entre nacionais e estrangeiros, os direitos adquiridos junto a outros sistemas de seguridade social de outros países na comunidade.

c) Carta Social Europeia (1961): referido instrumento foi aprovado em Turim e passou a vigorar em 1965 e dispôs sobre diversos temas[26], sendo que cinco deles, obrigatoriamente devem ser aceitos por seus membros, dentre eles: direito ao trabalho, direito sindical, direito de negociação coletiva, direito à seguridade social, direito à assistência social e médica, direito a uma proteção social e econômica dos trabalhadores migrantes (apenas os nacionais dos Estados que ratificarem a Carta) e da família.

Arnaldo Süssekind destaca outros temas constantes da aludida carta: greve, trabalho forçado, discriminação, salário, descanso semanal, feriados, férias, despedida, trabalho de menores e adolescentes, trabalho das mulheres e inspeção do trabalho.[27]

O mesmo doutrinador ressalta que "o projeto inicial da Carta foi submetido, por solicitação do Conselho da Europa, a uma Conferência organizada pela OIT, com representantes governamentais, de empregadores e de trabalhadores, que se realizou em dezembro de 1958 na cidade francesa de Strasburg, onde se sediou o Parlamento Europeu. Nessa conferência, foi travado feito um confronto entre as disposições do projeto e as correspondentes normas da OIT".

d) Ato Único Europeu (1987): reafirma a livre circulação de mercadorias, de pessoas, de serviços e capitais, como um espaço sem fronteiras.

e) Tratado de Maastrich (1992); Tratado de Adesão (1994), e Tratado de Amsterdã (1997): esses tratados revelam a extensão da Comunidade, com a adesão de novos membros, e uma maior definição da dimensão social, destacando os principais objetivos – os direitos fundamentais – consistentes do emprego e direitos do cidadão, supressão das últimas barreiras à livre circulação de pessoas, o reforço da segurança, ampliação da participação da Europa nas questões internacionais.[28]

– Mercosul

No âmbito do Mercosul, podemos destacar como principais normas relativas ao direito do trabalho:

a) Declaração de Montevidéu (1991): Reconheceu que o processo de integração deveria vir acompanhado de melhores condições de trabalho no bloco econômico.

Armando Álvares Garcia Junior destaca algumas propostas contidas na Declaração, que são: a criação de subgrupos de trabalho, com a incumbência de avançar

---

(26) Os direitos assegurados pela Carta Social Europeia são:
– livre circulação, permitindo a todo e qualquer trabalhador o exercício de toda e qualquer atividade profissional na Comunidade, segundo o princípio da igualdade de tratamento, no que se refere ao acesso ao trabalho, às condições de trabalho e à proteção social no país de acolhimento;
– remuneração equitativa, devendo todos ser remunerados de forma justa;
– melhoria das condições de vida e de trabalho, relacionadas com os processos de despedimento coletivo ou falência, ressaltando o direito ao repouso semanal e férias anuais pagas;
– proteção social, tendo o direito de se beneficiar de prestações de segurança social de nível suficiente, inclusive às pessoas excluídas do mercado de trabalho e que não disponham de meios de subsistência;
– associações e negociações coletivas, tendo a liberdade de se associar com vista a constituir organizações profissionais ou sindicais à sua escolha, para a defesa dos seus interesses econômicos e sociais, tendo o direito de negociar e celebrar convenções coletivas e de recorrer a ações coletivas em caso de conflito de interesses, incluindo o direito de greve;
– acesso à formação profissional;
– igualdade de tratamento e de oportunidades entre homens e mulheres;
– informação, consulta e participação dos trabalhadores, principalmente nas empresas ou grupos com estabelecimentos ou empresas situados em vários Estados-membros;
– proteção da saúde e da segurança no local de trabalho;
– proteção da infância, dos idosos e dos deficientes, estipulando idade mínima ao trabalho e o direito a uma pensão quando da aposentadoria de pessoas que não possuam recursos suficientes, bem como uma assistência social e médica satisfatória, e propiciar medidas que favoreçam a integração profissional e social de deficientes.

(27) SÜSSEKIND, 2000. p. 435.
(28) Ibid., p. 435.

no estudo das matérias a eles vinculadas; o comprometimento de se estudar a possibilidade de se criar um instrumento que contemplasse as questões laborais e sociais para a implantação do Mercado Comum do Sul; a cooperação entre os Estados-parte para um recíproco conhecimento de regimes vinculados ao emprego, seguridade social, formação profissional e relações individuais e coletivas de trabalho.[29]

Naquela oportunidade, foi criado o subgrupo 11 (SGT-11) para cuidar das Relações Laborais e Seguridade Social. Tal subgrupo possuía oito comissões temáticas, sendo que, a de n. 8, era a responsável pelos princípios, que versavam sobre as Convenções da OIT e a Carta Social.

Buscou-se, com isso, um patamar mínimo de direitos a serem observados pelos estados. Porém, não logrou êxito a tentativa.

b) Declaração Sociolaboral do Mercosul (1998): estabelece um comprometimento entre os Estados-parte a respeitar os direitos fundamentais do trabalhador, mediante a harmonização das legislações.

Convencionou-se, no tocante aos direitos individuais, acerca da igualdade de tratamento dos trabalhadores, independentemente de sua nacionalidade (desde que de países do bloco); abolição do trabalho infantil; proteção aos trabalhadores em situações especiais; eliminação do trabalho forçado.

No que tange aos direitos coletivos, previu-se o direito à liberdade sindical e à organização sindical; participação nos lucros e resultados da empresa; negociação coletiva, direito de greve; diálogo social; políticas de emprego; proteção ao desempregado e formação profissional.

Todavia, o avanço nesta seara continua tímido, não tendo os membros do Mercosul manifestado grande interesse pela questão social no âmbito do bloco. Neste passo, importante destacar que a circulação dos trabalhadores no Mercosul – um dos objetivos do Mercado Comum – ainda está muito longe de ser alcançada, bem como, de modo amplo, a quebra das fronteiras.

4. A OIT e a Proteção Internacional dos Trabalhadores

Ao final do século XIX, a maioria dos países europeus e alguns de seus domínios além-mar possuíam legislação protetiva para crianças e mulheres em fábricas e minas, baseadas no modelo britânico, ainda que houvesse grande discrepância na real tutela e efetividade desses instrumentos normativos. A legislação em favor de todos os trabalhadores era parcial, abrangendo abusos pontuais, como o chamado *truck system* e alguns aspectos referentes à saúde e à segurança dos empregados.[30]

Desde o início da Primeira Guerra, a organização sindical norte-americana *American Federation of Labour (AFL)* empreendia ações para que o futuro Tratado de Paz abarcasse normas de amparo ao trabalhador. Sindicalistas europeus encamparam essa ideia, ampliando-a, defendendo a participação das organizações sindicais na Conferência da Paz ao lado dos governantes, sob pena não serem obtidos resultados práticos em favor dos operários.

A questão social passou a importar aos países beligerantes por razões eminentemente práticas: considerando a importância das fábricas de armas, munições, entre outras, para as operações militares, era do interesse dos governos regulamentar o trabalho nesses locais para obter a máxima produtividade. Junte-se a isso a tomada de consciência dos trabalhadores, pois tendo ajudado na vitória dos países aliados, seja no confronto bélico direto, seja na produção interna, possuíam legítimas reivindicações de melhores condições de trabalho.[31]

No mesmo dia da instalação da Conferência da Paz (25 de janeiro de 1919), no Palácio de Versailles, foi designada uma "Comissão de Legislação Internacional do Trabalho", que deveria, entre outras atribuições, apontar os meios necessários para a instituição de uma organização conexa à Sociedade das Nações, objetivando melhorar as condições de trabalho.

Conforme lição de Süssekind, referida Comissão"(...) tomou por base para discussão o projeto que havia sido apresentado pela delegação inglesa, o qual dispunha sobre a criação de um organismo tripartite, constituído de representantes governamentais, patronais e operários, que votariam individual e independentemente."[32]

"Desde logo verificou-se que, quanto as delegações da França e da Itália realçavam o papel dos governos no funcionamento do organismo e na consequente evolução das leis de proteção ao trabalho, os norte-americanos preferiam atribuir aos empregadores e tra-

---

(29) GARCIA JUNIOR, Armando Álvares. *O direito do trabalho no Mercosul*. São Paulo: LTr, 1997. p. 14.
(30) VOSKO, Leah F. *Managing the margins – gender, citizenship, and the international regulation of precarious employment*. p. 33.
(31) MONTANHANA, Beatriz. A constitucionalização dos direitos sociais: a afirmação da dignidade do trabalhador. In FREITAS JUNIOR, Antônio Rodrigues de (org.). *Direito do Trabalho: Direitos Humanos*. pp. 63-110.
(32) SÜSSEKIND, Arnaldo. *Direito Internacional do Trabalho*. p. 98.

balhadores os maiores ônus na solução dos seus próprios problemas, fixando-se os ingleses numa posição intermediária, que, afinal, veio a prevalecer. (...) Após 35 sessões, a Comissão concluiu, em 24 de março, o projeto que, com pequenas alterações, foi aprovado pela Conferência e passou a constituir a Parte XIII do Tratado de Versailles. Em 06 de maio de 1919 a Conferência adotou o texto completo do Tratado de Paz".[33]

Nascia, assim, a Organização Internacional do Trabalho, com sede em Genebra, na Suíça. A principal ideia era o estabelecimento de uma regulação baseada em tratados, com o objetivo de atingir a justiça social e erradicar condições de trabalho consideradas inaceitáveis. Ao abordar tais problemas internacionalmente, os Estados procuravam atingir soluções coerentes e harmoniosas para esse problema que estava tão simbioticamente relacionado com o progresso industrial.[34]

O Preâmbulo do Tratado de Versailles se encerra com a famosa cláusula pela qual o fracasso de qualquer nação em adotar condições humanas de trabalho é um obstáculo no objetivo de outras nações que desejam melhorar essas condições em seu território. Segundo Jean-Michel Servais[35], essa ideia foi interpretada de duas formas à época: que haveria o risco de os países se "contaminarem" com maus exemplos nessa seara ou, por outro lado, que haveria o risco de empresas e governos usarem o chamado "custo-trabalho" como uma vantagem competitiva.

Nos anos entre guerras (1919-1939), a OIT exerceu profícua atividade, com a criação de normas internacionais de proteção ao trabalho. A inovadora fórmula do tripartismo mostrou-se acertada, constituindo importante meio de legitimação da nova organização nas mais distintas esferas sociais, notadamente entre as classes operárias.[36]

No entanto, houve intensa controversa sobre a real esfera de atuação permitida à OIT, principalmente com a culminação da crise de 1929. Entre os anos de 1922 e 1932 a Corte Internacional de Justiça (CIJ) foi chamada a emitir quatro pareceres sobre os termos da Constituição da OIT e a exata extensão de seu mandato. Os assuntos abordados foram os mais diversos, a saber: condições de trabalho de trabalhadores rurais, de empregadores que trabalhavam lado a lado com seus empregados, trabalhados intelectuais (ou seja, não manuais) e trabalho noturno da mulher em cargo de gestão e comando.

A CIJ considerou em todos os casos que a OIT não deveria ser impedida de deliberar sobre essas matérias ou quaisquer outras afetas às condições de trabalho e direitos dos trabalhadores sob o pretexto de que essas análises poderiam macular o livre comércio ou o livre exercício da propriedade privada.[37]

Com o início da Segunda Guerra Mundial, as atividades da OIT ficaram comprometidas. Em novembro de 1941 aconteceu em Nova Iorque uma Conferência para definir as medidas a serem adotadas após o fim do conflito bélico para garantir a continuidade da Organização. A conveniência e a importância de suas atividades foi afirmada à época pelo Presidente Roosevelt, que, com o Primeiro Ministro Inglês Winston Churchill, firmara em agosto do mesmo ano a Carta do Atlântico, na qual se manifestava a intenção de promover a cooperação internacional para incrementar normas de trabalho, prosperidade econômica e segurança social.[38]

Em 1944, realizou-se na Filadélfia a 26ª sessão da Conferência, onde foi aprovada a Declaração da Filadélfia, que tratava, entre outros pontos, dos seguintes tópicos: 1. ampliação dos princípios do Tratado de Versailles (1919), ressaltando que a cooperação internacional era essencial para a segurança social da humanidade; 2. reafirmação do tripartismo; 3. imperatividade da justiça social; 4. ampliação da competência da OIT, incumbindo-a de promover programas de cooperação técnica; e 5. colaboração com outros organismos internacionais.

Essa Declaração é aplicável a todos os Povos, em todos os Lugares. Apesar de estatuir que devessem ser levados em consideração os estágios de desenvolvimento social alcançado por cada Estado, sua aplicação progressiva era considerada um ponto de fulcral importância para todo o mundo dito "civilizado". Além do foco no pleno emprego, a OIT, com a Declaração da Filadélfia, passou a enfatizar de forma especial os direitos humanos, principalmente a liberdade de associação (e de expressão) e a igualdade de oportunidade e de tratamento.[39]

---

(33) SÜSSEKIND, Arnaldo. *Direito Internacional do Trabalho* p. 100.
(34) SERVAIS, Jean-Michel. *Internacional Labour Law*. p. 25.
(35) *Idem*, p. 26.
(36) SÜSSEKIND, Arnaldo. *Direito Internacional do Trabalho*. p. 107.
(37) SERVAIS, Jean-Michel. *Internacional Labour Law*. p. 27.
(38) SÜSSEKIND, Arnaldo. *Direito Internacional do Trabalho*. p. 109.
(39) SERVAIS, Jean-Michel. *Internacional Labour Law*. p. 29.

Apesar do prestígio alcançado pela OIT, sua existência corria risco após do desaparecimento da Sociedade das Nações e a criação da Organização das Nações Unidas (ONU), em junho de 1945, durante a Conferência de São Francisco. Em 30 de maio de 1946, foi firmado um acordo entre a ONU e a OIT, estipulando que esta seria um organismo especializado daquela, estando a ela vinculada, nos termos do art. 57 da Carta da ONU, porém gozando de completa personalidade jurídica e autonomia, mantendo inclusive sua estrutura tripartite.[40]

Ainda em 1946 foi aprovado o novo texto da Constituição da OIT, da qual a Declaração da Filadélfia passou a ser parte integrante. Se antes dessa reforma a OIT tratava apenas da regulamentação das condições de trabalho e do seguro social, depois dela abraçou uma missão maior, tutelando os direitos humanos do trabalhador.

Uma OIT renovada ressurgiu de todo esse processo, cujos focos passaram a ser o crescente sindicalismo do mundo industrializado, padronização das relações trabalhistas em uma era de liberalismo econômico pós Segunda Guerra Mundial, envolvimento direto do Estado em uma série de atividades econômicas e inúmeras e variadas formas de corporativismo social. Afinal, era o início da década de 50 e o florescimento da política do pleno emprego e do Estado do Bem-estar social.[41]

As normas produzidas no âmbito da OIT constituem, sem dúvida, o maior aparato normativo do direito internacional do trabalho. Há, para tanto, duas espécies principais de normas elaboradas pela OIT, sendo elas: as convenções e as recomendações.

As convenções da Organização Internacional do Trabalho são tratados internacionais e como tais, após a ratificação internacional, a promulgação e a publicação internas, passam a ser de natureza obrigatória. Destacamos as características das Convenções Internacionais do Trabalho: são tratados multilaterais, abertos à adesão, de caráter normativo, podem ser ratificados sem limitação de prazo por qualquer Estado-membro.

É *multilateral* porque é composto por mais de duas partes, entendendo-se por partes, o centro de interesses; é normativo porque as partes estabelecem as diretrizes e regras para nortear seus comportamentos, gerando direitos e deveres como um parâmetro legal, de norma geral e abstrata, sendo que a negociação coletiva ocorre em uma conferência internacional, realizada na sede da organização internacional do trabalho e, finalmente, é aberto à adesão porque o Estado pode participar do tratado depois de concluída a fase de negociação, a qualquer tempo.

Jean Michel Servais ensina os procedimentos adotados pelo Conselho de Administração, com a participação da composição tripartite, ou seja: dos representantes dos Estados, dos empregados e dos empregadores, que antecedem à Conferência Internacional:

> *Habitualmente, es el Consejo de Administración de la OIT el que fija la agenda para la Conferencia. A ese fin considera cualquier propuesta realizada por un gobierno, una organización representativa de empleadores y de trabajadores o, aun, una organización de derecho internacional público. Le toca al Consejo de Administración asegurar que el trabajo preparatório técnico y político sea de buen nível. Si, por um lado, el caso entre manos implica el conocimiento de las leyes prácticas existentes; el Consejo de Administración también puede convocar una conferencia técnica preparatoria, cuya composición es en principio tripartita. Las discusiones son guiadas por el deseo de consenso y por el objetivo de la aplicabilidad universal; la elaboración del instrumento puede por ello ser precedida por una reunión informal tripartita o una discusión general en la conferencia, que no lleve directamente al proyecto de un instrumento [...]*[42]

Carlos Roberto Husek classifica as convenções da OIT em:

i) autoaplicáveis: são aquelas que geram efeitos imediatamente, ou seja, que não dependem de qualquer regulamentação para a sua aplicação;

ii) de princípios: são aquelas que dependem de adaptação pelo Estado-membro e com depósito de ratificação na Repartição Internacional do Trabalho, concedendo o prazo de doze meses para que ele providencie a medida necessária para torná-la lei interna;

iii) promocionais: são as que fixam determinados objetivos e estabelecem os programas para a sua consecução.[43]

Em 1998, a Organização Internacional do Trabalho realizou a Declaração sobre Princípios e Direitos Fundamentais, estabelecendo um compromisso universal dos Estados-membros e da comunidade internacional à respectiva adoção.

---

(40) HEPPLE, Bob. *Labour laws and global trade*. Hart Publishing: Oxford, 2005. p. 31.
(41) *Idem*, p. 33.
(42) SERVAIS, 2011. p. 55.
(43) HUSEK, 2011. p. 124-125.

Tal declaração estabelece um patamar mínimo a ser observado por países membros e não membros, sobre princípios e direitos fundamentais do trabalhador, ao eleger algumas convenções internacionais do trabalho como sendo fundamentais.

São oito as convenções fundamentais, sendo elas:

– Convenção n. 29 – que dispõe sobre a abolição do trabalho forçado;

– Convenção n. 87 – que dispõe sobre a liberdade sindical;

– Convenção n. 98 – que dispõe sobre o direito de sindicalização e negociação coletiva;

– Convenção n. 100 – que dispõe sobre o salário igual entre homens e mulheres;

– Convenção n. 105 – que dispõe também sobre a abolição do trabalho forçado;

– Convenção n. 111 – que dispõe sobre a discriminação em matéria de emprego e ocupação;

– Convenção n. 138 – que dispõe sobre a idade mínima para o emprego;

– Convenção n. 182 – que dispõe sobre a proibição das piores formas de trabalho infantil.

Bob Hepple[44] noticia que esta Declaração foi o resultado dos desafios enfrentados pela OIT nas décadas de 1980 e 1990, quando os críticos à sua atuação e pretensa inefetividade passaram a defender que o foro ideal para tratar das questões referentes aos trabalhadores e aos empresários seria a Organização Mundial do Comércio, com seu elaborado Sistema de Solução de Controvérsias. A própria OMC, em sua Conferência Ministerial ocorrida em Singapura, no ano de 1996, expressou seu compromisso com os direitos trabalhistas mínimos, mas reconheceu que a Organização Internacional do Trabalho, e não a OMC, é o foro competente para lidar com esses patamares mínimos civilizatórios – hoje encontrados na Declaração da OIT Sobre os Princípios e Direitos Fundamentais no Trabalho.

De certa forma, essa Declaração foi introduzida como resposta ao fracasso da chamada cláusula social[45] nos acordos de comércio internacional. Assim, coligiu os direitos e princípios considerados inalienáveis, trouxe meios de promovê-los entre os Estados-membros e desenvolveu mecanismos para acompanhar a aderência de seus membros.[46]

Segundo Jean-Michel Servais[47], a Declaração atraiu contribuições substanciais, especialmente dos Estados Unidos, de forma a financiar uma série de programas de cooperação técnica atinentes a essas quatro áreas consideradas prioritárias. Também atraiu atenção a esses temas, aumentando consideravelmente o número de ratificações às convenções consideradas prioritárias. Mais significativo ainda: muitos tratados bilaterais e multilaterais de cooperação contêm uma cláusula de respeito aos princípios e direitos coligidos na Declaração Social de 1998 da OIT, entre os quais se inclui a Declaração Sociolaboral do Mercosul de 1998.

Interessante a discussão trazida por Christine Kaufmann: pela primeira vez a OIT estabeleceu não padrões (ou *standards*) mínimos a serem observados por seus membros em matéria trabalhista, mas sim direitos fundamentais, oponíveis a todos, independentemente de ratificação. Aduz a autora que essa nova abordagem gerou uma série de consequências. Primeiro, a ênfase passou da eficiência econômica para os direitos humanos. Segundo, a boa-fé contratual ganha relevância frente aos lucros globais. Terceiro, o foco deixa de ser o resultado, passando a ser o processo de amadurecimento dos direitos trabalhistas como direitos humanos.[48]

Sentimento diferente é o narrado por Philip Alston[49]. Segundo o autor muitos críticos questionaram a ênfase excessiva dada aos princípios protetores do direito do trabalho, em detrimento justamente de uma maior judicialização dessas garantias. O argumento mais plausível oferecido por esses críticos seria que essa nomenclatura não melindraria os países que porventura não tivessem ratificado alguma das convenções fundamentais.

Em resposta a esse argumento, Alston ressalta que esses mesmos relevantes princípios são reconhecidos como direitos humanos pela Declaração de Direitos Humanos de 1948 e pelo Pacto Internacional de Direitos Econômicos, Sociais e Culturais, de 1966, rati-

---

(44) HEPPLE, Bob. *Labour laws and global trade*, p. 75.

(45) A cláusula social é a imposição de normas em tratados internacionais de comércio internacional que objetivam assegurar a proteção ao trabalhador, estabelecendo padrões mínimos a serem observados pelas normas que regulam o contrato de trabalho nos processos de produção de bens destinados à exportação.

(46) VOSKO, Leah F. *Managing the margins – gender, citizenship, and the international regulation of precarious employment*. p. 85.

(47) SERVAIS, Jean-Michel. *Internacional Labour Law*. p. 101.

(48) KAUFMANN, Christine. *Globalisation and Labour Rights – The conflict between core labour rights and international economic law*. p. 71.

(49) ALSTOM, Philip. *Labour Rights as Human Rights*. p. 03.

ficado por 149 países e com amplo reconhecimento e aplicabilidade na esfera internacional, nos dizeres de referido autor.[50]

Outra importante fonte do Direito Internacional do Trabalho são as Recomendações da OIT. Elas, por seu turno, não criam obrigações para com os Estados-membros, já que não são submetidas à ratificação. Porém, os Estados se obrigam a levá-las às suas autoridades para adoção de medidas internas (criação de leis ou outros atos normativos), no prazo de doze a dezoito meses, contados da Conferência na qual a recomendação foi editada (art. 19, do Estatuto da OIT).

Jean Michel Servais explica a diferença entre as convenções e as recomendações da OIT, observando que as recomendações não são ratificadas, não estabelecem uma obrigação, são meras normas de referência a partir das quais os países são incentivados a basear a sua política e o direito do trabalho.[51]

Carlos Roberto Husek esclarece:

> [...] as recomendações advêm da mesma gestação das convenções. Desse ventre legislativo internacional pode nascer uma Convenção ou uma Recomendação, que na sua base tem igual estrutura. Tudo dependerá da aprovação em uma ou outra forma. Normalmente, a Conferência se utiliza das Recomendações – tomando esta forma – para disciplinar sobre temas ainda não completamente aceitos; sobre regras mais avançadas para os Estados, como promoção para universalizá-las; sobre regulamentação e aplicação dos princípios inseridos em muitas das Convenções.[52]

5. Conclusão

Em tempos de crise econômica como os que vivenciamos agora em nosso país, falar em proteção ao emprego e aos direitos dos trabalhadores parece fora de questão. O ideal, a principal preocupação, seria com as empresas e sua manutenção, a continuidade de suas atividades. Ocorre que estas são duas facetas da mesma moeda: o capital e sua circulação. Não podemos esquecer que a mão de obra é um dos fatores de produção. Sem o capital "humano", mesmo em tempos hipertecnológicos, a produção não avança.

No presente estudo analisaremos como o comércio internacional e a proteção dos trabalhadores podem ser conjugadas de forma otimizada. Escapa aos estreitos limites do presente trabalho a herculea (e talvez utópica) missão de encontrar uma resposta – assumindo que esta de fato exista. No entanto, como mentes inquietas que somos e apaixonadas pelo tema e sensíveis à realidade que nos cerca, não podemos deixar de ponderar alguns dos diversos pontos da questão que nos propomos.

Partindo da premissa de ser possível (e imperioso) conciliar a proteção ao trabalho e o não engessamento dos meios econômicos. Os instrumentos mais adequados para tanto têm sido tratados internacionais e instrumentos de baixa densidade normativa, como resoluções e diretivas. Encontrar o fino equilíbrio entre o regramento por entes internacionais (ou supranacionais) e a necessária liberdade viabilizadora do dinamismo fático parece ser um dos grandes desafios atuais.

A partir da análise do contexto globalizante no qual estamos inseridos atualmente, passamos a tangenciar os regramentos das relações de trabalho nas esferas regionais e no âmbito universal. Sendo certo que as necessidades são cada vez mais amplas, as organizações e organismos internacionais envolvidos em tal regramento também tem se diversificado sobremaneira.

Em um mundo globalizado e com o incremento do comércio internacional, temos que as normas emanadas pela Organização Internacional do Trabalho precisam ser complementadas por normas editadas por outros organismos internacionais. Isso se dá tanto na esfera regional quanto na esfera universal, especialmente pela ONU, OMC, União Europeia e Mercosul.

Por fim, analisamos o panorama geral do regramento produzido pela OIT: suas convenções, recomendações, declarações e resoluções. Inegavelmente ainda são as normas mais robustas e relevantes na seara de proteção dos trabalhadores. Paralelamente, conseguimos vislumbrar o incremento de normas que procuram conjugar mencionar proteção com o incentivo à economia, em sintonia com a sociedade internacional globalizada.

6. Referências Bibliográficas

ALSTOM, Philip. *Labour Rights as Human Rights*. New York: Oxford University Press, 2005.

BARROS, Alice Monteiro. *Flexibilização e garantias mínimas*. Genesis: Curitiba, 1999.

_____. *Curso de direito do trabalho*. São Paulo: LTr, 2007.

---

(50) ALSTOM, Philip. *Labour Rights as Human Rights*. p. 04.
(51) SERVAIS, 2011. p. 87.
(52) HUSEK, 2011. p. 129.

BRASIL, Deilton Ribeiro. Empresas transnacionais sob o império da nova ordem mundial e sua integração no direito internacional. *Revista dos Tribunais*, São Paulo, n. 792, 2001.

CRETELLA NETO, José. *Empresa transnacional e direito internacional*. Rio de Janeiro: Forense, 2006.

DALLARI, Pedro B. A. *Constituição e tratados internacionais*. São Paulo: Saraiva, 2003.

FLORÊNCIO, Sérgio Abreu e Lima; ARAÚJO, Ernesto Henrique Fraga. *Mercosul hoje*. São Paulo: Alfa Ômega, 1996.

FRANCO FILHO, Georgenor de Sousa. Os tratados sobre direitos humanos e a regra do art. 5º, 3º, da constituição do Brasil. In: *Revista do Tribunal Regional do Trabalho da 8ª Região*, v. 41, n. 81.

FREITAS JUNIOR, Antonio Rodrigues. *Globalização, mercosul e crise do estado-nação*. São Paulo: LTr, 1997.

GARCIA JUNIOR, Armando Álvares. *O direito do trabalho no Mercosul*. São Paulo: LTr, 1997.

_____. *Foro competente e lei aplicável aos contratos internacionais*. São Paulo: LTr, 2002.

HEPPLE, Bob. *Labour laws and global trade*. Oxford and Portland: Oregon, 2005.

HIRST, Paul; THOMPSON, Grahame. *Globalização em questão*. Rio de Janeiro: Vozes, 1998.

HUSEK, Carlos Roberto. *Curso de Direito Internacional Público*. 11. ed. São Paulo: LTr, 2012.

_____. *A nova (des)ordem internacional – ONU*: uma vocação para a paz. São Paulo: RCS, 2007.

_____. *Curso básico de direito internacional público e privado do trabalho*. 2. ed., São Paulo: LTr, 2011.

IANNI, Octávio. *A era do globalismo*. Rio de Janeiro: Civilização Brasileira, 1999.

KAUFMANN, Christine. *Globalisation and Labour Rights – The conflict between core labour rights and international economic law*. Oxford: Hart Publishing, 2007.

MAZZUOLI, Valério de Oliveira. *Curso de direito internacional público*. 2. ed., São Paulo: Revista dos Tribunais, 2007.

_____. *Tratados internacionais (com comentários à convenção de viena de 1969)*. 2. ed. São Paulo: Juarez de Oliveira, 2004.

MONTANHANA, Beatriz. A constitucionalização dos direitos sociais: a afirmação da dignidade do trabalhador. In FREITAS JUNIOR, Antônio Rodrigues de (org.). *Direito do Trabalho*: direitos humanos. São Paulo: BH Editora, 2006. pp. 63-110.

PENNINGS, Frans; BOSSE, Claire. *THE PROTECTION of working relationships – a comparative study*. Wolters Kluwer, 2011.

PERES, Antonio Galvão. *Contrato internacional de trabalho*: acesso à justiça, conflitos de jurisdição de outras questões processuais. Rio de Janeiro: Elsevier, 2009.

_____. *Contrato internacional de trabalho: novas perspectivas*. São Paulo: LTr, 2004.

PIOVESAN, Flavia. *Direitos humanos e justiça internacional*: um estudo comparativo dos sistemas regionais europeu, interamericano e africano. São Paulo: Saraiva, 2006.

RUSSOMANO, Mozart Victor. Direito do trabalho e globalização econômica. In: *Direito do trabalho & direito processual do trabalho*: novos rumos. Curitiba: Juruá, 2002.

SERVAIS, Jean-Michel. *International labour law*. S.l. Wolters Kluwer, 2011.

_____. *Derecho internacional del trabajo*. Buenos Aires: Heliasta, 2011.

SÜSSEKIND, Arnaldo. *Direito internacional do trabalho*. 3. ed., São Paulo: LTr, 2000.

SÜSSEKIND, Arnaldo et al. *Instituições de direito do trabalho*. 22. ed., São Paulo: LTr, 2005. v. 1.

VOSKO, Leah F. *Managing the margins – gender, citizenship, and the international regulation of precarious employment*. New York: Oxford University Press, 2010.

CONVENÇÃO N. 138, DA OIT E A IDADE MÍNIMA PARA O TRABALHO NO BRASIL: 18 ANOS

Marcos Neves Fava(*)

1. Introdução

O combate ao trabalho infantil constitui uma guerra mundial. As organizações internacionais, como a ONU – e suas agências – e a OIT, disseminam práticas de restrição à exploração precoce de crianças e jovens no mercado de trabalho, dados os graves, deletérios e evidentes prejuízos que essa situação impõe:

* O imediato: a saúde e a integridade das crianças exploradas.

* O mediato: a criação de um ciclo de miséria, baseado na lógica de que o trabalhador precoce não ocupará no mercado mais do que uma vaga – e se tanto – precarizada, por isso seus filhos e netos tenderão a avançar para o trabalho antes da idade mínima, também.

* O individual: a vida aniquilada das possibilidades e do desenvolvimento de um projeto.

* O global: uma sociedade menos civilizada, mais áspera, ignóbil e violenta.

Não por outra que ações como o PETI, o programa de erradicação do trabalho infantil da Organização Internacional do Trabalho, desenvolvem-se há décadas, no firme propósito de educar o cidadão e enfrentar as permanentes investidas contra a preservação das crianças do inadequado trabalho antes da idade mínima. O Brasil engaja-se nesse propósito, como integrante da OIT, adotando políticas públicas de prevenção e combate e aderindo ao desafio mundial de eliminar todas as formas de trabalho infantil até 2020.

Todos aproximados pela salutar intenção de evitar a entrada açodada de crianças e jovens no mercado de trabalho, porque o fazem antes de ostentar condição física e psíquica, e, também, antes de sua formação profissional adequada. Revelam-se, por isso, trabalhadores adoecidos, quando e se chegam à idade adulta, e destinados à escravização das formas mais precárias de trabalho, com remuneração aviltante e ausência de mínimas condições de sobrevivência.

Um dos fatores de resistência nessa luta identifica-se com a idade mínima para o trabalho, assim como concebida pelo ordenamento jurídico. Um importante documento normativo internacional, a Convenção n. 138[1], da Organização Internacional do Trabalho – OIT – traz regramentos específicos sobre o tema e foi adotada pelo Brasil[2].

Estas apressadas linhas buscam apresentar as regras sobre a matéria e, a partir de interpretação teleológica, propor a elevação da idade mínima para o trabalho, independentemente de alteração constitucional.

2. A Convenção 138, da OIT: estabelecimento da idade mínima.

Adotada pela 58ª assembleia da OIT, havida em 1973, a Convenção iniciou vigência internacional em 1976, e estabelece as regras para a "idade mínima para admissão em emprego".

Cumpre destacar, desde imediato, que o texto convencional tem acento teleológico expressivo, é dizer,

---

(*) Juiz do trabalho titular da 89ª Vara de São Paulo, mestre e doutor em direito do trabalho pela Faculdade de Direito da Universidade de São Paulo – USP; membro do Instituto Brasileiro de Direito Processual – IBDP.

(1) Aprovada na 58ª Reunião da Conferência Internacional do Trabalho, em Genebra, 1973, entrou em vigor no plano internacional em 19 de junho de 1976.

(2) A aprovação deu-se pelo Decreto Legislativo n. 179, de 14.12.1999, do Congresso Nacional; a ratificação, em 28 de junho de 2001; e a promulgação pelo Decreto Presidencial n. 4.134, de 15.02.2002. Conta-se a vigência nacional a partir de 28 de junho de 2002.

não se limita a fixar parâmetros para o estabelecimento de uma determinada idade mínima, mas se ocupa de lutar pela abolição do trabalho infantil. Tanto assim que a dicção de seu primeiro artigo exibe-se, literalmente:

> "Todo País-Membro, no qual vigore esta Convenção, compromete-se a seguir uma política nacional que assegure a efetiva abolição do trabalho infantil e eleve, progressivamente, a idade mínima de admissão a emprego ou a trabalho a um nível adequado ao pleno desenvolvimento mental do jovem".

Um primeiro aspecto teleológico: a norma, ao ser adotada, visa à abolição do trabalho infantil. Essa luta inaugura-se com a própria instituição da OIT, como se percebe pelo teor das Convenções ns. 5 e 6, da segunda década do século XX, que tratam de limitação da idade de integração ao trabalho nas indústrias e ao trabalho noturno para "menores".

Outro aspecto merece atenção, no entanto, e vem contido no mesmo artigo: a idade adequada para inserção no mercado de trabalho será atingida, quando possível o "pleno desenvolvimento mental do jovem". Fixar *uma idade* representa, pois, para o espírito da norma, marcar um piso etário, a partir do qual possa falar-se em *pleno desenvolvimento mental do jovem*. Ou, por outra, o trabalho passa a admissível apenas e tão somente após atingir o jovem seu *pleno desenvolvimento mental*.

A Convenção estipula o piso mínimo: quinze anos. Nestes termos, colhe-se do item 3, do art. 2º. A idade mínima "não será inferior à idade de conclusão da escolaridade compulsória ou, em qualquer hipótese, não inferior a quinze anos". Como a OIT legisla para países das mais diversas condições sócio-político-econômicas, suas normativas guardam margem de flexibilidade natural. Do contrário, difícil advir aprovação pela assembleia geral, órgão máximo da entidade, que congrega todos os países-membros. Em função de tal flexibilidade, o item 4, do mesmo artigo, tolera a idade mínima igual a catorze anos, para países com desenvolvimento econômico e escolar precários, como marco inicial. Referida regra vem apetrechada de incentivo ao avanço, como se percebe da leitura do item 5, alíneas *a* e *b*: em relatórios anuais, os países-membros que adotarem a idade tolerada (14 anos) exporão as razões pelas quais os motivos subsistem, ou apontarão, desde logo, a data em que a idade majorar-se-á.

Contempla-se, ainda, no regramento internacional sob análise, o limite de 18 (dezoito) anos para todo e qualquer trabalho que possa importar risco à saúde, à segurança e à moral do jovem, em razão de sua natureza ou circunstâncias em que for executado[3]. Novamente com olhos na necessária flexibilidade, pertinente à variegada gama de realidades civilizatórias em que se situam seus membros, a OIT permite o labor a partir de dezesseis anos, em restritivas condições, quando a Lei local assim o previr.

A norma excepciona de sua incidência os cursos de formação técnica ou vocacionais, como se lê no art. 6º:

> "Esta Convenção não se aplicará a trabalho feito por crianças e jovens em escolas de educação vocacional ou técnica ou em outras instituições de treinamento em geral ou a trabalho feito por pessoas de no mínimo quatorze anos de idade em empresas em que esse trabalho for executado dentro das condições prescritas pela autoridade competente"(...)

Para exclusão, mediante enquadramento na hipótese do texto, será necessária a consulta às organizações de empregadores e de trabalhadores concernentes, onde as houver, e

> "constituir parte integrante de: a) curso de educação ou treinamento pelo qual é principal responsável uma escola ou instituição de treinamento; b) programa de treinamento principalmente ou inteiramente numa empresa, que tenha sido aprovado pela autoridade competente; ou c) programa de orientação vocacional para facilitar a escolha de uma profissão ou de especialidade de treinamento".

No ordenamento jurídico brasileiro, quanto aos cursos técnicos, cumpre tais exigências o contrato de aprendizagem, regido pela Lei n. 10.097/2000, reservada, entre nós, a idade mínima de *catorze anos* para o aprendiz. Esse contrato, segundo a UNESCO, conceitua-se como "o processo educativo quando este implica, além de uma formação geral, estudos de caráter técnico e a aquisição de conhecimentos e aptidões práticas relativas ao exercício de certas profissões em diversos setores da vida econômica e social. Como consequência de seus objetivos extensos, o ensino técnico e profissional distingue-se da 'formação profissional', que visa essencialmente a aquisição de qualificação prática e de conhecimentos específicos necessários para a ocupação de um determinado emprego ou de um grupo de empregos determinados". As modificações emergentes da legislação de 2000, que atualizou o contrato, segundo as normas contidas na CLT, inovou, entre outros

---

(3) No ordenamento jurídico brasileiro, o Decreto n. 6.481/2008 relaciona as piores formas de trabalho infantil, apontando, para eles, quando não proibidos, a idade mínima de 18 anos.

aspectos, na convocação de entidades do terceiro setor, da sociedade civil, para participarem da formação profissional dos adolescentes. Esta que é um dever constitucional da sociedade – art. 227 – e que incumbe, segundo a teoria da proteção prioritária e integral da criança, em obrigação do Estado, da família e da sociedade, realizava-se, sob o pálio da Lei anterior, apenas pelo sistema "S", organizado pelas entidades empresariais e financiado pela sociedade, compulsoriamente. Essa experiência não logrou o suficiente êxito, como pontua Bernardo Leôncio Moura Coelho[4]:

> "A experiência histórica demonstrou que o sistema de capacitação profissional montado pelos empresários (Sistema "S") não atingiu justamente a população excluída dos processos de ensino, fazendo-se necessária uma retomada de posição para corrigir o desvio que ocorreu".

O trabalho realizado nas escolas vocacionais de fundo religioso, com ordinária ênfase no atendimento às comunidades com as quais se comunicam, de igual modo, permanece excluído das regras da Convenção. De ver que, no Brasil, utilizou-se a expressão *escolas* (ou colégios) *vocacionais*[5] nos anos sessenta para designar projeto experimental de ensino na rede pública, o que não envolve formação profissional, nem atividades religiosas, em que pese a coincidência do designativo.

3. A Convenção n. 138, da OIT: exceção à idade mínima, o trabalho artístico.

Encerra-se o texto da norma internacional em apreço, com a exceção de permissivo para a participação de crianças em eventos de representação artística. Eis os termos da regra:

> "A autoridade competente, após consulta com as organizações de empregadores de trabalhadores concernentes, se as houver, poderá, mediante licenças concedidas em casos individuais, permitir exceções para a proibição de emprego ou trabalho provida no art. 2º desta Convenção, para finalidades como a participação em representações artísticas".

Para o universo jurídico nacional, essa constitui a **única exceção de trabalho** abaixo dos **14 anos**, já que com essa idade, pode o jovem assumir um contrato de aprendizagem. Impende, de início, frisar que a exceção indica *licenças em casos individuais, pela autoridade competente*. Embora o texto normativo aparentemente em vigor no Brasil indique atribuição para essas autorizações ao juiz da infância e da juventude – art. 406, da CLT – tal realidade alterou-se com a promulgação da Emenda Constitucional n. 45, em 2004. É que, desde então, ao juiz do trabalho compete resolver as ações que envolvam *relações de trabalho*. Ampliando-se notavelmente o espectro de incidência do poder de jurisdição desse ramo do Judiciário, o constituinte derivado abriu-o dos limites das relações *de emprego*, para as *relações de trabalho*. As primeiras constituem mera e reduzida espécie do gênero em que se revelam as últimas

Controvérsias que envolvam o trabalho humano resolvem-se, desde dezembro de 2004, na Justiça do Trabalho. Ainda que não haja, sequer, previsão de pagamento ou ato remuneratório, como se dá, por exemplo, com os contratos de trabalho voluntário. As crianças que postulam autorização *para o trabalho*, ainda que esse tema não envolva *direitos trabalhistas* em sentido estrito, quer-se com isso dizer "direitos de *empregados*", devem obtê-la do juiz do trabalho.

O precedente judicial havido nos autos do processo 00017544920135020063, nesse sentido, tem a seguinte ementa:

> "*COMPETÊNCIA PARA APRECIAÇÃO DO PLEITO DE AUTORIZAÇÃO JUDICIAL PARA TRABALHO INFANTIL – É da Justiça do Trabalho a competência para apreciar pedido de autorização para ocorrência de trabalho por menores, que não guardam a condição de aprendizes nem tampouco possuem a idade mínima de dezesseis anos. Entendimento que emana da nova redação do art. 114, inciso I, da Lex Fundamentalis*".

A questão encontra-se, a esta altura, submetida ao exame do Supremo Tribunal Federal, em ação direta de inconstitucionalidade[6], ajuizada pela Associação Brasileira das Empresas de Rádio e Televisão, com liminar concedida, em caráter precário, em favor do pedido inicial, para fixar a competência da Justiça Comum[7]. No bojo da referida ação, os debates, a partir dos funda-

---

(4) "As alterações do contrato de aprendizagem: considerações sobre a Lei n. 10.097/2000". Disponível em: <http://www2.senado.leg.br/bdsf/bitstream/handle/id/691/r150-15.pdf?sequence=4>. Acesso em: 20 abr. 2016.

(5) Entre 1962 e 1969, o experimento tomou lugar na rede pública de algumas cidades, como São Paulo, conforme relatam MENEZES, Ebenezer Takuno de; SANTOS, Thais Helena dos. Verbete colégios vocacionais. *Dicionário Interativo da Educação Brasileira -Educabrasil*. São Paulo: Midiamix, 2001. Disponível em: <http://www.educabrasil.com.br/colegios-vocacionais/>. Acesso em: 20 abr. 2016

(6) Trata-se da ADI 5326, relatoria do Ministro Marco Aurélio Mello.

(7) A providência de concessão da liminar, no caso vertente, mostra-se, para dizer o mínimo, inusitada. O relator optou por ouvir o plenário, sem conceder a medida, já que, presume-se, não havia urgência. Iniciada a votação, sobrevindo pedido de vistas da Ministra Rosa, o relator, em decisão imediatamente

mentos da liminar concedida, partem de premissa, *data venia*, equivocada.

Com efeito, considera o relator, com apoio em parecer que instrui a inicial, que se trate de *autorização para participação em eventos artísticos*, não de *trabalho infantil*. A autorização para que crianças ou adolescentes participem de, por exemplo, um espetáculo artístico aberto ao público em geral, insere-se na competência do juiz da infância e não depende de alvarás individuais. O que se debate, por trás da demanda da associação de empresas de mídia, é o *trabalho* efetivo de crianças, como *artistas profissionais*, enfrentando jornada regular de labor, obrigações contratuais e, claro, percebendo remuneração. Esta é, muitas vezes, tão expressiva que convertem a "carreira da criança" em finalidade máxima de suas famílias[8]. A relação em debate constitui, pois, *trabalho*, não *participação artística*. Se de *trabalho* se cuida, a competência incumbe, *venia concessa*, à Justiça *do Trabalho*.

O texto da Convenção, no item 2, do art. 8º, que as autorizações sejam, a par de *individuais*, o que enseja conclusão em favor da observância das peculiaridades da pessoa do pequeno artista, <u>clausuladas</u>, com a identificação do <u>número de horas</u> de trabalho e as <u>condições em que ele se realizará</u>. Observe-se que não se trata de liberação para que se insira a criança no mundo do trabalho, segundo as <u>regras protetivas dos adultos</u>, mas da concretização, no espaço jurídico institucional do 'alvará', da malha tuitiva especial que se amolde à condição pessoal do postulante e às peculiaridades do trabalho.

Em nenhum viés do texto encontra-se lavrado patrocínio da ideia, equivocadamente por alguns, que a concessão de autorização inclui a conversão das crianças em operárias. A participação artística versada pela norma internacional em análise volta-se a garantir o desenvolvimento integral da personalidade e das aptidões particulares dos que ostentem inclinação e dotes artísticos. Não se torna possível converter essa regra de proteção ao *desenvolvimento pessoal* em contradição ao sistema de proteção das crianças e adolescentes, aos quais é vedado o trabalho antes da idade mínima, que no Brasil, constitucionalmente, é de 16 anos.

4. Ampliação da idade mínima, independentemente de alteração constitucional

A Constituição, em matéria de direitos sociais, ostenta a natureza de piso, isto é, de garantidora mínima, abraçando e acolhendo quaisquer normas hierarquicamente inferiores que tragam avanço à qualidade de vida do ser humano, cerne e núcleo da malha do ordenamento jurídico brasileiro. Não à toa vem estampado com um dos fundamentos do Estado de Direito o dever de proteger à dignidade da pessoa humana (art. 1º, III).

O *caput* do art. 7º, literalmente adota o princípio trabalhista da norma mais benéfica, traduzindo em norma positiva o princípio acima delineado:

"São direitos dos trabalhadores urbanos e rurais, além de outros que visem à melhoria de sua condição social:"

A exceção *além de outros que visem à melhoria de sua condição* estabelece a regra de *piso*, a partir da qual já estão previamente adotados e recepcionados pela Constituição os normativos que atinjam o colimado fim.

Não se olvide que do art. 7º conta o limite de 16 anos, decorrente da aplicação, no Brasil, da Convenção n. 138, da OIT[9].

Já visto, linhas atrás, que o cerne principiológico da fixação da idade mínima para o trabalho na Convenção n. 138 diz respeito à garantia de formação educacional básica. Equivale dizer que a *idade mínima* corresponde àquela em que a *formação educacional indispensável* veja-se completa. Coerente essa correlação, eis que com adequado preparo pessoal, o que inclui, por certo, a melhor formação educacional possível, o trabalhador obterá condições melhores de inserção no mercado e, pois, de realização de seus projetos de vida, escapando à precarização e à espoliação.

No Brasil, a formação educacional mínima, segundo a regra vigente desde 2009, pelo art. 208, da Constituição, estende-se até dezessete anos:

"Art. 208. O dever do Estado com a educação será efetivado mediante a garantia de: I – educação básica obriga-

---

posterior à sessão, concedeu a liminar. Não existiu qualquer fato a alterar o quadro em que se sustenta o pedido inicial, da distribuição à concessão da medida. Tampouco existiam, na ocasião, ao contrário do que divulga a autora da ação, conflitos de competência ou insegurança na concessão das autorizações. No âmbito do Estado de São Paulo, por meio do normativo impugnado na referida ADI, justiça comum e justiça do trabalho, com o apoio dos ministérios públicos estatual e do trabalho, reconheceram a competência da especializada. Dado o caráter de comunhão institucional, não sobreveio qualquer dissenso entre os juízes do trabalho e da infância e juventude, para justificar urgência adotada pelo relator, na concessão de liminar monocrática, depois de iniciado o julgamento pelo plenário.

(8) Especial e cuidadosa pesquisa sobre os efeitos do trabalho artístico infantil encontra-se publicada pela LTr, no livro *Trabalho Infantil Artístico: do Deslumbramento à Ilegalidade*, de Sandra Cavalcante.

(9) É esse o texto do inciso XXXIII "proibição de trabalho noturno, perigoso ou insalubre a menores de dezoito e de qualquer trabalho a menores de dezesseis anos, salvo na condição de aprendiz, a partir de quatorze anos", adotado em 1998.

tória e gratuita dos 4 (quatro) aos 17 (dezessete) anos de idade, assegurada inclusive sua oferta gratuita para todos os que a ela não tiveram acesso na idade própria;" (...)

Para atualizar as regras da Lei de Diretrizes e Bases da Educação, alteração legislativa emanada da Lei n. 12.796/13 prevê:

"O dever do Estado com educação escolar pública será efetivado mediante a garantia de: I – educação básica obrigatória e gratuita dos 4 (quatro) aos 17 (dezessete) anos de idade, organizada da seguinte forma: a) pré-escola; b) ensino fundamental; c) ensino médio;"

Adotada a orientação constitucional, normatiza-se que o ensino básico vai **dos quatro aos dezessete anos**, incluindo-se nele o *ensino médio*. Vem daí que a idade para **encerramento da formação educacional mínima** – e, para o Estado, de oferecimento obrigatório – eleva-se <u>a dezessete anos</u>.

Se a Convenção 138, adotada pelo Brasil, tem o pressuposto de que a idade mínima para o trabalho deva coincidir com a que permita formação *educacional mínima* e se a Constituição (art. 208) indica ser esta a que se desenvolve até os *dezessete anos*, impõe-se a conclusão de que o valor da menor idade para o trabalho, no Brasil, já corresponde a 18 anos, logo após do encerramento do ciclo básico educacional.

A associação entre as políticas públicas de educação em tempo integral e de qualidade e o combate à pobreza e à precarização das condições de trabalho resulta óbvia, como bem aponta José Roberto Dantas Oliva[10], a proclamar que:

"Não podemos permitir que haja a reabilitação do trabalho infantil. Mais do que isto: temos que lutar para a elevação imediata da idade mínima para 18 anos e que, isso associado à educação de qualidade, de preferência em tempo integral, permita, conforme compromisso com a OIT, a elevação progressiva dessa idade, diminuindo as desigualdades e abolindo a pobreza, tornando também o Brasil mais competitivo internacionalmente. Só a educação liberta. Educação de qualidade e elevação progressiva da idade mínima são, sem exagero, alicerces de um novo e venturoso porvir".

Lamentável e curiosamente, a esta altura, quando análise sistêmica do ordenamento permite a conclusão de que a idade mínima para o trabalho, no Brasil, já possa considerar-se como os dezoito anos, tramitem alguns projetos de emenda constitucional[11], no Parlamento, a *reduzir tal idade*, para patamares da Constituição de 1934 (14 anos), ou menos. O princípio da *proibição de retrocesso* vedaria modificação *in pejus* de cláusula de tamanha importância na Constituição. Não obstante, são severos e reais os riscos de aprovação de proposta desse jaez, notadamente se o tecido social envolve-se em quadro de desamparo político, descrença nas instituições e insegurança. Veja-se, como exemplo de tal configuração, o apoio popular para a redução da *idade de responsabilidade penal*, providência que a História já demonstrou, em diversos outros países, não guardar nenhuma relação com a redução da violência.

A posição a ser tomada, quanto às propostas de redução da idade mínima, bem foram expostas em trabalho coletivo[12], assim sintetizadas:

"(1) Violar a determinação constitucional de proteção integral, absoluta e prioritária à infância – art. 227, Constituição da República Federativa do Brasil; (2) Impor inconstitucional retrocesso social; (3) Agravar as consequências do trabalho precoce, que prejudica o crescimento saudável das crianças e adolescentes, inclusive com deformações físicas e mutilações, retirando-lhes tempo de lazer e educação; (4) Subtrair vagas de pais de família no mercado formal, que seriam ocupadas indevidamente por quem não deveria estar trabalhando, aumentando o desemprego, a informalidade e o subemprego, com perda de poder aquisitivo das famílias, agravando ainda o caótico quadro de acidentes, inclusive fatais, envolvendo adolescentes; (5) Aniquilar os esforços para a implementação dos contratos de aprendizagem para adolescentes, fórmula que propicia qualificação profissional protegida, preservando a escolaridade compulsória, que sofreria concorrência direta e desleal de trabalho precário com chancela legislativa; (6) Vilipendiar a garantia mínima do art. 7º, caput, da Constituição da República Federativa do Brasil, restringindo direitos ali previstos; (7) Deliberar, em prejuízo da proteção integral, sobre tema protegido pela qualidade de cláusula pétrea, nos termos do art. 60, § 4º, IV, da Constituição da República Federativa do Brasil; (8) Afrontar a Convenção n. 138, da Organização Internacional do Trabalho, inserta por processo legislativo regular, há vários anos, no ordenamento jurídico brasileiro, mitigando a imagem do país perante a comunidade internacional, ignorando alerta feito em 2008 pela própria

---

(10) Trabalho infantil: realidade e perspectivas. In: *Revista do TST*, v. 81, n. 1, p. 118-141, jan./mar., 2015. Registre-se, por oportuno, que dos debates travados com o douto magistrado Dr José Roberto Dantas Oliva, nasceram as reflexões que sustentam as teses deste artigo. Ressalvada a responsabilidade exclusiva pelos equívocos ao autor, o trabalho é uma homenagem ao colega José Roberto, que ao tema dedica-se há tempo, com acuidade e competência.

(11) São os PEC n. 18/2011 e seus apensados: 35/2011, 274/2013, 77/2015, 107/2015 e 108/2015.

(12) "Propostas de emendas constitucionais para reduzir a idade mínima para o trabalho são inconstitucionais", ARRUDA, Kátia Magalhães *et all*. Disponível em: <www.anamatra.org.br/uploads/article/artigo-reducao-da-idade-minima-pec-18-e-apensadas.pdf>. Acesso em: 20 abr. 2016.

OIT ao governo brasileiro; (9) Contrariar a deliberação do próprio Congresso Nacional, tomada na reforma do vigente art. 208, da Constituição da República Federativa do Brasil, que ampliou a fase de formação educacional mínima, sem a qual o jovem ficará prejudicado em sua qualificação futura; (10) Desrespeitar o que decidiu o Parlamento brasileiro, nas conclusões da CPI do Trabalho Infantil, retrocedendo no histórico de dignificação do ser humano, em especial, da juventude brasileira".

A redação da LDBE – Lei de Diretrizes e Bases da Educação – com consonância com o art. 208, da Constituição, já promoveu a alteração positiva de que a idade mínima para o trabalho deve corresponder aos dezoito anos, assim que terminado, aos dezessete, o ciclo educacional básico e obrigatório. A Lei constrói-se em sua aplicação, mediante interpretação dos atores sociais. Não se faz mister mudança do Texto Constitucional, para que se conclua proibido o trabalho antes da formação educacional mínima e obrigatória, portanto, o labor fica proibido até os dezessete anos.

Indispensável, no entanto, que tal conclusão apetreche-se da disponibilidade de efetivas políticas educacionais, que fomentem a oferta de vagas na escola pública, em tempo integral, com qualidade, dos quatro aos dezessete anos, evitando-se a dispersão e o ócio das crianças e jovens, até que, aperfeiçoada sua formação, possam adentrar ao mercado de trabalho.

5. Conclusão

A adoção, pelo Brasil, da Convenção n. 138, da Organização Internacional do Trabalho, importa mais do que elevar a idade mínima para o trabalho a dezesseis anos, como já realizado pelo Texto Constitucional.

Emerge como princípio da norma convencional em análise, o progressivo aumento da *idade mínima*, com vistas a adequá-la à situação econômica e social do país.

No caso brasileiro, a elevação do ciclo obrigatório mínimo escolar para dezessete anos, dos quatro aos dezessete, conforme o art. 208, da Constituição, já representa fundamento para que se conclua que a idade mínima para o trabalho no Brasil encontra-se cravada em dezoito anos, imediatamente após o encerramento da formação educacional essencial.

Assegurar, mediante políticas públicas adequadas, que a educação mínima obrigatória ofereça-se gratuita, universal, em tempo integral e de boa qualidade revela-se a chave para que a referida idade mínima prevaleça. Os ingentes esforços contra o trabalho prematuro, necessários e urgentes, não alcançam resultado apenas com a modificação dos textos legais ou, como se dá *in casu*, com o avanço das conclusões pela hermenêutica. Mister que o mundo fenomenológico albergue e abrace as crianças na fase de sua formação escolar mínima e indispensável, para, com isso, evitar-se a evasão dos bancos de estudos e a invasão inadvertida, inoportuna e precoce do mercado de trabalho.

Não há menos de três milhões de crianças entre 5 e 17 anos trabalhando no Brasil, de acordo com o IBGE. O total de vidas comprometidas com essa chaga já foi maior e os passos institucionais – do governo e da sociedade civil – dados nesse sentido colhem proveitos resultados. Tal montante, no entanto, apresenta-se ainda em patamares obscenos, beirando o acinte ao grau de civilização da sociedade brasileira.

Caminhar com passos firmes, por todas as frentes, implica (a) reduzir as autorizações excepcionais para o trabalho artístico, com rigor e, nos termos da Convenção n. 138, absoluto controle da exploração desse trabalho; (b) ampliar e melhorar a qualidade do ensino público, em seu ciclo básico indispensável que, desde 2009, vai dos quatro aos dezessete anos e (c) garantir, mediante priorização absoluta, expressão da Constituição, a proteção de crianças e adolescentes contra os males da entrada prematura no mercado de trabalho.

Adota-se, nessa toada, 18 anos como a idade mínima para o trabalho, mediante interpretação da Convenção n. 138, da OIT.

O combate ao trabalho infantil (infanto juvenil, *rectius*) precisa assentar-se entre os objetivos nucleares da atuação da sociedade civil e do governo, sob o risco de, não tomando a luta esse lugar, permitir-se a perenização do trabalho precário e o adensamento da pobreza, o que andaria em desconformidade ao Texto da Constituição, que promete uma sociedade mais livre, justa e solidária.

A RESPONSABILIDADE INTERNACIONAL DOS ESTADOS POR VIOLAÇÃO AO PRINCÍPIO COGENTE DA BOA-FÉ

Bruna Barletta(*)

1. Introdução

Desde o surgimento da Organização das Nações Unidas ("ONU"), em 1945, a comunidade internacional passou a ter como um de seus objetivos primordiais a cooperação entre seus membros, justamente para se buscar a efetividade das normas tidas como internacionais.

Por essa razão, não há grandes dúvidas no cenário internacional atual que os Estados podem, sim, ser responsabilizados por atos e omissões que causem danos a terceiros.[1]

Trata-se de princípio internacional, que embasou, inclusive, projeto de codificação de normas, realizado pela Comissão de Direito Internacional das Nações Unidas ("CDI"), cujo conteúdo diz respeito à responsabilidade internacional e seus sujeitos.

O texto final de tal projeto foi adotado pela Assembleia Geral da ONU em dezembro de 2001, por meio da Resolução n. 56/83, que recomendou a consideração e eventual futura adoção deste conjunto de regras pelos Estados.

Os requisitos principais para configurar a responsabilidade do Estado, estabelecidos no art. 1º do texto da CDI[2], são o ato internacionalmente ilícito e sua imputabilidade. Assim, para que seja responsabilizado, exige-se a conduta ilícita do Estado, seja por ação ou por omissão, violando norma ou obrigação constituída no âmbito internacional.[3]

Ademais, conforme o texto dos arts. 2º[4] e 3º[5], do referido documento, é necessário que exista lei internacional, a qual pode ser vista, nesse contexto, como tratados, princípios, normas ou *jus cogens*, que estabeleça conduta contrária àquela praticada pelo Estado imputado como responsável.

Diante destas considerações iniciais, para se determinar a extensão da responsabilidade dos Estados por violação ao *jus cogens* internacional, especificamente, da boa-fé, analisar-se-á o que são, efetivamente, as obrigações internacionais dos Estados, se o princípio da boa-fé

(*) Bacharel em Direito pela Pontifícia Universidade Católica de São Paulo em 2013, se especializou nas áreas de arbitragem e contencioso cível. Faz parte da Associação Brasileira dos Estudantes de Arbitragem – ABEArb, do Grupo de Estudos em Direito Comercial Internacional da PUC/SP e do Grupo de Estudos em Arbitragem também da PUC/SP. É mestranda em Direito das Relações Econômicas Internacionais pela Pontifícia Universidade Católica de São Paulo.

(1) *Vide*, nesse sentido: ACCIOLY, Hildebrando. *Manual de Direito Internacional Público*. 5. ed. São Paulo: Saraiva, 1961. p. 62; PIOVESAN, Flávia. *Direitos Humanos e o Direito Constitucional Internacional*. 5. ed. São Paulo: Max Limonad, 2002. p. 35.

(2) Art. 1º. Responsabilidade do Estado por Ato Internacionalmente Ilícito. Todo ato internacionalmente ilícito enseja a responsabilidade internacional do Estado. (Tradução livre de: "*Article 1. Responsibility of a State for its internationally wrongful acts. Every internationally wrongful act of a State entails the international responsibility of that State.*").

(3) CRAWFORD, James. *The International Law Comission's Articles on State Responsibility: introduction, text and commentaries*. Nova Iorque: Cambridge University Press, 2003. p. 33.

(4) Art. 2º. Elementos do Ato Internacionalmente Ilícito de um Estado. Há um ato internacionalmente ilícito quando um Estado é autor de ação ou omissão: (a) atribuível ao Estado conforme as normas de Direito Internacional; (b) seja violação de obrigação internacional do Estado. (Tradução livre de: "*Article 2. Elements of an internationally wrongful act of a State. There is an internationally wrongful act of a State when conduct consisting of an action or omission: (a) is attributable to the State under international law; and (b) constitutes a breach of an international obligation of the State.*").

(5) Art. 3º. Caracterização de ato internacionalmente ilícito de um Estado. A caracterização de um ato internacionalmente ilícito de um Estado é governada pelo Direito Internacional. Tal caracterização não é afetada pela tipificação de ato da mesma natureza conforme o Direito Interno do Estado. (Tradução livre de: "*Article 3. Characterization of an act of a State as internationally wrongful. The characterization of an act of a State as internationally wrongful is governed by international law. Such characterization is not affected by the characterization of the same act as lawful by internal law.*").

faz parte do *jus cogens*, como se configura a responsabilização internacional e, finalmente, a referido princípio.

2. As obrigações internacionais dos estados

Todo Estado, em razão de sua participação na comunidade internacional, tem interesse na proteção de determinados direitos e no cumprimento de determinadas obrigações. Por isso, é um dos princípios básicos do Direito Internacional Público que cada Estado seja responsável pela sua conduta, no cumprimento de suas obrigações internacionais.[6]

Isso significa dizer, de acordo com o art. 2º, do texto da CDI, que a violação de uma obrigação internacional por um Estado corresponde a um ato internacionalmente ilícito, passível, portanto, de responsabilização.

Ao longo dos anos, a própria Corte Internacional de Justiça tratou de sedimentar a ideia de que o ato internacionalmente ilícito não precisa, necessariamente, violar obrigação advinda de tratado. Pelo contrário, basta que seja conduta contrária aos direitos internacionais dos demais membros da comunidade.[7]

Isso porque, no Direito Internacional, as fontes das obrigações podem ser tanto tratados e costumes (fonte formal), quanto princípios (fonte real)[8], como passa-se a examinar.

2.1. Os tratados internacionais

Os tratados internacionais revelam a vontade dos Estados. Estão, para o Direito Internacional Público, como os contratos estão para o Direito Privado, com o adicional de poderem criar regras gerais e abstratas para a comunidade internacional como um todo.[9]

Seu objetivo, portanto, é ter efeitos jurídicos no âmbito internacional, a partir do acordo de interesses de dois ou mais sujeitos internacionais – aqui, não se limita o sujeito de tratado a Estados, podendo outros entes, como organizações internacionais, a eles se submeterem.

A importância dos tratados para o Direito Internacional restou muito bem caracterizada na Convenção de Viena Sobre o Direito dos Tratados, que exprime problemáticas gerais, advindas da prática, em relação à formação de tratados, como objeto, nulidades, término e suspensão.[10]

Independentemente de seu objeto – contratual ou normativo –, vinculam, de modo cogente, aqueles que a eles aderem. Logo, seu descumprimento enseja a responsabilização do Estado infrator, o que nada mais é do que a demonstração da força coercitiva para sua adimplência integral.

2.2. As Normas Imperativas de Direito Internacional – ou o Jus Cogens Internacional

A soberania dos Estados impede que se imponha qualquer obrigação no âmbito internacional sem que haja seu consentimento prévio. Não obstante, existe aquilo que se conhece como comunidade internacional, que, em síntese, nada mais é do que a coletividade de Estados soberanos, pautada, primordialmente, na cooperação entre Estados e nas relações interestatais. E é justamente em razão dessa comunidade internacional, que preza pela cooperação, unicidade e coletividade, que surgem as normas imperativas de Direito Internacional, também conhecidas como *jus cogens*.

Trata-se de obrigações *erga omnes*, fundadas em regras internacionais de ordem pública. De um conjunto de valores, considerado acima da soberania de todos os Estados, surgiu o *jus cogens*, cuja extensão é válida e idêntica para todos (*erga omnes*), independentemente da vontade do Estado.

Tal conceito foi codificado pela Convenção de Viena Sobre o Direito dos Tratados, de 1969, em seus arts. 53[11] e 64.[12]

Exemplos clássicos, adotados, inclusive, pela CDI, são o princípio do *pacta sunt servanda*, da boa-fé, da proibição do uso ou da ameaça do uso da força, do princípio da soberania dos Estados sobre recursos naturais,

---

(6) Report of the International Law Commission on the Work of Its Fifty-Third Session, pp. 33-34.

(7) *Vide*, nesse sentido, os casos: Raibown Warrior Case (Nova Zelândia x França – Tribunal Arbitral França-Nova Zelândia, 30.04.1990); Factory at Chorzow (Alemanha x Polônia – CIJ, j. em 26.07.1927); Reparation for Injuries Case (Advisory Opinion, CIJ, j. em 11.04.1949). No mesmo sentido, BROWNLIE, Ian. *Principles of Public International Law*. 5th ed., Oxford University Press, 1998. p. 435.

(8) HUSEK, *op. cit.*, p. 32.

(9) HUSEK, op. cit., p. 51.

(10) TRINDADE, Antônio Augusto Cançado. *Princípios do Direito Internacional Contemporâneo*. Brasília: Universidade de Brasília, 1981. p. 12.

(11) Art. 53. Tratado em Conflito com uma Norma Imperativa de Direito. Internacional Geral (*jus cogens*). É nulo um tratado que, no momento de sua conclusão, conflite com uma norma imperativa de Direito Internacional geral. Para os fins da presente Convenção, uma norma imperativa de Direito Internacional geral é uma norma aceita e reconhecida pela comunidade internacional dos Estados como um todo, como norma da qual nenhuma derrogação é permitida e que só pode ser modificada por norma ulterior de Direito Internacional geral da mesma natureza.

(12) Art. 64. Superveniência de uma Nova Norma Imperativa de Direito Internacional Geral (*jus cogens*). Se sobrevier uma nova norma imperativa de Direito Internacional geral, qualquer tratado existente que estiver em conflito com essa norma torna-se nulo e extingue-se.

da igualdade entre Estados, da proibição de atos que violem os Direitos Humanos etc.[13]

Como é possível perceber, estas normas têm em comum a relevância para a continuidade da comunidade internacional, independentemente de sua origem ou de sua natureza. Isso ficou estabelecido pela Corte Internacional de Justiça, no caso Barcelona Traction, quando entendeu que existem obrigações exigíveis pela comunidade internacional como um todo, sendo *erga omnes* aquelas em que todos os Estados tenham interesse jurídico de que sejam protegidas.[14]

Em um contexto mais recente, novas decisões da Corte enfrentaram a questão das obrigações erga omnes, como, por exemplo, a Advisory Opinion de 09.07.2004, sobre as Consequências Legais da Construção de Muro nos Territórios Ocupados por Palestinos[15], na qual foi reconhecida a violação do direito de autodeterminação do povo palestino por Israel, bem como dos princípios de direito humanitário, ambos com eficácia *erga omnes*.

Em que pesem tais definições, o *jus cogens* permanece como um conceito abstrato e, em certa medida, etéreo. Isso porque, não é intenção do Direito Internacional que seja codificado, de modo a permitir sua alteração, de acordo com valores considerados mais essenciais em determinado momento histórico.

2.3. Os princípios no direito internacional

O art. 38, do Estatuto da Corte Internacional de Justiça, prevê os princípios internacionais como uma das fontes de Direito a serem utilizadas pela Corte.[16]

Seu caráter geral é determinado pelo interesse comum dos Estados, refletindo, muitas vezes, o próprio Direito Interno destes países.[17] Assim como na ordem interna, os princípios, na ordem internacional, são seu alicerce, eis que refletem os valores considerados como fundamentais pelos Estados em uma determinada época.

Nesse sentido, de acordo com o professor MELLO, 2004, "um exemplo típico de princípio geral de direito criado por um grupo dominante é o do respeito ao direito adquirido [...]. Os princípios gerais do direito na maioria das vezes coincidem com o costume geral".[18]

Como se vê, os princípios, em algum momento em sua formação, foram práticas da comunidade internacional. No entanto, devido à sua relevância e pertinência na formação e cumprimento de obrigações internacionais, foram elevados ao status de princípios. Ainda mais, essas mesmas características de relevância e pertinência podem, inclusive, torná-los *jus cogens*.

De todo modo, como se passa a demonstrar abaixo, seja princípio, seja costume ou, ainda, seja *jus cogens*, o fato é que são todos fontes de obrigações internacionais e, por consequência, devem ser observados pelos Estados.

2.4. O Costume como fonte de obrigação internacional

Igualmente aos princípios internacionais, prevê o art. 38, do Estatuto da Corte Internacional de Justiça[19], o costume como fonte de obrigação internacional.

Com efeito, por inexistir um poder centralizado no Direito Internacional, sua base surgiu justamente a partir da prática reiterada dos Estados, ao longo do tempo.

Muito embora, atualmente, permaneça pendente sua definição – em grande parte porque os costumes refletem a sociedade de determinada época e, consequentemente, estão em constante mudança –, a doutrina chamada de voluntarista, encabeçada por autores como ANZILOTTI[20] e TUNKIN[21], entende que a prática aceita e entendida como lei pelos Estados pode ser considerada costume internacional. A partir desse consenso, os Estados ficam obrigados a tal prática, de forma que seu descumprimento pode ensejar sua responsabilidade perante a comunidade internacional.[22]

Em outro sentido, há, ainda, a corrente chamada de objetivista, que defende a manifestação de direito

---

(13) AMARAL JÚNIOR, Alberto do. *Introdução ao Direito Internacional Público*. São Paulo: Atlas, 2008. p. 111.
(14) CIJ, Bélgica x Espanha, j. em 05.02.1970.
(15) Disponível em: <http://www.icj-cij.org/docket/files/131/1677.pdf>. Acesso em: 21 nov. 2015.
(16) Art. 38. A Corte, cuja função é decidir de acordo com o direito internacional as controvérsias que lhe forem submetidas, aplicará: [...] c. os princípios gerais de direito, reconhecidos pelas nações civilizadas; [...]
(17) MELLO, Celso D. Albuquerque. *Curso de Direito Internacional Público*. v. 1. 15. ed. Rio de Janeiro: Renovar, 2004. p. 304.
(18) MELLO, *op. cit.*, 2004. pp. 302-303.
(19) Art. 38. A Corte, cuja função é decidir de acordo com o direito internacional as controvérsias que lhe forem submetidas, aplicará: [...] b. o costume internacional, como prova de uma prática geral aceita como sendo o direito; [...].
(20) ANZILOTTI, *op. cit.*
(21) TUNKIN, Grigory. *International Law in the International System*. vol. IV, t. 147, 1975.
(22) AMARAL JÚNIOR, *op. cit.*, p. 115.
(23) PORTELA, Paulo Henrique Gonçalves. *Direito Internacional Público e Privado*. 7. ed. Salvador: Jurispodivm, 2015. p. 74.

previamente existente como costume. Em outras palavras, a partir de valores morais e sociais, já positivados na sociedade, é que se forma o costume.

De todo modo, é pacífico na doutrina que são necessários dois requisitos para o surgimento do costume: sua repetição constante e uniforme (elemento material) e a crença geral de que se trata de norma jurídica (elemento psicológico).[23-24]

Mas então, considerando ser uma conduta de ampla aceitação pela comunidade internacional, inclusive tida por obrigatória, qual seria sua diferença para o *jus cogens*?

Para o Professor MURPHY, da George Washington University, ex-advogado dos Estados Unidos na Corte Internacional de Justiça, o *jus cogens* seriam "super" normas costumeiras, tão fundamentais para as relações internacionais interestatais que nem a prática reiterada dos Estados em sentido contrário poderia derrogá-las.[25]

Como se pode observar, trata-se de diferença muito tênue, baseada, primordialmente, na extensão do vínculo dos Estados a cada uma das fontes normativas. Ou seja, sendo costume, o vínculo é menos latente, ao passo que, sendo *jus cogens*, o vínculo é inderrogável e inquestionável.

3. Breve histórico da responsabilidade dos estados por atos internacionalmente ilícitos

Muito embora o texto supracitado da CDI tenha codificado, em 2001, normas sobre a responsabilidade dos Estados por atos internacionalmente ilícitos, foram aproximadamente 50 anos de discussões até sua conclusão. Por essa razão, os principais aspectos sobre a responsabilidade dos Estados e sobre a consequente necessidade de codificação de normas merecem breve análise.

A partir da Revolução Francesa, quando se distinguiu atos de império e atos de gestão, começou-se a falar propriamente em responsabilidade do Estado. Já no século XIX, aproximando-se da noção que temos hoje de responsabilidade internacional, surgiu o conceito de reparação de danos causados por violação por um Estado ao direito de outro.

Posteriormente, no século XX, a doutrina alemã, encabeçada por STRUPP, inovou ao entender ser possível considerar a violação de tratados por Estados como violação ao *pacta sunt servanda*, implicando, consequentemente, em afronta à comunidade internacional.[26]

No entanto, os fatos históricos que realmente levaram a doutrina e os próprios Estados a se conscientizarem da necessidade de se definir um conceito de responsabilidade internacional foram a 1ª e a 2ª Guerra Mundial.

As violações aos direitos humanos, sem precedentes, bem como a dimensão das guerras, que tiveram impactos diretos e indiretos em boa parte da comunidade internacional, deixaram inequívoca a necessidade de criação de mecanismos para a repressão da violação às normas internacionais.

Nos anos que se seguiram, até a conclusão efetiva e publicação do texto da CDI, diversos pontos foram abordados e discutidos na Comissão, como a aproximação da responsabilidade internacional civil e criminal e a responsabilidade objetiva do Estado perante a comunidade internacional como todo.

O texto publicado, ao final, abordou questões gerais sobre a responsabilidade, como seu surgimento, suas consequências e exceções, por exemplo. De todos esses aspectos, no entanto, focaremos apenas na extensão do conceito de obrigação internacional violada, estabelecido em seu art. 2º, já que, por uma interpretação abrangente, pode-se entender abarcar princípios e costumes, objeto do estudo ora proposto.

4. A configuração da responsabilidade internacional dos estados

A responsabilidade internacional surgiu, em síntese, para que o Estado infrator efetivamente repare os prejuízos e gravames causados.[27] Nesse sentido, são três os requisitos previstos no texto da CDI, para que se configure a responsabilidade internacional: o ato ilícito, a imputabilidade e o dano.

Logo, a regra geral é que a ação ou omissão imputável ao Estado decorra de violação de regras, costumes, princípios ou obrigações, conforme o Direito Internacional vigente. Sua natureza é civil, exceto em casos excepcionais, como crimes de guerra ou crimes

---

(24) REZEK, José Francisco. *Direito Internacional Público: Curso Elementar*. 8. ed. São Paulo: Saraiva, 2000. pp. 113-115.

(25) MURPHY, Sean D. *Principles of International Law* Thomson West, 2006. pp. 78-83.

(26) STRUPP, Karl. *Das völkerrechtliche Delikt*. Michigan: University of Michigan Library Reprints, 1920. p. 1.089.

(27) Nas palavras de MAZZUOLI, tem-se que a responsabilidade internacional surgiu para "responsabilizar determinado Estado pela prática de um ato atentatório ao Direito Internacional (ilícito) perpetrado contra outro Estado, prevendo certa reparação a este último pelos prejuízos e gravames que injustamente sofreu". MAZZUOLI, Valério de Oliveira. *Direito Internacional Público*: Parte Geral. 4. ed. São Paulo: Editora Revista dos Tribunais, 2008. p. 184.

contra a paz da humanidade, quando seu caráter torna-se penal.[28]

Especificamente no que diz respeito ao ato ilícito, corresponde ao descumprimento de deveres e obrigações do Estado, seja por ação, seja por omissão. Para tanto, não importa se a atuação do Estado se deu em conformidade com suas normas internas. Pelo contrário, o padrão estabelecido pela Convenção de Viena Sobre o Direito dos Tratados, em seu art. 27[29], é justamente o oposto, ou seja, que o Estado não pode se valer do seu próprio Direito para excursar-se do cumprimento de obrigações internacionais.

Já em relação à imputabilidade, é ela que estabelece o nexo causal entre o ato ilícito e seu causador, isto é, o Estado. Em outras palavras, significa apontar o autor do ato, que gerou um dano a terceiro.

Por fim, sobre o dano, trata-se do fato gerador da responsabilidade internacional. Pode ser tanto material, quanto moral, mas exige-se que sua causa seja resultante de ato internacionalmente ilícito, ou seja, que haja alguma fonte de Direito Internacional que caracterize a conduta causadora do dano como imprópria. Trata-se, assim, do prejuízo experimentado pelo Estado afetado, que deve ser efetivamente reparado pelo Estado autor.

Estando presentes tais requisitos, configura-se a responsabilidade e, consequentemente, o dever do Estado autor do ilícito, em reparar os danos que causou.[30] A reparação, portanto, é o principal objetivo da responsabilidade internacional, justamente para conscientizar a comunidade internacional de que aquela conduta não poderá ser repetida sem a devida punição.

Assim como no ordenamento jurídico nacional, a reparação deve ser proporcional, tendo em vista a natureza do dano e a gravidade do ato ilícito.[31] Além da reparação propriamente dita, pode-se condenar o Estado a não repetição do ato ilícito, a sanções e à indenização, que serão abordadas mais adiante.

5. A violação da boa-fé nas obrigações internacionais

A boa-fé é princípio básico do Direito Internacional, pois serve de pilar para a confiança dos Estados nas relações interestatais.

Nos próximos tópicos, analisar-se-á o entendimento de que, por seu caráter essencial e fundamental, pode ser entendida como *jus cogens* e como sua violação reiterada pelos Estados na atualidade enseja responsabilização.

5.1. O princípio da boa-fé como jus cogens

Normas imperativas de Direito Internacional não são necessariamente normas. Como se viu, abarcam também os princípios e os costumes, que se estendem a toda a comunidade internacional, ainda que não haja nenhum tratado ratificado sobre o assunto. São, portanto, questões aceitas pelos Estados, no âmbito internacional, como se lei fosse.

Dentre eles, há alguns específicos, como o respeito aos Direitos Humanos, a igualdade entre Estados, a independência nacional e a boa-fé, considerados tão elementares que se elevam ao *status* de normas imperativas, ou *jus cogens*.

Especificamente sobre o princípio da boa-fé, exige-se que os Estados se comportem, perante a comunidade internacional, conforme um padrão ético, pautado nos deveres da lealdade e da confiança, para que a expectativa de direito seja mantida e, em última análise, para que haja segurança jurídica nas relações internacionais. Nessa esfera, inclusive, pode-se dizer que caminha ao lado do princípio do *pacta sunt servanda*.[32]

Vale destacar que a própria Corte Internacional de Justiça já entendeu que um Estado pode ser vinculado a um ato por si só. Ou seja, não é necessário se falar em duas ou mais partes para a incidência do *pacta sunt servanda*. Um exemplo, aqui, seria a declaração pública feita por um Estado com a intenção de criar obrigações legais, que normalmente seriam criadas por meio de tratados.[33]

Especificamente no caso *Nuclear Tests*[34], a Corte decidiu que:

> "Um dos princípios básicos a administrar a criação e o cumprimento de obrigações legais [...] é a boa-fé. Confiança e responsabilidade são inerentes na cooperação internacional, em particular em uma época em que cooperação, em muitos campos, está se tornando mais e mais

---

(28) HUSEK, *op. cit.*, p. 73.

(29) Art. 27. Direito interno dos Estados, as regras das organizações internacionais e a observância dos tratados. 1. Um Estado não pode invocar as disposições de seu direito interno para justificar a não execução de um tratado.

(30) MELLO, *op. cit.*, 2004. p. 523.

(31) MELLO, *op. cit.*, 2004. p. 543.

(32) KOLB, Robert. *Peremptory international law – Jus Cogens, A General Inventory*. Bloomsbury, 2015, *in* Types of Jus Cogens.

(33) HYLAND, Richard. *Pacta Sunt Servanda: A Meditation*. Virginia International Law Journal, 1993, v. 34, pp. 405, 406.

essencial. Assim como a regra do pacta sunt servanda nas leis sobre tratados é baseada na boa-fé, também é vinculante o caráter obrigatório de uma obrigação internacional. Logo, Estados interessados podem, a partir de declarações unilaterais confiáveis, tornarem-se obrigados a tal manifestação, que deverá ser respeitada."

Os requisitos considerados essenciais para a declaração unilateral vincular um Estado foram, para a Corte, o contexto da declaração, que deve ser pública, sua intenção, a não obrigatoriedade da aceitação do Estado que seja o receptor da declaração e a inexistência de formalidades específicas.

O que se vê, portanto, é a boa-fé como a base de uma obrigação legal, igualmente à forma que o princípio do *pacta sunt servanda* cria a força vinculante e cogente dos tratados internacionais.

Ademais, outro aspecto fundamental para a caracterização da boa-fé no Direito Internacional é a proibição de abuso de direito pelos Estados, que podem ocorrer em três circunstâncias: a privação do exercício de direitos de um Estado por outro, o desvirtuamento do exercício de um direito e o exercício arbitrário de um direito que cause prejuízo a outro Estado. Todas essas situações ensejam a responsabilidade internacional do Estado por violação à boa-fé.[35]

Deve-se falar, ainda, na proibição do *venire contra factum proprium* pelos Estados, justamente porque contraria integralmente da boa-fé no Direito Internacional.[36] Impossibilita, assim, o Estado de adotar posição contrária à sua própria conduta anterior, especialmente se outro Estado foi levado a acreditar que o comportamento inicial criou obrigações.

Inclusive, sobre a proibição do *venire contra factum proprium*, também conhecido como *estoppel*, foram definidos três requisitos pela Corte Internacional de Justiça para determinar sua ocorrência: a manifestação de um Estado direcionada a outro, que tal manifestação seja incondicional e oficial e que a atuação posterior desse Estado seja frontalmente contrária à sua conduta anterior. Presentes, em conjunto, tais elementos, configura-se o *estoppel*.[37]

Assim, a confiança legítima de um Estado na conduta de outro encerra o direito desse segundo Estado de agir contrariamente àquilo previamente entendido. Caso assim não o faça, violará o princípio da boa-fé e, consequentemente, o *jus cogens* internacional. Seu objetivo, portanto, é garantir a confiança legítima de um Estado nos atos de outro, na medida em que confiança e responsabilidade são a base da esfera internacional.

Ademais, espera-se que os Estados respeitem as normas internacionais, que realizem os fins nelas dispostos, que não as interpretem de forma unilateral ou imponham-nas pela força, tudo isso para, de fato, trazer a confiança às relações com a comunidade internacional.[38]

Lembra-se, ainda nesse contexto, que o princípio da boa-fé ganhou mais força quando de sua inclusão no texto da já mencionada Convenção de Viena Sobre o Direito dos Tratados, tanto em seus *considerandos*, como em seus arts. 26, 31, 46, 69 e 77[39], demonstrando sua relevância para a comunidade internacional.

Com base nesses artigos, vê-se que a boa-fé faz, de fato, parte do arcabouço conhecido como *jus cogens* internacional. A única exceção para sua aplicação seria se o próprio instrumento que obrigou o Estado esteja, desde o início, em desconformidade com o *jus cogens*, como disposto no art. 53, da Convenção de Viena.[40]

---

(34) CIJ, *Nuclear Tests Case* (Nova Zelândia x França), j. em 20.12.1974.
(35) KISS, Alexandre. *Abuse of Rights*. 2006. Disponível em: <opil.ouplaw.com/view/10.1093/law:epil/9780199231690/law-9780199231690-e1371?rskey=zK1bgp&result=1&prd=EPIL?>. Acesso em: 23 nov. 2015.
(36) CRAWFORD, James. *Estoppel in International Law*. In: Yearbook of the International Law Commission, vol. 2, 1953.
(37) CIJ, *Case Concerning The Temple Of Preah Vihear* (Camboja x Tailândia), j. em 15.06.1962.
(38) MIRANDA, Jorge. *Curso de Direito Internacional Público*. 3. ed. Estoril: Princípia Editora Ltda., 2006. p. 132.
(39) Art. 26. Pacta sunt servanda. Todo tratado em vigor obriga as partes e deve ser cumprido por elas de boa fé.
 (Art. 31. Regra Geral de Interpretação 1. Um tratado deve ser interpretado de boa fé segundo o sentido comum atribuível aos termos do tratado em seu contexto e à luz de seu objetivo e finalidade. [...]
 (Art. 46. Disposições do Direito Interno sobre Competência para Concluir Tratados. [...] 2. Uma violação é manifesta se for objetivamente evidente para qualquer Estado que proceda, na matéria, de conformidade com a prática normal e de boa fé.
 (Art. 69. Consequências da Nulidade de um Tratado. [...] 2. Se, todavia, tiverem sido praticados atos em virtude desse tratado: [...] b) os atos praticados de boa fé, antes de a nulidade haver sido invocada, não serão tornados ilegais pelo simples motivo da nulidade do tratado.
 (Art. 77. Funções dos Depositários. 1. As funções do depositário, a não ser que o tratado disponha ou os Estados contratantes acordem de outra forma, compreendem particularmente: [...] d) examinar se a assinatura ou qualquer instrumento, notificação ou comunicação relativa ao tratado, está em boa e devida forma e, se necessário, chamar a atenção do Estado em causa sobre a questão;
(40) Art. 53. Tratado em Conflito com uma Norma Imperativa de Direito. Internacional Geral (jus cogens). É nulo um tratado que, no momento de sua conclusão, conflite com uma norma imperativa de Direito Internacional geral. Para os fins da presente Convenção, uma norma imperativa de Direito Internacional geral é uma norma aceita e reconhecida pela comunidade internacional dos Estados como um todo, como norma da qual nenhuma derrogação é permitida e que só pode ser modificada por norma ulterior de Direito Internacional geral da mesma natureza.

Trata-se, portanto, de padrão obrigatório para o cumprimento de obrigações dos Estados e princípio norteador na interpretação de suas obrigações e premissa para o bom funcionamento do Direito Internacional. Desrespeitar tal princípio, por sua vez, seria o mesmo que, no plano interno, desconsiderar a segurança jurídica e o direito adquirido.

5.2. A Violação da Boa-Fé no Direito Internacional Público

A boa-fé, por seu caráter de princípio e de prática reiterada na comunidade internacional, pode ser considerada norma obrigatória à comunidade internacional. Mais ainda, permeia todas as relações estabelecidas no âmbito internacional, sendo, portanto, um dos pilares do Direito Internacional, eis que gera a segurança jurídica ansiada pelos países ao contraírem obrigações.[41]

Assim, é inequívoco que sua violação é considerada das mais graves, justamente por afrontar as normas imperativas de Direito Internacional, o que deve ensejar reparações, inclusive de caráter punitivo e exemplar, e a garantia do Estado de que não mais praticará o ato, de modo a devolver a estabilidade necessária às relações internacionais.

No entanto, ao observar alguns exemplos atuais, percebe-se sua constante infringência, sem qualquer atribuição de responsabilidade. É o caso, por exemplo, de Guantánamo, pelos Estados Unidos da América, da passividade de países vizinhos, atuantes na comunidade internacional, em relação às ditaduras africanas ou asiáticas, e da guerra interminável entre Israel e Palestina.

Em todos esses casos, meramente ilustrativos, em maior ou menor grau, há a participação de países, direta ou indiretamente, que, perante a comunidade internacional, comprometeram-se com princípios, valores e normas que são flagrantemente infringidos. Basta-se pensar na adoção da Carta da ONU ou na ratificação da Declaração Universal dos Direitos Humanos.

Estados comprometidos com a comunidade internacional, especificamente com o *jus cogens*, para não se mencionar tratados específicos que tenham sido celebrados ou ratificados, reiteradamente descumprem a norma mais elementar existente no Direito Internacional, a boa-fé.

Ao discursar perante a comunidade internacional, seguindo um viés de adoção e aceitação das normas e princípios hoje vigentes, os Estados criam, na comunidade como um todo – sem contar em seu próprio povo –, a legítima expectativa de que agirão dessa forma. Infelizmente, vê-se, na prática, justamente o contrário: discursos inflamados, promessas prósperas e nenhuma atuação efetiva.

Com efeito, não se nega que a Corte Internacional de Justiça venha condenando, repetidamente, o Estado que infringe obrigações advindas de tratado celebrado ou de regras consuetudinárias. Foi o que ocorreu, por exemplo, no caso Nicarágua x EUA, sobre Atividades Militares e Paramilitares na Nicarágua, quando a Corte entendeu que os Estados Unidos teriam violado diversas normas internacionais costumeiras, ao intervir nas questões militares da Nicarágua.[42-43]

Não obstante, a discussão que se põe aqui ultrapassa a esfera bilateral. Não se questiona o dano causado a um, dois ou a meia dúzia de membros da comunidade internacional, mas, sim, o dano causado pelo descumprimento reiterado de obrigações basilares assumidas publicamente no contexto externo, em efetivar internamente seus compromissos internacionais.

Os exemplos acima citados são claros e objetivos.

Há décadas, todos os países mencionados – os quais, frise-se, são meros exemplos –, vem a público defender bandeiras como a paz, o compromisso com os Direitos Humanos, o papel determinante da ONU nas relações internacionais, ao passo que, na prática, em seu próprio território, ignoram todas essas considerações.

Diante de tais ponderações, impossível defender a passividade que hoje predomina na seara internacional. A responsabilidade dos Estados nesses casos é latente, por violar a estrutura basilar do Direito Internacional, e, portanto, não pode ser relativizada, muito menos desconsiderada.

5.3. Quais seriam as medidas adequadas para reprimir a violação da boa-fé no âmbito internacional?

Como já se viu acima, a responsabilização internacional tem como consequência a reparação, que pode ser desdobrada em outras formas, dependendo da situação concreta que se põe em análise.

---

(41) Nas palavras do Prof. REALE, é *"conditio sine qua non* da realização da justiça ao longo da aplicação dos dispositivos emanados das fontes do direito, legislativa, consuetudinária, jurisdicional e negocial". REALE, Miguel. *A Boa-fé no Código Civil*. Disponível em: <http://www.miguelreale.com.br/artigos/boafe.htm>. Acesso em: 22 nov. 2015.

(42) AMARAL JUNIOR, *op. cit.*, pp. 286-287.

(43) CIJ, Nicarágua x EUA, j. em 27.06.1986.

Com efeito, sua previsão está no art. 31[44], do texto da CDI, que a relaciona diretamente ao prejuízo, seja ele moral ou material, causado pelo ato ilícito. Importante destacar que se trata de obrigação do Estado responsabilizado, e não direito daquele afetado e, por esse motivo, independe de pedido expresso. Pode, ainda, assumir diferentes formas, como restituição, indenização ou satisfação.

A primeira diz respeito ao retorno da situação ao *status quo ante*, ao passo que a segunda significa a reparação pelos danos efetivamente causados, de forma monetária. De fato, a indenização é mais utilizada que a restituição, já que, em grande parte dos casos, esta se mostra impossível ou insuficiente. Assim, utiliza-se da compensação para suprir o prejuízo sofrido.

Já quanto à terceira forma de restituição, isto é, a satisfação, significa o reconhecimento público do ilícito, seja pelo Estado, por meio de um pedido formal de perdão, seja por uma Corte Internacional, quando do julgamento do caso.

Ainda, pode haver, adicionalmente, o comprometimento do Estado em não repetir o ato ilícito. Trata-se de ato que busca restaurar a confiança do autor do dano perante a comunidade internacional, que se dá, normalmente, por meio de garantias concretas de que tal violação não ocorrerá mais uma vez.

Vale lembrar que, muito embora o ato internacionalmente ilícito tenha sido consumado, o art. 29[45], do texto da CDI, prevê que não cessa o dever do Estado em continuar a cumprir a obrigação da forma anterior à sua violação.

Logo, considerando tais formas de reparação apresentadas pelo Direito Internacional, parece razoável e proporcional que, independentemente da situação, haja o reconhecimento público e formal pelo Estado da violação da obrigação, bem como seu comprometimento da não repetição do ato, justamente para efetivar o princípio da boa-fé nas relações internacionais.

6. Conclusão

As obrigações internacionais assumidas pelos Estados têm como fontes os tratados, os princípios internacionais, os costumes e o *jus cogens*. São a base das relações internacionais e, portanto, sua violação enseja a responsabilidade dos Estados.

A responsabilidade, por sua vez, é a força coercitiva do cumprimento das obrigações assumidas pelos Estados e a segurança jurídica do Direito Internacional. Para sua configuração, exige a existência do ato ilícito, da imputabilidade e do dano propriamente dito.

Nesse contexto da assunção de obrigações, vê-se que o princípio da boa-fé, pilar do Direito Internacional, por ensejar um padrão de confiança e de responsabilidade, é tido, hoje, não só como costume e princípio, mas como *jus cogens* internacional.

Igualmente ao *pacta sunt servanda*, vincula as partes às suas obrigações e proíbe o comportamento contraditório, conhecido, no Brasil, como *venire contra factum proprium*.

Logo, tendo em vista essas ponderações, a violação da boa-fé é considerada gravíssima, na medida em que afronta as normas imperativas de Direito Internacional. Deveria, como consequência, ensejar, no mínimo, o reconhecimento pelo Estado de sua conduta ilícita, bem como seu comprometimento com a não repetição do ato.

Entretanto, infelizmente, o que se observa nas relações internacionais atuais é justamente o contrário.

Perante a comunidade internacional, os Estados vêm adotando discursos calorosos, assegurando o cumprimento integral e efetivo de normas internacionais. Na prática, no entanto, eximem-se de observar as obrigações contraídas, desconsiderando por completo o Direito Internacional.

O dever da comunidade internacional, ainda que aquiescente hoje, é, sim, de responsabilizar os Estados violadores da boa-fé, seja qual for o caso concreto. Como se viu, este princípio, considerado, inclusive, *jus cogens*, é a estrutura fundamental do Direito internacional, sendo, assim, impossível de ser relativizado, ou, ainda, desconsiderado.

7. Referências Bibliográficas

ACCIOLY, Hildebrando. *Manual de direito internacional público*. 5. ed. São Paulo: Saraiva, 1961.

---

(44) Art. 31. Reparação. 1. O Estado responsável está obrigado a reparar integralmente o dano causado pelo ato internacionalmente ilícito. 2. Prejuízos incluem danos de qualquer natureza, material ou moral, causados por ato internacionalmente ilícito de um Estado. (Tradução livre de: "*Article 31. Reparation. 1. The responsible State is under an obligation to make full reparation for the injury caused by the internationally wrongful act. 2. Injury includes any damage, whether material or moral, caused by the internationally wrongful act of a State.*").

(45) Art. 29. Continuidade do dever de adimplemento. As consequências legais de um ato internacionalmente ilícito não afetam a continuidade da obrigação do Estado responsável em cumprir o dever violado. (Tradução livre de: "*Article 29. Continued duty of performance. The legal consequences of an internationally wrongful act under this part do not affect the continued duty of the responsible State to perform the obligation breached.*").

AMARAL JÚNIOR, Alberto do. *Introdução ao Direito Internacional Público*. São Paulo: Atlas, 2008.

ANZILOTTI, Dionisio. *Corso di Diritto Internazionale*. v. 1. 1955.

BROWNLIE, Ian. *Principles of Public International Law*. 5. ed., Oxford University Press, 1998.

CRAWFORD, James. *Estoppel in International Law*. In: *Yearbook of the International Law Commission*, v. 2, 1953.

_____. *The International Law Comission's articles on State responsibility: introduction, text and commentaries*. Nova Iorque: Cambridge University Press, 2003.

HUSEK, Carlos Roberto. *Curso de Direito Internacional Público*. 3. ed. São Paulo: LTr, 2000.

HYLAND, Richard. *Pacta Sunt Servanda: A Meditation*. Virginia International Law Journal, 1993, v. 34.

KOLB, Robert. *Peremptory international law – Jus Cogens, A General Inventory*. Bloomsbury, 2015, in Types of Jus Cogens.

MALUF, Sahid. *Teoria geral do Estado*. 25. ed. São Paulo: Saraiva, 1999.

MAZZUOLI, Valério de Oliveira. *Direito internacional público: parte geral*. 4. ed. São Paulo: Editora Revista dos Tribunais, 2008.

MELLO, Celso de Albuquerque. *A Soberania através da História*. Anuário Direito e Globalização, vol. 1. Rio de Janeiro: Renovar, 1999.

_____. *Curso de Direito Internacional Público*. v. 1. 15. ed. Rio de Janeiro: Renovar, 2004.

MIRANDA, Jorge. *Curso de Direito Internacional Público*. 3. ed. Estoril: Princípia Editora Ltda., 2006.

MURPHY, Sean D. *Principles of International Law*. Thomson West, 2006.

PORTELA, Paulo Henrique Gonçalves. *Direito Internacional Público e Privado*. 7. ed. Salvador: Jurispodivm, 2015.

PIOVESAN, Flávia. *Direitos humanos e o direito constitucional internacional*. 5. ed. São Paulo: Max Limonad, 2002.

REALE, Miguel. *A Boa-Fé no Código* Civil. <http://www.miguelreale.com.br/artigos/boafe.htm>.

Report of the International Law Commission on the Work of Its Fifty-Third Session.

REZEK, José Francisco. *Direito Internacional Público: curso elementar*. 8. ed. São Paulo: Saraiva, 2000.

STRUPP, Karl. *Das völkerrechtliche Delikt*. Michigan: University of Michigan Library Reprints, 1920.

TRINDADE, Antônio Augusto Cançado. *Princípios do Direito Internacional Contemporâneo*. Brasília: Ed. Universidade de Brasília, 1981.

TUNKIN, Grigory. *International Law in the International System*. v. IV, t. 147. 1975.

JURISPRUDÊNCIA CONSULTADA

Corte Internacional de Justiça, *Case Concerning The Temple Of Preah Vihear* (Camboja x Tailândia), j. em 15.06.1962.

Corte Internacional de Justiça, *Bélgica x Espanha*, j. em 05.02.1970.

Corte Internacional de Justiça, *Factory at Chorzów* (Alemanha x Polônia), j. em 26.07.1927.

Corte Internacional de Justiça, *Nicaragua x USA*, j. em 27.06.1986.

Corte Internacional de Justiça, *Nuclear Tests Case* (Nova Zelândia x França), j. em 20.12.1974.

Corte Internacional de Justiça, *Raibown Warrior Case* (Nova Zelândia x França), j. em 30.04.1990.

Corte Internacional de Justiça, *Reparation for Injuries Case* (Advisory Opinion), j. em 11.04.1949.

DIREITO AERONÁUTICO: ASPECTOS INTERNACIONAIS E INTERNOS

Vera Gerina Garabini(*)

1. Introdução

A história da aviação é marcada pela insistência do homem em realizar seu antigo sonho: voar!

Os inúmeros registros de tentativas de voos, alguns mal sucedidos e outros aperfeiçoados ao longo da história, traduzem a busca incessante do homem em direção aos céus.

Fazendo um corte na história destacamos a evolução da aviação a partir de 1914 durante a Primeira Guerra Mundial. Os aviões eram utilizados para voos de reconhecimento fotográfico, localização de artilharia e apesar de levarem apenas o piloto, transportavam cargas explosivas demonstrando que o espírito bélico do homem seria um fator impulsionador do desenvolvimento das aeronaves, como a melhoria na potência dos motores, maior autonomia de voo e o avanço tecnológico dos equipamentos eletrônicos facilitando a comunicação e permitindo a localização precisa do inimigo.

O período entre as duas grandes guerras foi marcado por grande avanço tecnológico e em 1930 os aviões já eram bem maiores, percorriam maiores distâncias com maior velocidade, transportavam mais cargas e passageiros e foram criadas as primeiras linhas aéreas.

Durante a Segunda Guerra Mundial, apesar da larga utilização dos aviões como armas militares potentes já se consolidava o avanço no setor da aviação civil e comercial.

O transporte aéreo mostrou que o mundo havia se tornado menor, os deslocamentos em aeronaves cobriam distâncias maiores em voos cada vez mais rápidos, o que também contribuiu para a intensificação das relações jurídicas do Homem além fronteiras.

O avanço e o desenvolvimento da atividade aérea internacional demonstravam a necessidade de se instituir normas, princípios e padrões para regular o transporte aéreo, principalmente nos quesitos proteção e segurança em voos. Nesse cenário, as convenções internacionais tiveram papel importante pelos fóruns de discussões nos quais se transformaram e pela elaboração de normas internacionais com o objetivo de garantir o desenvolvimento harmônico da aviação internacional.

Em breves linhas, o direito aeronáutico será apresentado sob dois aspectos, o interno e o internacional.

Plano internacional – Para a análise do cenário internacional destacaremos as principais convenções internacionais, bem como organizações e entidades internacionais que atuam em prol do desenvolvimento e do progresso da aviação internacional

2. Convenções internacionais

Convenção de Paris de 1919 – Em Versailles, França, 19 países se reuniram para tratar da primeira conferência sobre navegação aérea internacional, objetivando estabelecer normas técnicas para a aviação civil internacional. Buscou-se definir a natureza jurídica do espaço aéreo, surgindo duas correntes: a inglesa – teoria da soberania – que delimitava a altitude para determinar a soberania do Estado sobre o espaço aéreo e a francesa – teoria da liberdade absoluta – defendendo o princípio da soberania do Estado sobre o espaço aéreo,

---

(*) Advogada e Professora. Mestre em Direito do Trabalho pela PUC/SP; pós-graduada em Direito do Trabalho pela USF/SP; pós-graduada em Direito Processual Civil pelo Centro de Extensão Universitário – SP; pós-graduada em Gestão de Turismo pelo Idepe/ECA – USP; MBA em gestão empresarial pela FGV – Management.

prevalecendo o princípio do exercício da soberania exclusiva e absoluta dos Estados sobre o espaço aéreo acima de seus territórios, admitindo o sobrevoo inocente. O Código Brasileiro de Aeronáutica consagrou o princípio da teoria absoluta e o direito de passagem inocente, não estabelecendo limite de altitude.

A Convenção de Paris foi um marco tanto pela celebração do Convênio internacional de navegação aérea quanto pela criação da Comissão Internacional de Navegação Aérea – CINA para padronizar o emprego da tecnologia na navegação aérea internacional, embora tenha paralisado suas atividades com o advento da Segunda Guerra. A Convenção de Paris sofreu modificações pelo Protocolo de Londres de 1923 e pelo Protocolo de Paris de 1929.

Convenção de Havana de 1928 – Foi discutida a liberdade de passagem pelo espaço aéreo de Estados, tendo sido ratificada pelos EUA e mais 10 países da região e ao final, foi considerada uma conferência de abrangência regional.

Convenção de Varsóvia de 1929 – A Convenção de Varsóvia tratou da uniformização das condições de transporte internacional e padronização de documentos emitidos pelo transportador, como bilhetes de passagem, conhecimento aéreo e nota de bagagens, bem como abordou o tema Responsabilidade no transporte aéreo internacional. Foram estabelecidos limites para a responsabilidade nos casos de sinistros e danos ocasionados por morte, ferimentos ou qualquer outra lesão corpórea sofrida pelo passageiro ou tripulante durante a viagem, bem como bagagem ou carga. Ratificada por 13 países e aderida por mais 61 a Convenção foi ratificada pelo Brasil e promulgada pelo Decreto n. 20.704 de 24 de novembro de 1931.

Convenção de Roma de 1933 – Cuidou da criação de regras sobre seqüestro preventivo de aeronaves e unificação de regras aos danos causados pelas aeronaves a terceiros na superfície. Foi ratificada pelo Brasil e promulgada pelo Decreto-lei n. 559 de 13 de julho de 1938.

Conferência Internacional de Direito Privado Aéreo de 1938 – Realizada em Bruxelas a Conferência Internacional de Direito Privado Aéreo resultou na assinatura de um Protocolo Adicional a Convenção de Roma de 1933, unificando regras relativas a danos causados a terceiros na superfície. Foi ratificada pelo Brasil e promulgada pelo Decreto-lei n. 27.833 de 25 de fevereiro de 1950.

Convenção de Chicago de 1944 – Em consulta a algumas nações aliadas e neutras, os EUA enviou convites para início de conversações que culminaram com a celebração da Convenção Internacional de Chicago, considerada a mais importante convenção internacional sobre aviação. Foi ratificada pelo Brasil em 26 de março de 1946 e promulgada pelo Decreto-lei n. 21.713 de 27 de agosto de 1946.

Destaca-se referida convenção pela abrangência dos temas tratados e pela forma como foi elaborada: um texto permanente e Anexos com o objetivo de facilitar a sua revisão. Tanto que já passou por diversas revisões em 1959, 1963, 1969, 1975, 1980, 1997, 2000 e 2006 com o objetivo de harmonizar dos interesses na exploração do transporte aéreo e a criação de meios para o seu desenvolvimento.

Dentre os principais objetivos da Convenção de Chicago destacam-se a preservação da amizade e compreensão entre os Estados com a promoção da cooperação internacional, visando garantir o desenvolvimento da aviação civil internacional e preservar a paz mundial; o reconhecimento do princípio da soberania de um Estado sobre o espaço aéreo sobre seu território; o estabelecimento de princípios e meios para o desenvolvimento da aviação com segurança; o desenvolvimento do transporte aéreo de maneira ordenada, com a observância de padrões internacionais para regulamentar a navegação aérea, sugerir e facilitar o transporte aéreo e o estabelecimento de formalidades alfandegárias e de imigração.

A Convenção de Chicago tem também seu destaque devido a dois importantes Acordos complementares firmados entre os Estados sobre as Cinco Liberdades do Ar.

O primeiro acordo, denominado Acordo de Trânsito consagra duas liberdades: uma aeronave pertencente a um Estado, pode sobrevoar o território de outro Estado sem efetuar o pouso (sobrevoo de espaço aéreo) e o privilégio de uma aeronave pertencente a um Estado pousar em território de outro Estado sem fins comerciais (parada técnica).

O segundo acordo, denominado Acordo de Transporte consagra as 03 últimas liberdades: o privilégio de uma aeronave pertencente a outro Estado desembarcar passageiros ou cargas embarcados no território da nacionalidade da aeronave; o privilégio de uma aeronave, pertencente a outro Estado, embarcar passageiros e cargas com destino ao território de sua nacionalidade; o privilégio de uma aeronave, pertencente a outro Estado, embarcar ou desembarcar passageiros e carga, cuja origem ou destino não se encontram no Estado de bandeira da aeronave.

A Convenção de Chicago criou a OACI, agência especializada da ONU para coordenar e regular o transporte aéreo internacional e fomentar o desenvolvimento seguro e ordenado da Aviação Civil Internacional.

Outras Convenções e Protocolos internacionais foram elaborados depois da celebração da Convenção de Chicago. Alguns cuidaram especificamente da revisão da Convenção de Varsóvia de 1929, dentre eles, o Protocolo de Haia de 1955 que alterou 15 dispositivos da Convenção de Varsóvia em relação a responsabilidade do transportador em caso de danos a passageiros. Seguiram-se outros como a Convenção de Guadalajara em 1961 para a unificação de regras relativas ao transporte aéreo por quem não seja o transportador contratual.

Convenção de Genebra de 1948 – Abordou o Reconhecimento Internacional dos Direitos sobre Aeronaves. Dispõe no seu art. 1º que os Estados se comprometem a reconhecer o direito de propriedade sobre aeronaves, o direito assegurado ao possuidor de uma aeronave de adquirir sua propriedade por compra, o direito de utilizar uma aeronave originado de um contrato de arrendamento com prazo mínimo de 06 meses, a hipoteca e todos os direitos semelhantes sobre uma aeronave desde que constituídos e inscritos no Registro Público do Estado contratante no qual esteja matriculada a aeronave. Foi ratificada pelo Brasil e promulgada pelo Decreto n. 33.648 de 25 de agosto de 1953.

Convenção de Roma de 1952 – Celebrada em Roma, a Convenção sobre Danos Causados a Terceiros na superfície, por aeronaves estrangeiras a fim de assegurar uma indenização a pessoas que sofram danos causados na superfície por aeronaves estrangeiras. Foi ratificada pelo Brasil e promulgada pelo Decreto n. 52.019 de 20 de maio de 1963. A Convenção de Roma foi alterada pelo Protocolo de Montreal de 1978, assinado durante da Conferência Internacional de Direito Aéreo, ratificado pelo Brasil e promulgado pelo Decreto n. 3.256 de 19 de novembro de 1999.

Convenção de Tóquio de 1963 – Convenção sobre Infrações e outros atos praticados a bordo de aeronaves aplicando-se às infrações a lei penal e aos atos que, embora não constituam infrações, possam ou ponham em perigo a boa ordem e a disciplina a bordo (art. 1º). Foi ratificada pelo Brasil e promulgada pelo Decreto-lei nº 66.520 de 30 de abril de 1970.

O Acordo de Montreal de 1966 objetivou rever o limite de responsabilidade do transportador aéreo deliberado no Protocolo de Haia de 1955 que passou a ser de 75.000 dólares, alterando o valor disposto anteriormente na Convenção de Varsóvia e no Protocolo de Haia.

Em 1970 foi celebrada em Haia a Convenção para Repressão da Captura Ilícita de Aeronave e em 1971, em Montreal, celebrada a Convenção para Repressão de Atos Ilícitos contra a Segurança da Aviação Civil Internacional.

O Protocolo da Guatemala de 1971 teve por objetivo alterar e atualizar alguns dispositivos da Convenção de Varsóvia de 1929 em relação aos limites de responsabilidade do transportador estabelecidos no Protocolo de Haia. Não obteve o número mínimo de ratificações de 30 assinaturas e não chegou a entrar em vigor. A OACI considerou que o texto deveria ser substituído e organizou a Convenção de Montreal em 1975 que resultou nos Protocolos de Montreal. Os Protocolos 1, 2 e 4, celebrados em Montreal em 1975, trataram de modificações de dispositivos da Convenção de Varsóvia de 1929, emendada pelo Protocolo de Haia de 1955. Foram ratificados e promulgados pelo Brasil por meio do Decreto n. 2.860 de 07 de dezembro de 1998 (Protocolos 1 e 2) e Decreto n. 2.861 de 07 de dezembro de 1988 (Protocolo 4).

A Convenção de Tóquio celebrada em 1963 cuidou das infrações e atos cometidos a bordo de aeronaves, ratificada pelo Brasil e promulgada pelo Decreto-lei n. 479 de 27 de fevereiro de 1969. Aplica-se às infrações à lei penal, os atos praticados a bordo de aeronaves e que possam por em perigo a segurança da aeronave, das pessoas ou dos bens ou ponham em perigo a boa ordem e a disciplina a bordo (art. 1º, n. 1).

O Protocolo Adicional de Montreal de 1971 referente a Repressão de Atos Ilícitos contra a Segurança da Aviação Internacional foi complementada por um Protocolo também assinado em Montreal em 1988.

Em maio de 1999 a OACI realizou uma Conferência em Montreal com a presença de 118 Estados para análise dos projetos apresentados pelo Comitê Jurídico da OACI visando a modernização da Convenção de Varsóvia para deliberação de novas regras sobre transporte aéreo internacional em relação à segurança quanto a operação e a manutenção das aeronaves, dando origem à Convenção de Montreal de 1999. Foi ratificada pelo Brasil e promulgada pelo Decreto n. 5.910 de 27 de setembro de 2006.

Foi celebrada na Cidade do Cabo, África do Sul em 2001 a Convenção sobre garantias internacionais referentes aos equipamentos móveis e aspectos específicos dos equipamentos aeronáuticos.

O elenco de Convenções e Protocolos sobre aviação não é exaustivo, procuramos citar os mais importantes instrumentos normativos internacionais sobre aviação e transporte aéreo.

3. Organismos internacionais

OACI – Organização Internacional Aviação Civil (ICAO) iniciou suas atividades somente após a ratificação da Convenção de Chicago por 26 Estados e até alcançar esse número esteve em funcionamento a OPACI – Organização Provisória de Aviação Civil Internacional. Em 1947 tornou-se uma das agências especializadas da ONU e seu principal objetivo consiste na padronização da aviação civil internacional buscando garantir a segurança e desenvolvimento da aviação civil mundial.

Com sede em Montreal, Canadá a OACI conta com 191 países membros. Sua estrutura é composta de uma Assembleia – órgão soberano que se reúne a cada 3 anos –, um Conselho – órgão permanente composto por 36 Estados eleitos durante a Assembleia –, o Secretariado e as Comissões Técnicas (Comissão de Navegação Aérea, Comissão Transporte Aéreo, Comitê Jurídico, Comitê de ajuda coletiva para Serviços de Navegação Aérea, Comitê de Finanças, Comitê Interferência Ilícita).

Os Anexos são as publicações da OACI, normas internacionais e recomendações visando o desenvolvimento e a segurança na aviação internacional. Referem-se a: Licença de pessoal, Regras do ar, Meteorologia, Cartas aeronáuticas, Unidades de medidas para uso nas Comunicações Aeroterrestres, Operações de aeronaves, Marcas de nacionalidades e de matrículas das aeronaves, Aeronavegabilidade, Facilitação, Telecomunicações aeronáuticas, Serviços de tráfego aéreo, Busca e Salvamento, Investigação de acidentes de aeronaves, Aeródromos, Serviço de informação aeronáutica, Ruídos de aeronaves, Segurança, Transporte seguro de mercadorias perigosas.

Em respeito às diferenças entre os países membros, a OACI criou um instrumento que se denomina "Diferenças" destinado a ser utilizado por um Estado que não adere à determinada regra ou prática emitida pela organização, justificando a restrição de seu cumprimento.

O Brasil foi reeleito membro do Conselho para o período de 2013 a 2016, na 38ª Assembleia da OACI realizada em outubro de 2013 em Montreal. Recentemente, em novembro de 2015, uma auditoria da OACI indicou o Brasil como o quarto país no *ranking* de segurança operacional em aviação no mundo, ficando atrás da Coréia do Sul, Cingapura e Emirados Árabes.

Outras entidades internacionais, ao lado da OACI, destacam-se no cenário internacional com o objetivo de colaborar com o desenvolvimento e progresso do transporte aéreo.

IATA – A Associação Internacional de Transporte Aéreo, fundada em 1945 em Havana, Cuba, tem sua sede em Montreal e sua principal atuação refere-se a segurança aérea. Representa as principais empresas aéreas do mundo e dentre seus objetivos, está a fomentação do transporte aéreo seguro, regular e econômico, atuando como facilitadora e promovendo a cooperação entre as empresas prestadoras de serviços de transporte aéreo e afins.

CLAC – A Comissão Latino-Americana de Aviação Civil foi instituída em dezembro de 1973, na cidade do México, na segunda Conferência Latino-Americana de Autoridades Aeronáuticas e compõe-se de uma Assembleia, Comitê Executivo e uma Secretaria. Tem sua sede em Lima, Peru, e sua principal atividade consiste em buscar e promover mecanismos de integração do transporte aéreo na região da America Latina (harmonização de normas técnicas em questões de segurança operacional, facilitação e segurança na aviação civil, gestão aeroportuária, transporte e política aérea e política de meio ambiente) e o estabelecimento de acordos de liberação aérea entre os Estados da região. Possui caráter consultivo e seus documentos e atos não vinculam os Estados. O Brasil é membro da CLAC e promulgou o Estatuto da Comissão através do Decreto n. 77.076 de 23 de janeiro de 1976.

CAACL – A comunidade promove a cooperação institucional entre as Autoridades de Aviação Civil dos países lusófonos: Angola, Brasil, Cabo Verde, Guiné Bissau, Guiné Equatorial, Moçambique, Portugal, São Tomé e Príncipe e Timor Leste. Criada em Lisboa em 17 de julho de 2007 constitui-se num fórum de discussões que se reúne anualmente para troca de informações sobre aviação civil.

Plano interno

No sistema constitucional brasileiro a Constituição Federal de 1937 dispunha sobre a competência privativa da União para legislar sobre direito aéreo (art. 16, inciso XVI). A Constituição de 1946 – art. 5º, inciso 15, alínea *a* – dispunha sobre a competência da União para legislar sobre direito aeronáutico. A Constituição de 1967 e Emenda n. 1 de 1969 dispunham sobre a competência do Congresso Nacional para dispor sobre os limites do espaço aéreo.

A Constituição Federal de 1988 no art. 22, inciso I dispõe que "compete privativamente à União legislar sobre direito aeronáutico e espacial." O inciso XXVIII dispõe sobre a competência privativa da União para legislar sobre defesa aeroespacial. A Constituição dispõe sobre o direito aeronáutico e o direito aeroespacial e por ser anterior à CF/1988 o Código Brasileiro de Aeronáutica não faz menção ao direito aeroespacial.

O professor Adherbal de Meira Mattos[1] define o direito aeronáutico como "ramo autônomo do direito objetivo, que rege as relações, atividades e serviços vinculados à utilização de aeronaves civis ou comerciais".

Para Paulo Dourado de Gusmão[2] o direito aeronáutico "é o complexo de normas disciplinadoras do transporte aéreo, aplicável às aeronaves, às suas tripulações, aos aeroportos e ao espaço aéreo".

Segundo Sampaio de Lacerda[3] o direito aeronáutico pode ser compreendido como "o complexo de normas jurídicas relativas à navegação feita pelo ar, tendo como objeto o fenômeno da locomoção aérea".

O direito aeronáutico compreende as normas que regulam as relações jurídicas decorrentes do transporte aéreo e atividades da aviação, tanto no campo doméstico como no campo internacional.

O sistema normativo do Direito Aeronáutico é composto pela Constituição Federal, Código Brasileiro de Aeronáutica, Regulamentos e Instruções normativas.

A primeira codificação sobre o tema foi instituída pelo Decreto-lei n. 483 de 1938 denominado Código do Ar foi substituído pelo Decreto-lei n. 32 de 1966 e manteve a mesma denominação, vigorando até 1986, quando entrou em vigor o Código Brasileiro de Aeronáutica.

O Código Brasileiro de Aeronáutica foi instituído pela Lei n. 7.565 de 1968 e dispõe no art. 1º que "o direito aeronáutico é regulado pelos Tratados, Convenções e Atos Internacionais de que o Brasil seja parte, por este Código e pela legislação complementar".

Segue no parágrafo primeiro dispondo que "Os Tratados, Convenções e Atos Internacionais, celebrados por delegação do Poder Executivo e aprovados pelo Congresso Nacional vigoram a partir da data neles prevista para esse efeito, após o depósito ou troca das respectivas ratificações, podendo, mediante cláusula expressa, autorizar a aplicação provisória de suas disposições pelas autoridades aeronáuticas, nos limites de suas atribuições, a partir da assinatura (arts. 14, 204 a 214)".

O § 3º do art. 1º dispõe sobre a legislação complementar formada pela regulamentação do Código, pelas leis especiais, decretos e normas sobre matéria aeronáutica. Todas, portanto, fontes de direito aeronáutico.

Importante destacar a disposição expressa do Código Brasileiro de Aeronáutica quanto aos tratados e convenções internacionais como fontes do direito aeronáutico. A análise de possíveis conflitos em relação à incorporação do tratado internacional no ordenamento jurídico interno brasileiro pode ser estudada sob dois aspectos, o teórico e o prático.

No plano teórico, as teorias monista e dualista fornecem as bases doutrinárias para explicar a relação entre o direito interno e o direito internacional, bem como a repercussão de normas jurídicas internacionais no direito interno. Referidas teorias apresentam forte ligação com os próprios fundamentos do Direito Internacional e da norma jurídica internacional. Procurando explicar os fundamentos do direito internacional, surgiram duas doutrinas: a voluntarista e a objetivista. Para os voluntaristas, o direito internacional tem seu fundamento de validade na vontade dos Estados; para os objetivistas, o direito internacional tira sua obrigatoriedade, não da vontade dos Estados, mas da realidade internacional.[4]

Em breves linhas, para os autores que defendem a teoria dualista – Heinrich Triepel, Dionízio Anzilotti, Oppenheim, Balladore Palieri, dentre outros, há uma cisão entre a ordem jurídica internacional e a ordem jurídica interna, sem possibilidade de conflito entre elas. Seriam como duas esferas que se tangenciam, mas não se chocam, pois cada uma trata de matérias e competências distintas. Desse modo, estão separados Estado (direito interno) e ordem jurídica internacional (direito internacional).

O dualismo defende que o direito internacional é que está para o Estado e não o contrário, sendo, portanto, dependente da vontade dos Estados. As raízes do dualismo encontram-se na doutrina voluntarista. Para o dualismo "a ratificação de um tratado importa no compromisso de legislar na conformidade do diploma ratificado, sob pena de responsabilidade do Estado na esfera internacional, mas a complementação ou modificação do sistema jurídico interno exige um ato formal por parte do legislador nacional".[5]

Com base na teoria dualista, a norma jurídica internacional somente poderá ser exigida internamente, depois de incorporada ao ordenamento jurídico interno que ocorre através de uma espécie legislativa.

---

(1) MATTOS, Adherbal de Meira. Direito Aeroespacial e Direito do Mar. *In: Revista Brasileira de Direito Aeroespacial* n. 74. Rio de Janeiro, 1988.
(2) GUSMÃO, Paulo Dourado de. *Introdução à Ciência do Direito*. Rio de Janeiro: Forense, 1976. p. 228.
(3) LACERDA, J.C.Sampaio de. *Curso de direito comercial marítimo e aeronáutico*. Rio de Janeiro: Freitas Bastos, 1949. p. 402.
(4) HUSEK, Carlos Roberto. *Curso de Direito Internacional Público*. São Paulo: LTr, 1998. p.21.
(5) SÜSSEKIND, Arnaldo. *Direito Internacional do Trabalho*. São Paulo: LTr, 1987. p. 66.

Em oposição a teoria dualista, a teoria monista defende a unidade do sistema jurídico, direito internacional e direito interno fazendo parte de uma só ordem jurídica, integradas, havendo equiparação "entre sujeitos, fontes, objeto e estrutura das duas ordens jurídicas que se comunicam e se interpenetram".[6]

Entre os autores que defendem a unidade do direito, monismo com o primado do direito interno citamos Max Wenzel, Alberto Zorn, Kaufmann e os que defendem a primazia do direito internacional, Hans Kelsen, George Scelle, Verdross, Duguit.

No plano prático, os conflitos entre um tratado ou convenção internacional encontram solução na jurisprudência ao analisar os casos concretos. A jurisprudência internacional tem reconhecido o primado do direito internacional sobre o direito interno. Em matéria de direito aeronáutico, citamos o Acórdão do TRF-2 do Rio de Janeiro – AC: 200151010152080.[7]

A principal codificação sobre direito aeronáutico, o Código Brasileiro de aeronáutica, é composto de Títulos e Capítulos dispondo sobre normas de direito internacional privado, espaço aéreo, tráfego aéreo, aeronaves, tripulação, infraestrutura aeroportuária, aeródromos, contrato de transporte aéreo, responsabilidade civil, investigação e prevenção de acidentes aeronáuticos, e diversas outras normas aplicáveis a atividade da aviação em geral. Destacamos alguns artigos a seguir.

Dispõe no art. 3º e seguintes sobre as normas de Direito Internacional Privado, destacando que "salvo na hipótese de estar a serviço do Estado (indicado no art. 3º item I) não prevalece a extraterritorialidade em relação a aeronave privada, que se considera sujeita à lei do Estado onde se encontre" (art. 3º, parágrafo único). No art. 4º dispõe que "os atos que, originados de aeronave, produzem efeito no Brasil, regem-se por suas leis, ainda que iniciados no território estrangeiro."

O art. 11 dispõe que "o Brasil exerce completa e exclusiva soberania sobre o espaço aéreo acima de seu território e mar territorial". E que a autoridade aeronáutica poderá deter aeronave em voo no espaço aéreo ou em pouso no território brasileiro, em caso de flagrante desrespeito às normas de direito aeronáutico (art. 13).

Os arts. 14 a 24 dispõem sobre o tráfego aéreo, estabelecendo a observância às normas oriundas de Tratados e Convenções internacionais para o tráfego de aeronaves no território brasileiro.

A infraestrutura aeroportuária é constituída pelo conjunto de órgãos, instalações ou estruturas terrestres de apoio a navegação aérea e compreende o sistema aeroportuário, o sistema de proteção de voo, o sistema de segurança de voo, o sistema de Registro Aeronáutico Brasileiro, o sistema de investigação e prevenção de acidentes aeronáuticos, o sistema de formação e adestramento de pessoal destinado a navegação aérea, o sistema da indústria aeronáutica e serviços auxiliares e o sistema de coordenação da infraestrutura aeronáutica (art. 25).

Importante destacar o contido no art. 72 sobre o Registro Aeronáutico Brasileiro que tem como principal função emitir certificados de matrícula, de aeronavegabilidade e de nacionalidade de aeronaves sujeitas à legislação brasileira (art. 72, inciso I).

O Sistema de Investigação e Prevenção de Acidentes Aeronáuticos – SIPAER – tem competência para "planejar, orientar, coordenar, controlar e executar as atividades de investigação e prevenção de acidentes aeronáuticos (art. 88). No art. 88 e seguintes estão elencadas as normas a serem observadas pelo Sipaer na condução de investigação e prevenção de acidentes aeronáuticos.

O art. 106 define aeronave como "todo aparelho manobrável em voo, que possa sustentar-se e circular

---

(6) RANGEL, Vicente Marotta. Os conflitos entre o direito interno e os tratados internacionais. In: Boletim da Sociedade Brasileira de Direito Internacional, p. 63.

(7) Constitucional e administrativo – Direito aeronáutico – Registro aeronáutico – Matrícula de aeronave estrangeira sem o cancelamento da matrícula anterior – Registro duplo – Inadmissibilidade – Recepção dos tratados internacionais pelo ordenamento jurídico pátrio. Convenção de aviação civil internacional de Chicago (1944). Incorporação da convenção ao ordenamento jurídico interno. 1 – Para que os tratados internacionais sejam recepcionados no ordenamento jurídico, há a necessidade de se proceder à harmonização das ordens jurídicas interna e externa. Os esforços para proceder a tal harmonização fizeram com que o Direito Internacional Público adotasse dois caminhos: o dualista (Heinrich Triepel) e o monista (Hans Kelsen). O primeiro entende que o direito internacional e o interno são noções diferentes por fazerem parte de ordens jurídicas diversas (externa e interna). O segundo, que ambos os direitos são elementos de uma única ordem jurídica, havendo, necessariamente, uma relação hierárquica entre ambos. 2 – A Convenção de Chicago cuida das regras de tráfego aéreo, normas para entrada e saída, taxas aeroportuárias, registros de nacionalidade de aeronaves no país de registro, auxílio à navegação e medidas contra disseminação de doenças. 3 – Os tratados obrigam os Estados signatários após assinatura e ratificação, de sorte que não pode ser desconsiderado pela legislação doméstica como estabelece a Convenção de Viena de 1969 sobre Tratados, verbis: "Art. 26. Todo tratado em vigor obriga as partes e deve ser cumprido por elas de boa-fé. Art. 27. Uma parte não poderá invocar as disposições de seu direito interno como justificativa do descumprimento." 4 – Necessária a prova do "desregistro" como elemento interno imprescindível para a concessão do registro brasileiro do SISMAB. 5 – Recurso improvido. Sentença confirmada. AC: 200151010152080 RJ 2001.51.01.015208-0. Relator: Desembargador Federal Frederico Gueiros, Data de Julgamento: 09.09.2009, Sexta Turma Especializada, Data de Publicação: DJU – Data: 30.09.2009 – p. 85.

no espaço aéreo, mediante reações aerodinâmicas, apto a transportar pessoas ou coisas".

O parágrafo único considera a aeronave "bem móvel, registrável para efeito de nacionalidade, matrícula, aeronavegabilidade, transferência por ato entre vivos, constituição de hipoteca, publicidade e cadastramento geral".

O Código Brasileiro de Aeronáutica classifica as aeronaves em civis (públicas ou privadas) ou militares (art. 107), dispõe sobre nacionalidade da aeronave (considerada da nacionalidade do Estado em que esteja matriculada – art. 108) e nos seguintes dispõe sobre o registro no Registro Aeronáutico Brasileiro (RAB) e emissão de certificados de aeronavegabilidade (art. 114).

Os arts. 115 a 126 tratam da aquisição de propriedade da aeronave, por construção, por usucapião, por direito hereditário, por inscrição do título de transferência no RAB, transferência legal (art. 145 a 190).

No art. 127 e seguintes, estão dispostas as normas sobre arrendamento, fretamento, arrendamento mercantil, hipoteca e alienação fiduciária, sequestro, penhora e apreensão de aeronaves.

Os arts. 156 a 164 tratam da tripulação, sua composição, licenças e certificados de habilitação técnica. O art. 165 dispõe que "toda aeronave terá a bordo um Comandante, membro da tripulação designado pelo proprietário ou explorador e que será seu preposto durante a viagem, sendo o comandante responsável pela operação e segurança da aeronave (art. 165), exercendo autoridade desde a apresentação para o voo até a entrega da aeronave, concluída a viagem (art. 167).

Os serviços de transporte aéreo público internacional podem ser realizados por empresas nacionais ou estrangeiras, observados o disposto nos arts. 203 e seguintes.

Os serviços de transporte doméstico estão previstos nos arts. 215 e seguintes, considerando doméstico todo transporte em que os pontos de partida, intermediários e de destino estejam situados em território nacional e são reservados às pessoas jurídicas brasileiras.

No Título VII e seus capítulos estão previstas as normas sobre o contrato de transporte aéreo de passageiros, bagagens e cargas (arts. 222 a 245). E no título seguinte, trata o Código Brasileiro de Aeronáutica sobre o instituto da Responsabilidade Civil do transportador por danos ocorridos durante a execução do contrato de transporte de passageiros, bagagens ou cargas, incluindo também a responsabilidade por danos causados a terceiros na superfície (arts. 246 a 287).

Desde a sua publicação, o Código Brasileiro de Aeronáutica sofreu poucas alterações. Podemos citar a Lei n. 9.614 de 1998, conhecida como Lei do Tiro de Destruição que alterou a redação do art. 303 do Código e que autoriza o abate de aeronaves hostis, suspeitas de tráfico de drogas ou de contrabando de armas que invadam o espaço aéreo brasileiro.

A Lei n. 12.432 de 29 de junho de 2011 ampliou a Competência do Superior Tribunal Militar para julgar crimes cometidos no contexto de ação militar realizada na forma do art. 303 alterado pela Lei n. 9.614/98. A alteração do Código Penal Militar excluiu a competência da justiça comum para julgar os crimes cometidos no contexto de ação militar prevista pelo Código Brasileiro de Aeronáutica.

A Lei n. 12.970 de 08 de maio de 2014 alterou o Capítulo VI do Título III e o art. 302, além de revogar os arts. 89, 91 e 92 para dispor sobre as investigações do Sistema de Investigação e Prevenção de Acidentes Aeronáuticos – SIPAER.

Publicado em 10 de maio de 2016, o Decreto n. 8.758 dispõe sobre procedimentos a serem observados pelos órgãos que compõem o Sistema de Defesa Aeroespacial Brasileiro, com relação a aeronaves suspeitas ou hostis durante os Jogos Olímpicos e Paraolímpicos Rio 2016 (art. 1º), períodos de 05 a 21 de agosto e 07 a 18 de setembro de 2016 (parágrafo único).

O direito aeronáutico pode ser estudado em sua interface com outros ramos do Direito, dentre eles, Direito Civil, Direito do Consumidor, Direito do trabalho, citação exemplificativa: a) O Código Civil nos arts. 730 a 756 regula o contrato de transporte de pessoas e coisas, dispondo sobre as modalidades de transporte, dentre elas, o transporte aéreo. No art. 730 dispõe sobre a responsabilidade do transportador que responde por danos causados às pessoas transportadas e suas bagagens. A responsabilidade civil do transportador aéreo e a indenização por danos causados a passageiros e bagagens também estão previstos em convenções internacionais; b) a Lei n. 9.078 de 11 de setembro de 1990 – Código de Defesa do Consumidor – conjunto de normas que também se aplicam ao contrato de transporte aéreo; c) a Lei n. 7.183 de 05 de abril de 1984 que regula o exercício da profissão de Aeronauta. Atualmente, encontra-se em trâmite na Câmara dos Deputados, aguardando parecer do Relator na CCJC – Comissão de Constituição e Justiça e Cidadania, o projeto da nova Lei do Aeronauta – PL n. 8.255/2014.

Para finalizar, destacamos os principais órgãos que compõem o sistema de aviação civil no Brasil.

ANAC – A Lei n. 11.182 de 27 de setembro de 2005 criou a ANAC – Agência Nacional de Aviação Civil (art. 1º) – "entidade integrante da Administração Pública Federal indireta, submetida a regime autárquico especial, vinculada ao Ministério da Defesa". É a sucessora do DAC – Departamento de Aviação Civil – criado em 22 de abril de 1931, pelo Decreto n. 19.902, tendo por finalidade orientar, planejar, controlar e apoiar as atividades da Aviação Civil pública e privada. Permaneceu sob o Comando da Aeronáutica até março de 2006 quando a ANAC entrou em funcionamento.

É uma agência reguladora que atua promovendo a segurança da aviação civil e estimulando a concorrência e melhoria na prestação de serviços. Desenvolve sua atividade mediante a elaboração de normas seguindo os preceitos e padrões internacionais, certificação de empresas e aeronaves, fiscalização das operações de empresas aéreas, aeronaves, aeroportos e profissionais do setor aéreo.

A ANAC tem competência para regular e fiscalizar as atividades da aviação civil e de infraestrutura aeronáutica e aeroportuária, devendo implantar e observar as diretrizes e políticas estabelecidas pelo governo federal em especial ao que se refere a representação do Brasil em convenções e acordos internacionais, tratados de transporte aéreo internacional com outros países e organização internacionais de aviação (art. 3º).

Compete ainda à ANAC o estabelecimento do modelo de concessão de infraestrutura aeroportuária, a outorga de serviços aéreos, a suplementação de recursos para aeroportos de interesse estratégico, econômico ou turístico, além da aplicabilidade da concessão ou permissão na exploração comercial de serviços aéreos (art. 3º).

CONAC – Criado pelo Decreto n. 3.564 de 17 de agosto de 2000, alterado pelo Decreto n. 3.955 de 05 de outubro de 2001 e Decreto n. 5.491 de 13 de abril de 2005, o CONAC – Conselho Nacional de Aviação Civil é um órgão de assessoramento do Presidente da República incumbido de implementar políticas de ordenação da aviação civil. Seus membros são os Ministros das Relações Exteriores, Fazenda, Turismo, Chefe da Casa Civil, Desenvolvimento Indústria e Comércio, Comandante da Aeronáutica, sob a **presidência** do Ministro de Defesa.

INFRAERO – Vinculada ao Ministério da Defesa, a Infraero – Empresa Brasileira de Infraestrutura Aeroportuária é uma empresa pública, constituída pela Lei n. 5.862 de 12 de dezembro de 1972. O art. 2º da lei dispõe sobre sua finalidade: "implantar, administrar, operar e explorar industrial e comercialmente a infraestrutura aeroportuária que lhe for atribuída pela Secretaria de Aviação Civil da Presidência da República".

DECEA – O Departamento de Controle do Espaço Aéreo é órgão responsável pelo planejamento, regulamentação, cumprimento de acordos, normas e regras internacionais relativas à atividade de controle do espaço aéreo, garantindo a regularidade e segurança da circulação aérea no Brasil.

SECRETARIA DE AVIAÇÃO CIVIL – Foi criada em 2007 com o objetivo de assessorar o Ministério da Defesa junto aos órgãos do setor aéreo e elaborar estudos na formulação de diretrizes ao setor.

SIPAER – O Sistema de Prevenção e de Investigação de Acidentes Aéreos em sua essência constitui-se na sua essência, numa filosofia voltada para a prevenção de acidentes aéreos. É um conjunto de princípios baseados na experiência oriunda de dados, estatísticas e resultados de investigações de acidentes aéreos com foco na prevenção de novos acidentes. O art. 87 do Código Brasileiro de Aeronáutica dispõe que "a prevenção de acidentes aeronáuticos é da responsabilidade de todas as pessoas, naturais ou jurídicas, envolvidas com a fabricação, manutenção, operação e circulação de aeronaves e atividades de apoio da infraestrutura aeronáutica no território brasileiro". O objetivo maior do SIPAER é a segurança de voo baseada na prevenção de acidentes. Os estudos relacionados a acidentes e suas causas, no Brasil e no mundo são os pilares observados pelo SIPAER em sua atividade, tais como: todos os acidentes aéreos têm um precedente, todos podem e devem ser evitados, todos resultam de uma sequência de eventos, e a prevenção de acidentes requer a mobilização de todos.

CENIPA – O Centro de Investigação e Prevenção de Acidentes Aeronáuticos foi criado pelo Decreto n. 69.565 de 1971 e é o órgão central do SIPAER, tendo por objetivo e missão a investigação e a prevenção de acidentes aéreos em concordância com as normas internacionais.

4. Conclusão

Buscamos apresentar o direito aeronáutico no plano internacional e interno, as principais convenções e tratados internacionais sobre o tema, a organização do sistema de aviação internacional e interno e as principais normas internacionais e internas aplicáveis a atividade da aviação no Brasil e no mundo.

O direito aeronáutico é um direito dinâmico e se destaca pela interação multidisciplinar com outros ramos do Direito Privado, além de sua conexão essencial com o Direito Internacional Público, constituindo vasto campo de pesquisa e estudo aos interessados em expandir seus conhecimentos sobre o tema.

Destaca-se ainda, pela aplicação prática dos princípios do Direito Internacional Público como a solidariedade e a cooperação internacional entre os Estados e o reflexo de normas advindas de tratados e convenções internacionais nos ordenamentos jurídicos internos dos Estados, visando a unificação, harmonização e padronização de condutas e procedimentos, tão necessários ao complexo segmento da aviação em geral.

A segurança e eficiência na aviação, voltadas para a prevenção de acidentes aéreos por meio da cooperação internacional, buscam em última (e primeira) análise, garantir o bem-estar do Homem, sujeito de Direito Internacional e principal destinatário de suas normas.

5. Referências Bibliográficas

GUSMÃO, Paulo Dourado de. *Introdução à Ciência do Direito*. Rio de Janeiro: Editora Forense, 1976. p. 228.

HUSEK, Carlos Roberto. *Curso de Direito Internacional Público*. São Paulo: LTr, 1998. p. 21.

LACERDA, J.C. Sampaio de. *Curso de direito comercial marítimo e aeronáutico*. Rio de Janeiro: Freitas Bastos. 1949. p. 402.

MATTOS, Adherbal de Meira. Direito Aeroespacial e Direito do Mar. *In: Revista Brasileira de Direito Aeroespacial n. 74*. Rio de Janeiro, 1988.

RANGEL, Vicente Marotta. Os conflitos entre o direito interno e os tratados internacionais. *In: Boletim da Sociedade Brasileira de Direito Internacional*, p. 63.

SÜSSEKIND, Arnaldo. *Direito Internacional do Trabalho*. São Paulo: LTr, 1987. p. 66.

DIREITO AMBIENTAL: INTERNACIONALIZAÇÃO E CONSTITUCIONALIZAÇÃO – CONSIDERAÇÕES SOBRE O DIREITO AMBIENTAL NA UNIÃO EUROPEIA E NO BRASIL

Karla Karolina Harada Souza(*)

1. Disseminação da vertente ambiental no direito, nos estados e na sociedade

Os direitos desejados, os quais buscamos a satisfação e pelos quais lutamos, foram, não diretamente mudando, mas ganhando mais importância ao longo da história, refletindo o anseio social e as necessidades mais prementes da época. Nos últimos anos, ou melhor, nas últimas décadas, um dos problemas mais graves e que vem ganhando mais espaço em debates é a questão ambiental.

Diante de todo o caos ambiental, nasceu a necessidade de criar regulamentos jurídicos de proteção ao Meio Ambiente. Em Conferência das Nações Unidas (Estocolmo – junho de 1972), foram elaborados 26 princípios que constituíriam a *Declaração do Meio Ambiente*, e seriam como um prolongamento da Declaração Universal dos Direitos do Homem. A referida Declaração do meio ambiente prega o seguinte:

> (...) o Homem é, a um tempo, resultado e artífice do meio que o circunda, o qual lhe dá o sustento material e o brinda com a oportunidade de desenvolver-se intelectual, moral e espiritualmente. (...). Os dois aspectos do meio ambiente, o natural e o artificial, são essenciais para o bem-estar do Homem e para que ele goze de todos os direitos humanos fundamentais, inclusive o direito à vida mesma.
>
> (...) a proteção e melhora do meio ambiente é uma questão fundamental que afeta o bem-estar dos povos e o desenvolvimento econômico do mundo inteiro; é um desejo urgente dos povos e de todo o mundo e um dever de todos os governos[1].

Vale citar ainda outros relevantes diplomas internacionais em matéria ambiental: a Conferência das Nações Unidas sobre o Meio Ambiente Humano realizada em Estocolmo (1972); Conferência das Nações Unidas sobre o Meio Ambiente e o Desenvolvimento ou Cúpula da Terra realizada no Rio de Janeiro – ECO-92 (1992); Convenção sobre a mudança do Clima (1992); Convenção da Pesca (1958); Convenção sobre o Direito do Mar (1982); Convenção sobre Diversidade Biológica (1992); Diretrizes de Montreal para a proteção do Meio Ambiente Marinho de Fontes Preventivas da Terra; Estratégia Global de Abrigo para todos até o ano 2000; Protocolo de Montreal sobre a camada de Ozônio e os CFCS; Protocolo de Kyoto (1997); Código de Práticas para o movimento Internacional Transfronteiriço de Lixo Radioativo da Agência Internacional de Energia Atômica; m) outros documentos sobre a Educação Ambiental da UNESCO; Cúpula Mundial sobre Desenvolvimento Sustentável ou Cúpula da Terra realizada em Johannesburgo; Rio-92; Rio+20 (2012), dentre outros.

Como bem imperioso à Humanidade, a defesa e melhora do meio ambiente devem ser tidas como metas globais tal como a paz e o desenvolvimento econômico e social. Para que tal objetivo seja alcançado é necessário que todos e cada um dos cidadãos, a comunidade como coletividade, as empresas e instituições privadas

---

(*) Advogada. Doutoranda em Direito pela Pontifícia Universidade Católica de São Paulo – PUC-SP. Mestre em Direito pela PUC-SP. Especialista em Direito Ambiental e Gestão Estratégica da Sustentabilidade pela COGEAE/PUC-SP. Bacharel em Direito pelo Centro Universitário do Pará – CESUPA. Membro da Comissão Permanente de Meio Ambiente da OAB-SP. Pesquisadora do CNPq. Professora Assistente na PUC-SP. Palestrante e conferencista. Autora de diversos artigos e co-autora dos livros "Tributação ambiental: reflexos na política nacional de resíduos sólidos" e "Direito Minerário e Direito Ambiental: Fundamentos e Tendências". karlaharada@gmail.com

(1) _____. *Declaração do Meio Ambiente. Conferência das Nações Unidas*. Estocolmo, 1972.

e o governo e administração pública aceitem as responsabilidades que lhe cabem e contribuam, participando equitativamente, cada qual fazendo a sua parte.[2]

Por toda evolução e consolidação do Direito Ambiental, de nada será válido se a efetivação destes direitos não for posta em realidade; de nada vale um direito sem que este se concretize, pois como bem coloca Rudolf Von Ihering, em seu livro A Luta Pelo Direito: "Com efeito não é suficiente a garantia puramente abstrata destas condições de vida por parte do direito; – devem elas ser concretamente defendidas pelo sujeito de direito (...)"[3] em brilhante constatação diz: "A essência do direito é a realização prática".[4-5]

Assim que, do já estabelecido direito fundamental ao meio ambiente ecologicamente equilibrado, dentro da dicotomia direito/dever, temos então um *dever fundamental ambiental*[6], um dever de todos da manutenção e proteção do meio ambiente, em respeito ao direito das presentes e futuras gerações.

Partindo deste dever fundamental ambiental, o Direito Ambiental foi evoluindo e criando normas, em sua maioria, pautadas no modelo comando e controle, a fim de estabelecer deveres e limites a serem cumpridos para a garantia do direito ao meio ambiente ecologicamente equilibrado de todos.

Em busca da realização prática dos direitos ambientais, quaisquer que estes sejam, não há como escapar do fato que os sistemas, sejam ele naturais ou artificiais, estão eles todos inevitavelmente vinculados, e por mais de uma análise ou tutela legislativa dissociativa, a efetividade apenas será alcançada, quando, a partir de uma visão holística, houver uma coordenação para uma cooperação de ações conjuntas.

Não há mais como se ignorar a problemática ambiental e a necessidade da revisão do *modus operandi* do mundo. As questões ambientais são um real desafio e demandam ação urgente.[7]

Não tanto em busca de uma redenção, mas ao menos de uma estabilização (e quem sabe de uma redução gradativa), entram aqui, portanto, as práticas de sustentabilidade, medidas mitigadoras e inibidoras de ações destrutivas ou comprometedoras do meio ambiente. Nos vários âmbitos, internacional, interno-governamental, industrial-empresarial, coletivo-social, as várias dimensões, em todos os níveis do nosso amplo e multifacetário sistema de funcionamento social, devem ser afetadas e revistas.

Há de se atentar também para a importância da cooperação internacional, posto que os problemas relativos às questões ambientais geralmente são de vulto regional ou mundial, o que necessitará de uma colaboração e coordenação entre as nações, sendo, portanto, indispensável a adoção de medidas protetivas e reparadoras no âmbito ambiental por parte das organizações internacionais.

O Direito Ambiental, por sua extensão e interdisciplinaridade, impõe uma releitura das normas jurídicas existentes, tanto dentro do direito privado como no direito público, em nível nacional e internacional, e ainda, adentrando e influenciando a interpretação e aplicação nos demais ramos do Direito.

1.1. A constitucionalização do direito ambiental

O significado simbólico e os resultados práticos dos movimentos de constitucionalização dos estados nacionais dos últimos três séculos tiveram um grande

---

(2) Nas palavras de Rousseau: "*Como a união social tem um objetivo determinado, logo que se forma é preciso procurar realizá-lo. Para que todos queiram o que ela deve alcançar, conforme o compromisso representado pelo contrato social, é preciso que todos saibam o que devem pretender: o bem comum. Assim, é do mal público que ela deve escapar. Mas como o Estado só tem uma existência ideal e convencional, falta a seus membros qualquer sensibilidade comum pela qual, imediatamente informados, recebessem naturalmente uma impressão agradável do que lhes fosse útil, e dolorosa toda vez que ela fosse ofendida.*". (ROUSSEAU, Jean-Jaques. Rousseau e as Relações Internacionais. São Paulo: Imprensa Oficial do Estado, 2003. p. 142).

(3) IHERING, Rudolf Von. A Luta pelo Direito. 23. ed. Rio de Janeiro: Forense, 2006. p. 20.

(4) *Idem*, p. 45.

(5) Nos ensinamentos de José Afonso da Silva: "*Temos dito que o combate aos sistemas de degradação do meio ambiente convertera-se numa preocupação de todos. A proteção ambiental, abrangendo a preservação da Natureza em todos os seus elementos essenciais à vida humana e à manutenção do equilíbrio ecológico, visa a tutelar a qualidade do meio ambiente em função da qualidade de vida, como forma de direito fundamental da pessoa humana. Encontramo-nos, assim, como nota Santiago Anglada Gotor, diante de uma nova projeção do direito à vida, pois neste há de incluir-se a manutenção daquelas condições ambientais que são suportes da própria vida, e o ordenamento jurídico, a que compete tutelar o interesse público, há de dar resposta coerente e eficaz a essa nova necessidade social*". (SILVA, José Afonso da. Direito Ambiental Constitucional. 7. ed. São Paulo, SP: Ed. Malheiros, 2009. p. 58).

(6) FENSTERSEIFER, Tiago. Direitos Fundamentais e Proteção do Ambiente: A dimensão ecológica da dignidade da pessoas humana no marco jurídico-constitucional do Estado Socioambiental de Direito. Porto Alegre: Livraria do Advogada Editora, 2008. p. 198.

(7) Pontua Elisabeth Laville: "Os números são eloquentes, e o balanço não é nada positivo: segundo o excelente "Planeta Vivo", publicado anualmente desde o final dos anos 1990 pelo World Wildlife Fund (WWF), a mais importante entidade de conservação e proteção ambiental do mundo, as riquezas naturais do planeta diminuíram 30% entre 1970 e 2003. Naturalmente, constatam-se diferenças conforme o ecossistema estudado: assim, no mesmo período, 31% dos ecossistemas florestais desapareceram, contra 28% dos ecossistemas de água doce e 27% dos recursos marinhos. Mas os relatórios convergem ao apontar a causa principal desse declínio: nosso crescente consumo de recursos naturais". (LAVILLE, Elisabeth. A empresa verde. São Paulo: OTE, 2009. p. 70-71).

impacto civilizatório na construção dos atuais estados democráticos de direito.

Os movimentos constitucionalistas começaram com o estabelecimento de limites entre o público e o privado, passaram pela limitação dos poderes, e alcançaram a garantia dos direitos fundamentais, de primeira à quarta dimensões. Nas três últimas décadas, com o despertar ambiental das décadas de 1960/1970, tem se passado por uma nova redefinição dos textos constitucionais, que, tal como os demais ramos do direito, vem cada vez mais incorporando a vertente ambiental à legislação.

A defesa e proteção ambiental constitucionalmente assumida acaba por revolucionar, de certa forma, a metodologia adotada pelas constituições até então, passando às proposições de fórmulas mais holísticas e solidárias de atuações em prol da qualidade de vida. Tal proporciona a uma disseminação e interdisciplinaridade do direito ambiental.[8]

A linha notadamente civilista, de preocupação com a individualização de sujeitos, direitos e deveres, baseada na dicotomia "A vs. B", dá espaço para uma visão mais abrangente, incorporando valores que dissolvem as separações clássicas de posições, promovendo uma confusão jurídica, agregando todos no polo dos deveres, com responsabilidade comum pela manutenção do planeta.

As clássicas salvaguardas constitucionais, habitualmente dirigidas contra o Estado, agora se voltam também ao setor privado, sob o olhar atento do Ministério Público[9], do terceiro setor, da mídia e da sociedade em geral.

Na história do Direito[10], poucos valores tiveram ascensão hierárquica tão rápida quanto aqueles ligados à proteção ambiental. Desde a Segunda Guerra Mundial, a normatização de defesa do meio ambiente evoluiu de uma insuficiência ou, em alguns casos, ausência jurídica até atingir o patamar de direito fundamental da humanidade, sendo objeto de diversos tratados internacionais e petrificada em diversas constituições nacionais.[11]

2. Do direito ambiental na união europeia

Na segunda metade do século XX, principalmente, a formação dos blocos econômicos em diversos cantos do mundo fez com que a Europa acelerasse seus mecanismos de integração, passando dos Tratados da CEE (Comunidade Econômica Europeia), para a formação da UE (União Europeia), à coordenação econômica e uniformização da moeda com o *Euro*, mostrando grande avanço para a criação de direitos comunitários mais efetivos.

De forma vanguardista, e em um modelo de comunidade internacional ímpar, com uma unicidade e força que tem mostrado a necessidade cada vez maior de uma harmonização internacional para lidar com uma sociedade cada vez mais transfronteiriça, a União Europeia sinaliza ao mundo o adiantamento rumo à promulgação de uma Constituição Europeia, a primeira de amplitude multinacional.

A Declaração do Meio Ambiente[12], primeiro grande tratado ambiental, resultado da Conferência das Nações Unidas, Estocolmo, 1972, potencializada pela natureza constitucional conferida aos tratados na Europa, foi o introdutório da vertente constitucional naqueles países.

Os tratados de integração europeus têm natureza de normas constitucionais, tanto materialmente, posto que implantam direitos e garantias fundamentais, além de estruturarem economicamente a Europa, como formalmente, haja vista que estão em posição hierarquicamente superior às normas internas dos países membros, sendo considerados, portanto, como normas supraconstitucionais, com força de submissão derro-

---

(8) Como afirma Norma Sueli Padilha: "*O Direito Ambiental, revigorado pela nova roupagem constitucional dada ao tema do meio ambiente, deve atuar sobre toda e qualquer área que envolva tal matéria, impondo a reformulação de conceitos, institutos e princípios, exigindo a adaptação e reestruturação do modelo socioeconômico atual com o necessário equilíbrio do meio ambiente, tendo em vista a sadia qualidade de vida*". (PADILHA, Norma Sueli. Do meio ambiente do trabalho equilibrado. São Paulo: LTr, 2002. p. 22-23).

(9) SOUZA. Victor Roberto Corrêa de. A História do Ministério Público no Brasil. Disponível em: <http://www.cnmp.mp.br/portal/component/content/article/94-institucional/ministerio-publico/128-a-historia-do-ministerio-publico-no-brasil>. Acesso em: 10 abr. 2016.

(10) Cristiane Derani: "*O direito ambiental é em si reformador, modificador, pois atinge toda a organização da sociedade atual, cuja trajetória conduziu à ameaça da existência humana pela atividade do próprio homem, o que jamais ocorreu em toda a história da humanidade. É um direito que surge para rever e redimensionar conceitos que dispõem sobre a convivência das atividades sociais*". (DERANI, Cristiane. Direito ambiental econômico. 3. ed. São Paulo: Saraiva, 2008. p. 56).

(11) Neste sentido, Paulo de Bessa Antunes: "*Há que se observar que a relação do DA [Direito Ambiental] com os demais ramos do Direito é transversal, isto é, as normas ambientais tendem a se incrustar em cada uma das demais normas jurídicas, obrigando que se leve em conta a proteção ambiental em cada um dos demais "ramos" do Direito [...] o DA penetra em todos os demais ramos da Ciência Jurídica [...], não se encontra em "paralelo" a outros "ramos", e, nesta condição, é um Direito que impõe aos demais setores do universo jurídico o respeito às normas que o formam, pois o seu fundamento de validade é emanado diretamente da Norma Constitucional*". (ANTUNES, Paulo de Bessa. Direito ambiental. 10. ed. rev. ampl. e atual. Rio de Janeiro: Lumen Juris, 2007. p. 22-23).

(12) _____. Declaração do Meio Ambiente. Conferência das Nações Unidas. Estocolmo, 1972.

gante das disposições nacionais conflitantes, quando não recepcionadas.

Ainda, em que pese inexistir formalmente uma Constituição Europeia promulgada, o próprio Tribunal Europeu se refere, em seus julgados, aos Tratados europeus como "Carta Constitucional Básica", o que reforça o argumento de constitucionalismo europeu.[13]

A imperiosidade de integração econômica, a proximidade geográfica dos países, a característica transfronteiriça da poluição, a necessidade de homogeneizar os custos da prevenção ecológica (como fator componente do custo de produção e a sua implicação na competitividade dos produtos, de modo a equilibrar a concorrência), dentre outros, foram fatores determinantes para a europeização do direito ambiental, em moldes constitucionais, com cada pais internalizando a vertente ambiental às suas constituições nacionais, como na supraconstitucionalidade, com os tratados internacionais.

Os desastres e danos ambientais, em sua maioria, não são comportados pelas fórmulas civilistas tradicionais, extrapolando o quadrinômio da responsabilidade clássica *conduta-culpa-nexo causal-dano*, que precisa da delimitação dos sujeitos responsáveis e da concretude imediata do dano. Pela natureza difusa e fundamental do bem, necessita-se muitas vezes de uma responsabilidade objetiva e comum, que incorpore a noção de solidariedade entre gerações e viabilize a imposição de deveres de prevenção em função de danos potenciais difusos.

Neste sentido, a Declaração de Paris de 1972, pós Conferência de Estocolmo, foi uma afirmação pública dos países membros da Comunidade Europeia demonstrando a preocupação destes com o meio ambiente. Foi o marco europeu da revolução dos valores a partir da questão ambiental, porque vinculou o progresso à proteção ecológica.

Em execução da deliberação da Cimeira de Paris, a Comissão da Comunidade Europeia elaborou uma comunicação sobre um "Programa de Ação das Comunidades Europeias em matéria de ambiente", apresentado ao Conselho em 1972 e aprovado em 1973, o qual constituiu o primeiro de uma série de seis programas de ação nesta matéria.[14-15]

Sobre a matéria, o Tribunal de Justiça Europeu, com o fundamento de que "*a proteção do ambiente contra o perigo da poluição era um dos objetivos fundamentais da Comunidade*"[16], passou a decidir sobre matéria ambiental, estabelecendo, de certa forma, a ideia de direito ambiental fundamental da comunidade europeia.

Com a Revisão do Tratado de Roma em 1986, houve o reconhecimento de competência em matéria ambiental à Comunidade Europeia, levando em consideração a natureza transnacional dos eventos de degradação do meio ambiente e da necessidade de medidas e atuação supranacional de proteção do ambiente. Assim que o Tratado, em seu art. 174, n. 1, determinou três amplos objetivos:

– A preservação, a proteção e a melhoria da qualidade do meio ambiente;

– A proteção da saúde das pessoas;

– Utilização prudente e racional dos recursos naturais.[17]

Com o Tratado de Maastrich, de 1992, houve mais um avanço, a consagração da ideia de desenvolvimento sustentável do ponto de vista ecológico.

A União estabelece um mercado interno. Empenha-se no desenvolvimento sustentável da Europa, assente num crescimento econômico equilibrado e na estabilidade dos preços, numa economia social de mercado altamente competitiva que tenha como meta o pleno emprego e o progresso social, e num elevado nível de proteção e de melhoramento da qualidade do ambiente. A União fomenta o progresso científico e tecnológico.[18]

O conceito de sustentabilidade tem como fundamento a utilização consciente dos recursos naturais, satisfazendo as necessidades das presentes geração, mas sem comprometer a possibilidade das futuras gerações. Há também quem agregue a atuação em benefício da biodiversidade, posto que considerada um valor em si mesma.

---

(13) Discorre Aragão: "*Para os cultores do Direito Comunitário, tornou-se já vulgar falar em Direito Constitucional da União Europeia a propósito do seu direito convencional. Ou seja: muito antes da aprovação de uma Constituição para a Europa, já o conceito de Direito Constitucional era aplicado ao direito contido nos Tratados constitutivos da Comunidade e da União Europeia*". (ARAGÃO, Alexandra. Direito constitucional do ambiente da União Européia. In: CANOTILHO, J. J. Gomes (org.). *Direito constitucional ambiental brasileiro*. 1. ed. São Paulo: Saraiva, 2007. p. 11).

(14) ARAGÃO, Maria Alexandra de Sousa. *Direito Comunitário do Ambiente*. Cadernos de CEDOUA. Almedina. p. 31.

(15) _____. *Sexto programa de acção em matéria de ambiente*. Disponível em: <http://europa.eu/legislation_summaries/agriculture/environment/l28027_pt.htm>. Acesso em: 10 abr. 2016.

(16) ARAGÃO, Maria Alexandra de Sousa. *Direito Comunitário do Ambiente*. Cadernos de CEDOUA. Ed. Almedina, p. 10.

(17) _____. Tratado de Roma Revisado, 1986.

(18) _____. Tratado de Maastricht, 1992. Disponível em: <http://eur-lex.europa.eu/LexUriServ/LexUriServ.do?uri=OJ:C:2010:083:0013:0046:PT:PDF>. Acesso em: 10 abr. 2016.

Neste diapasão, e aproveitando as revoluções e a libertação dos regimes ditatoriais, vários países europeus aproveitaram o momento de edição de suas novas constituições para incorporar os temas ambientais aos seus textos, inserindo-se na nova perspectiva colocada pelos tratados, bem como em resposta aos protestos dos ecologistas e cientistas e dos anseios sociais diante das incontestáveis alterações ambientais.

A Constituição Portuguesa, de 1976, integrou de diversas formas o princípio da sustentabilidade e a vertente ambiental ao seu texto[19]. A Carta Portuguesa, documento moderno e abrangente, comporta direitos fundamentais ambientais de primeira e segunda gerações, indo desde a visão primeira de controle de poluição, até a visão segunda de proteção sistêmica, cientificamente ancorada. Sobre ambiente e qualidade de vida, assim dispõe a Constituição Portuguesa de 1976:

> ARTIGO 66. (Ambiente e qualidade de vida)
>
> 1. Todos têm direito a um ambiente de vida humano, sadio e ecologicamente equilibrado e o dever de o defender.
>
> 2. Incumbe ao Estado, por meio de organismos próprios e por apelo a iniciativas populares:
>
> a. Prevenir e controlar a poluição e os seus efeitos e as formas prejudiciais de erosão;
>
> b. Ordenar o espaço territorial de forma a construir paisagens biologicamente equilibradas;
>
> c) Criar e desenvolver reservas e parques naturais e de recreio, bem como classificar e proteger paisagens e sítios, de modo a garantir a conservação da natureza e a preservação de valores culturais de interesse histórico ou artístico;
>
> d) Promover o aproveitamento racional dos recursos naturais, salvaguardando a sua capacidade de renovação e a estabilidade ecológica.
>
> 3. O cidadão ameaçado ou lesado no direito previsto no n. 1 pode pedir, nos termos da lei, a cessação das causas de violação e a respectiva indemnização.

4. O Estado deve promover a melhoria progressiva e acelerada da qualidade de vida de todos os portugueses.[20]

A Constituição de Grécia, de 1975, estipulou a proteção do meio ambiente como dever do Estado, impondo modificações no alcance do direito de propriedade. Assim prevê o seu art. 24:

> *A proteção do meio ambiente natural e cultural constitui uma obrigação do Estado. O Estado tomará medidas [...] preventivas ou repressivas; [...] a Lei fixará medidas restritivas da propriedade para assegurar proteção...*

A Constituição Espanhola, de 1978, inspirada na Constituição Portuguesa, não apenas garantiu o meio ambiente sadio como direito de todos, como também determinou, como dever de todos, a sua conservação, por força da *indispensable solidariedad colectiva*, impondo ao Estado a obrigação de zelo, proteção e prevenção.

> *Artículo 45*
>
> *1. Todos tienen el derecho a disfrutar de un medio ambiente adecuado para el desarrollo de la persona, así como el deber de conservarlo.*
>
> *2. Los poderes públicos velarán por la utilización racional de todos los recursos naturales, con el fin de proteger y mejorar la calidad de la vida y defender y restaurar el medio ambiente, apoyándose en la indispensable solidaridad colectiva.*
>
> *3. Para quienes violen lo dispuesto en el apartado anterior, en los términos que la ley fije se establecerán sanciones penales o, en su caso, administrativas, así como la obligación de reparar el daño causado.*[21]

O desenvolvimento europeu sobre a matéria pautou-se em uma ética ambientalista predominantemente antropocêntrica, não sucumbindo aos clamores dos defensores de uma ética fundamentalmente ecocêntrica. Desta forma, o direito ao meio ambiente sadio e equilibrado tem tratamento de direito humano fundamental.

---

(19) Nos ensinamentos de José Joaquim Gomes Canotilho:

O princípio da sustentabilidade recebe uma consagração expressa no texto constitucional português. É configurado (i) como tarefa fundamental no artigo 9.º/e ("defender a natureza e o ambiente, preservar os recursos naturais e assegurar o correcto ordenamento do território"); (ii) como princípio fundamental da organização econômica no artigo 80/d ("Propriedade pública dos recursos naturais..."); (iii) como incumbência prioritária do Estado nos artigos 81/a ("...promover o aumento do bem-estar social (...) no quadro de uma estratégia de uma estratégia de desenvolvimento sustentável"), 81/m ("Adoptar uma política nacional de energia (...) com preservação dos recursos naturais e equilíbrio ecológico") e 81/n ("Adoptar uma política nacional da água, com aproveitamento, planeamento e gestão racional dos recursos hídricos"); (iiii) como direito fundamental no artigo 66.º/1 ("Todos têm o direito a um ambiente de vida humano, sadio e ecologicamente equilibrado"); (iiiii) como dever jusfundamental do Estado e dos cidadãos, no artigo 66/2 ("Para assegurar o direito ao ambiente, no quadro de um desenvolvimento sustentável, incumbe ao Estado, por meio de organismos próprios e com o envolvimento e a participação dos cidadãos..."); (iiiiii) como princípio vector e integrador de políticas públicas no artigo 66/2/c, d, e, f, g (política de ordenamento do território, política cultural, política econômica e fiscal, política educativa, política regional). (CANOTILHO, José Joaquim Gomes. *O Princípio da sustentabilidade como Princípio estruturante do Direito Constitucional*. Revista de Estudos Politécnicos (*Polytechnical Studies Review*) Vol VIII, n. 13, 007-018, 2010).

(20) _____. Constituição Portuguesa. 1976. Disponível em: <http://www.parlamento.pt/Parlamento/Documents/CRP1976.pdf>. Acesso em: 10 abr. 2016.

(21) _____. Constituição Espanhola. 1978. Disponível em: <http://www.boe.es/buscar/doc.php?id=BOE-A-1978-31229>. Acesso em: 10 abr. 2016.

A ideia da *natureza como fonte de recursos* não foi de todo superada, entretanto, há abertura suficiente para a realização de uma proteção ambiental para além da antropologicamente focada, como ocorre no caso da defesa da biodiversidade.

Do ponto de vista da técnica legislativa, os paradigmas valorizam comandos e princípios voltados para a informação, autorregularão, planos e estratégias, controles difusos, distribuição de competências, dentre outros, o que possibilita avanços e inovações para o melhor tratamento da matéria ambiental. Um bom exemplo dito é a estruturação da Lei Magna Lusitana, e ainda, como se verá em capítulo seguinte, a Constituição da República Federativa do Brasil de 1988.

De toda forma, as imposições de proteção ambiental como direito e dever de todos, sob tutela e obrigação do próprio Estado, refletem um grande amadurecimento dos próprios valores democráticos, traduzido na determinação de corresponsabilidade, como princípio norteador tanto das atuações estatais quanto da sociedade civil.

O Tratado Constitucional Europeu, de 2004, incorpora o fluxo arrojado de projeções em matéria ambiental, ao estipular que:

> A União Europeia empenha-se no desenvolvimento sustentável da Europa [...], e, internamente [...] num elevado nível de proteção e de melhoramento da qualidade do ambiente [...] Externamente, [...] contribuir para o desenvolvimento sustentável do planeta.

O mais importante, é a realização de que subjazem à proposta de Constituição para a União Europeia princípios que nortearão o avanço do direito no mundo, a partir da ótica ambiental, como: princípio o da integração comunitária; princípio do nível elevado de proteção; princípio da proibição do retrocesso; princípio do uso constante das novas e melhores tecnologias; princípio da correção na fonte; princípio da prevenção e da precaução; princípio do *in dúbio pro* ambiente; princípio da solidariedade intergerações; princípio do poluidor-pagador, dentre outros.

Por todo caminho percorrido, seja via tratados internacionais como pelas constituições nacionais, percebe-se que vertente ambiental é composto determinante, rumo a uma Política Comunitária do Ambiente, uma política maximizadora.

3. Do direito ambiental brasileiro

No Brasil, a Constituição Federal de 1988, seguindo os movimentos de constitucionalização democrática e o "esverdeamento" do direito vindos da Europa, dedicou capítulo específico para tratar do meio ambiente em seu texto. Consagrou o direito e o dever de defender e preservar o ambiente para as "presentes e futuras gerações", de preservar e reestruturar os processos ecológicos essenciais, de preservar a diversidade e a integridade do patrimônio genético, de proteger a fauna e a flora, de promover a educação ambiental.

A Carta Magna brasileira de 1988 foi não apenas um marco nacional, como também se constituiu como referência de texto constitucional em vários sentidos, estabelecendo como cláusulas pétreas, imodificáveis e irrevogáveis, vários princípios, fundamentos e direitos fundamentais que foram além de sintetizar os vários anseios das militâncias em direitos humanos, mas de inovar, com acréscimos e previsão de sistemas mais holísticos de concretização de direitos e deveres.

> A Constituição Federal de 1988 sepultou o paradigma liberal que via (e insiste em ver) no Direito apenas um instrumento de organização da vida econômica, unicamente orientado a resguardar certas liberdades básicas e a produção econômica – com isso reduzindo o Estado à acanhada tarefa de estruturar e perenizar, com asséptica eficiência social, as atividades do mercado. Abandonamos, pois, o enfoque convencional da Constituição condenada a se tornar "um simples regulamento econômico-administrativo, mutável ao sabor dos interesses e conveniências dos grupos dominantes".[22]

No histórico do direito constitucional brasileiro, a Constituição de 1988 foi a primeira a tratar de forma direta o meio ambiente, direcionando inclusive um capítulo exclusivo ao tema: o capítulo IV do Título VIII, em seu celebrado e conhecido art. 225.

Em sua formulação, e por vezes embebido por ideias que namoram a utopia, o legislador constituinte privilegiou o desenho pluri-instrumental, estabeleceu direitos fundamentais, princípios, deveres, programas, meios de implementação, e inseriu a vertente ambiental em diversos dispositivos por toda a constituição.[23]

A evolução constitucional dos temas ambientais fez inserir novas temáticas, técnicas e modelos de es-

---

(22) BENJAMIN, Antonio Herman De Vasconcellos e. *O Meio Ambiente Na Constituição Federal de 1988*. Informativo Jurídico da Biblioteca Ministro Oscar Saraiva, v. 19, n. 1, jan./jun. 2008. p. 41.

(23) Neste sentido, Herman Benjamin: *"Na adoção desta concepção holística e juridicamente autônoma, o constituinte de 1988, ao se distanciar de modelos anteriores, praticamente fez meia-volta, admitindo que (a) o meio ambiente apresenta os atributos requeridos para seu reconhecimento jurídico expresso no patamar constitucional, (b) proteção, esta, que passa, tecnicamente, de tricotômica a dicotômica (pois no novo discurso constitucional vamos encontrar apenas dispositivos do tipo ius cogens e ius interpretativum, mas nunca ius dispositivum) – o que banha de imperatividade as normas constitucionais e a ordem pública ambiental;*

truturação nos meios jurídicos brasileiros e mundiais, todos eles deduzidos dos postulados inseridos nos textos da Constituição, tais como o da *função ecológica da propriedade*, o do *devido processo ambiental*, o da *ordem pública ambiental*, a necessidade de superação da responsabilidade civil clássica, abarcando uma *responsabilidade ambiental objetiva* para o meio ambiente como bem difuso, a consolidação de *princípios como da prevenção e precaução* e suas implicações e desdobramentos, como nos *princípios do poluidor-pagador, usuário-pagador e protetor-recebedor*, dentre inúmeros outros.[24]

Neste novo modelo constitucional, a proteção do meio ambiente se desdobra e permeia outros direitos e matérias, abrindo espaço para diferentes formas de tutela e proteção. Acompanhando as alterações sociais, as demandas de mercado, a estruturação mutante do mundo globalizado, o direito ao meio ambiente ecologicamente equilibrado deve figurar não somente em textos constituintes ou legislações ordinárias, mas se estender à todas as formas de funcionamento social, a fim de estabelecer-se não apenas como direito previsto, mas como direito efetivo.

As disposições ambientais apenas serão alcançadas quando de uma interconexão dos diversos campos atuantes em cima do objeto causador do problema forem impregnadas e disseminadas pelo objetivo comum.

O Direito Ambiental, portanto, deve ser adotado como perspectiva pela qual os demais ramos do Direito, os Estados e a sociedade devem avaliar e agir, valendo-se dos diversos mecanismos e buscando salvaguarda e guia nos princípios ambientais trazidos no bojo dos tratados internacionais e das constituições nacionais.

Nesse sentido, o Superior Tribunal de Justiça brasileiro, o informativo "Princípios de interpretação ajudam o STJ a fundamentar decisões na área ambiental", do Superior Tribunal de Justiça (STJ) brasileiro:

> Em busca de soluções justas e constitucionalmente adequadas para as causas jurídicas nas quais intervém, o Superior Tribunal de Justiça (STJ) tem recorrido à aplicação de importantes princípios do Direito Ambiental, dando-lhes uma interpretação mais integrativa e atual.
>
> "São os princípios que servem de critério básico e inafastável para a exata inteligência e interpretação de todas as normas que compõem o sistema jurídico ambiental, condição indispensável para a boa aplicação do Direito nessa área", defende o ministro Herman Benjamin, uma das maiores autoridades do STJ no ramo ambiental.
>
> Além de dar suporte na resolução dos conflitos normativos que chegam ao Tribunal, essa "hermenêutica jurídica esverdeada", na definição do especialista José Rubens Morato Leite, pós-doutor em Direito Ambiental e professor da Universidade Federal de Santa Catarina (UFSC), tem possibilitado mais transparência e objetividade no processo decisório, conferindo maior legitimidade às argumentações judiciais proferidas.[25]

Para fins de exemplificação, temos que de forma ainda mais vanguardista, os tribunais brasileiros, já em sede superior, em decisão proferida pelo Supremo Tribunal de Justiça (STF)[26], vêm admitindo a possibilidade de condenação por dano extrapatrimonial ou dano moral coletivo em se tratado de danos ao meio ambiente, demonstrando a extensão da responsabilidade ambiental e o alcance do princípio da reparação integral do dano. A proteção do meio ambiente alcançando novos horizontes e rompendo dogmas na busca de uma tutela efetiva do meio ambiente.

---

além disso, trata-se de (c) salvaguarda orgânica dos elementos a partir do todo (a biosfera10) e (d) do todo e seus elementos no plano relacional ou sistêmico, e já não mais na perspectiva da sua realidade material individualizada (ar, água, solo, florestas, etc), (e) com fundamentos éticos explícitos e implícitos, entre aqueles a solidariedade intergeracional, vazada na preocupação com as gerações futuras e, entre estes, com a atribuição de valor intrínseco à Natureza, (f) tutela viabilizada por instrumental próprio de implementação, igualmente constitucionalizado, como a ação civil pública, a ação popular, sanções administrativas e penais e a responsabilidade civil pelo dano ambiental – o que não deixa os direitos e obrigações abstratamente assegurados ao sabor do acaso e da má-vontade do legislador ordinário". (BENJAMIN, Antonio Herman De Vasconcellos e. *O Meio Ambiente Na Constituição Federal de 1988*. Informativo Jurídico da Biblioteca Ministro Oscar Saraiva, v. 19, n. 1, jan./jun. 2008. p. 42).

(24) Complementa Benjamin: "... no âmbito da Constituição Federal de 1988, as seguintes técnicas mais comuns de constitucionalização da proteção do meio ambiente: (a) direitos fundamentais; (b) deveres fundamentais; (c) princípios ambientais; (d) função ecológica da propriedade; (e) objetivos públicos vinculantes; (f) programas públicos abertos; (g) instrumentos de implementação; e (h) proteção de biomas ou ecossistemas particulares". (BENJAMIN, Antonio Herman De Vasconcellos e. *O Meio Ambiente Na Constituição Federal de 1988*. Informativo Jurídico da Biblioteca Ministro Oscar Saraiva, v. 19, n. 1, jan./jun. 2008. p. 58).

(25) _____. Superior Tribunal de Justiça. *Princípios de interpretação ajudam o STJ a fundamentar decisões na área ambiental*. Brasil, Junho, 2010. Disponível em: <http://www.stj.jus.br/portal_stj/publicacao/engine.wsp?tmp.area=398&tmp.texto=97483>. Acesso em: 10 abr. 2016.

(26) Neste sentido, recente julgado do STF de setembro de 2013:
RECURSO ESPECIAL N. 1.367.923 – RJ (2011/0086453-6).
RELATOR: MINISTRO HUMBERTO MARTINS.
RECORRENTE: BRASILIT INDÚSTRIA E COMÉRCIO LTDA E OUTRO. ADVOGADO: RAPHAEL CARNEIRO DA ROCHA FILHO E OUTRO (S).

4. Considerações finais

O meio ambiente é mais do que uma matéria dentro do Direito Ambiental. Suas implicações em escala mundial são suficientes para que compreendamos a necessidade da adoção de um raciocínio holístico para enfrentar o problema[27].

Por sua natureza ampla e pela integração do próprio objeto com diversos agentes, a matéria ambiental nos impõe uma análise e tratamento holístico da situação, **assim que se deve** buscar, primordialmente, a conscientização e disseminação do conhecimento e das informações já existentes, aliando a ciência ao Direito, para que, quer sejam por políticas públicas, quer seja pela tutela jurídica, as medidas ambientais sejam vistas como ações necessárias e não ambientalismo exacerbado.

A disseminação dos objetivos das políticas ambientais, sejam das convenções internacionais, das políticas nacionais, ou até mesmo das políticas estaduais e municipais, **é medida urgente, para o alcance** e implementação de uma boa governança, com eficácia dos direitos estabelecidos. Os Estados e a sociedade como um todo, devem estar vinculados, seja em regulação ou atuação, ao mesmo fim. Sem o envolvimento do todo, o esforço do um nunca irá prosperar.

Precisamos fazer uma releitura dos instrumentos existentes de combate à poluição e defesa do meio ambiente, aplicando o que já existe e estendendo sua incidência (como no caso do licenciamento ambiental, incorporando aos requisitos exigidos, a consistência às normas de proteção ambiental), ou ainda, quando necessário, adaptando e criando novos mecanismos para a satisfação destes novos objetivos.

Ainda, seja por medidas impositivas ou por incentivos indutores de comportamento (valoração do princípio do protetor-recebedor), devemos mirar no estabelecimento de uma economia verde, onde a consciência ambiental e ecológica é valor prestigiado na sociedade, que, consciente da sua própria dependência com o meio ambiente, demanda ações ambientalmente corretas.

Desta forma, o mais importante que se pode extrair do longo caminho já percorrido, bem como do material que se produziu até agora, seja nos pensamentos e ensinamentos dos doutrinadores entendidos do assunto, seja nas convenções internacionais (com suas declarações e tratados internacionais), e ainda, como visto, pela vitória na constitucionalização dos direitos e deveres referentes ao meio ambiente, é que hoje temos a formação de uma consciência ambiental concreta.

O ser humano luta e trabalha arduamente para alcançar uma melhor qualidade de vida. O desenvolvimento econômico, tecnológico, e até mesmo social de nada valem se o povo não tem um meio ambiente saudável para viver, ou ainda, haja vista os alarmantes danos já causados ao ecossistema, ter de fato um ambiente para viver, posto se seguirmos com o índice de destruição e comprometimento do meio ambiente, em resultado, acabaremos sem nada. Como observa de Antonio Cassese:

> *True, the environment is no longer conceived of in a State-sovereignty-oriented perspective, as an asset that may belong to each State and in whose protection only the State concerned may be legally and practically interested. The environment has come to be regarded as a common amenity, as an asset in the safeguarding of which all should be interested, regardless of where the environment is or may be harmed.*[28-29]

A vitória da concretização do meio ambiente como direito/dever fundamental nas constituições nacionais, e futuramente, como *motus* das constituições suprana-

---

RECORRIDO: MINISTÉRIO PÚBLICO DO ESTADO DO RIO DE JANEIRO.
EMENTA: ADMINISTRATIVO E PROCESSUAL CIVIL. VIOLAÇÃO DO ART. 535 DO CPC. OMISSÃO INEXISTENTE. AÇÃO CIVIL PÚBLICA. DANO AMBIENTAL. **CONDENAÇÃO A DANO EXTRAPATRIMONIAL OU DANO MORAL COLETIVO. POSSIBILIDADE. PRINCÍPIO** *IN DUBIO* **PRO NATURA.**
1. Não há violação do art. 535 do CPC quando a prestação jurisdicional é dada na medida da pretensão deduzida, com enfrentamento e resolução das questões abordadas no recurso. 2. A Segunda Turma recentemente pronunciou-se no sentido de que, ainda que de forma reflexa, a degradação ao meio ambiente dá ensejo ao dano moral coletivo. 3. Haveria *contra sensu* jurídico na admissão de ressarcimento por lesão a dano moral individual sem que se pudesse dar à coletividade o mesmo tratamento, afinal, se a honra de cada um dos indivíduos deste mesmo grupo é afetada, os danos são passíveis de indenização. 4. As normas ambientais devem atender aos fins sociais a que se destinam, ou seja, necessária a interpretação e a integração de acordo com o princípio hermenêutico *in dubio* pro natura. Recurso especial improvido. (grifo nosso).

(27) Nesse sentido, José Afonso da Silva ao definir Direito Ambiental expõe: "Como todo ramo do Direito, também o Direito Ambiental deve ser considerado sob dois aspectos: a) *Direito Ambiental objetivo*, que consiste no conjunto de normas jurídicas disciplinadoras da proteção da qualidade do meio ambiente; b) *Direito Ambiental como ciência*, que busca o conhecimento sistematizado das normas e princípios ordenadores da qualidade do meio ambiente". (SILVA, José Afonso da. *Direito ambiental constitucional*. 8. ed. atual. São Paulo: Malheiros, 2010. p. 41-42).

(28) CASSESE, Antonio. *International Law*. 2nd. ed. Oxford: Oxford University Press, 2005.

(29) Em verdade, o meio ambiente não é mais concebido em uma perspectiva orientada pela soberania do Estado, como um recurso que pode pertencer a cada Estado e em cuja proteção somente o Estado em causa pode ser legal e praticamente interessado. O meio ambiente vem sendo considerado como uma algo comum, como um ativo na salvaguarda de que todos devem estar interessados, independentemente de onde o meio ambiente está sendo ou pode vir a ser prejudicado. (tradução nossa).

cionais, deve sim ser comemorada, mas, até que este direito seja respeitado com a importância que merece, dada a sua imprescindibilidade e afetação, ainda há um longo caminho a ser percorrido, em busca de uma consciência ecológica global.

5. Referências Bibliográficas

ANTUNES, Paulo de Bessa. *Direito ambiental*. 10. ed. rev. ampl. e atual. Rio de Janeiro: Lumen Juris, 2007.

ARAGÃO, Alexandra. Direito constitucional do ambiente da União Europeia. In: CANOTILHO, J. J. Gomes (org.). *Direito constitucional ambiental brasileiro*. 1. ed. São Paulo: Saraiva, 2007.

ARAGÃO, Maria Alexandra de S. *Direito Comunitário do Ambiente*. Cadernos de CEDOUA. Almedina.

BENJAMIN, Antonio Herman De Vasconcellos e. *O Meio Ambiente na Constituição Federal de 1988*. Informativo Jurídico da Biblioteca Ministro Oscar Saraiva, v. 19, n. 1, jan./jun. 2008.

CANOTILHO, José Joaquim Gomes. O Princípio da sustentabilidade como Princípio estruturante do Direito Constitucional. *Revista de Estudos Politécnicos* (Polytechnical Studies Review) Vol VIII, n. 13, 007-018, 2010.

CASSESE, Antonio. *International Law*. 2nd Ed. Oxford: Oxford University Press, 2005.

DERANI, Cristiane. *Direito ambiental econômico*. 3. ed. São Paulo: Saraiva, 2008.

FENSTERSEIFER, Tiago. *Direitos Fundamentais e Proteção do Ambiente*: A dimensão ecológica da dignidade da pessoas humana no marco jurídico-constitucional do Estado Socioambiental de Direito. Porto Alegre: Livraria do Advogada Editora, 2008.

IHERING, Rudolf Von. *A Luta pelo Direito*. 23. ed. Rio de Janeiro: Forense, 2006.

LAVILLE, Elisabeth. *A empresa verde*. São Paulo: OTE, 2009.

PADILHA, Norma Sueli. *Do meio ambiente do trabalho equilibrado*. São Paulo: LTr, 2002.

ROUSSEAU, Jean-Jaques. *Rousseau e as Relações Internacionais*. São Paulo: Imprensa Oficial do Estado, 2003.

SILVA, José Afonso da. *Direito ambiental constitucional*. 8. ed. atual. São Paulo: Malheiros, 2010.

SOUZA. Victor Roberto Corrêa de. *A História do Ministério Público no Brasil*. Disponível em: <http://www.cnmp.mp.br/portal/component/content/article/94-institucional/ministerio-publico/128-a-historia-do-ministerio-publico-no-brasil>. Acesso em: 10 abr. 2016.

_____. *Tratado de Roma Revisado*, 1986.

_____. *Constituição Espanhola*. 1978. Disponível em: <http://www.boe.es/buscar/doc.php?id=BOE-A-1978-31229>. Acesso em 10 abr. 2016.

_____. *Constituição Portuguesa*. 1976. Disponível em: <http://www.parlamento.pt/Parlamento/Documents/CRP1976.pdf>. Acesso em: 10 abr. 2016.

_____. *Declaração do Meio Ambiente*. Conferência das Nações Unidas. Estocolmo, 1972.

_____. *Sexto programa de acção em matéria de ambiente*. Disponível em: <http://europa.eu/legislation_summaries/agriculture/environment/l28027_pt.htm>. Acesso em: 10 abr. 2016.

_____. Superior Tribunal de Justiça. *Princípios de interpretação ajudam o STJ a fundamentar decisões na área ambiental*. Brasil, Junho, 2010. Disponível em: <http://www.stj.jus.br/portal_stj/publicacao/engine.wsp?tmp.area=398&tmp.texto=97483>. Acesso em: 10 abr. 2016.

_____. *Tratado de Maastricht*, 1992. Disponível em: <http://eur-lex.europa.eu/LexUriServ/LexUriServ.do?uri=OJ:C:2010:083:0013:0046:PT:PDF>. Acesso em 10 abr. 2016.

O DIREITO ÀS NARRATIVAS CALADAS

Nuria López(*)

Cada processo judicial, muito além da aparência das pilhas de documentos, dos carimbos, e de toda formalidade que amarra as partes em uma verdadeira guerra de papel, guarda sempre uma narrativa. É a história de alguém, narrada a um advogado, que se incumbe da tarefa não apenas da defesa, mas antes de tudo, de recontar a história. O advogado é, antes de tudo, um narrador.

O filósofo Walter Benjamin tratou precisamente da importância do narrador e da narrativa para a sociedade. A narrativa sempre traz consigo uma utilidade, um conselho, uma moral da história, que vem da vivência. Para Benjamin, *"o narrador retira o que ele conta da experiência: de sua própria ou da relatada por outros. E incorpora, por sua vez, as coisas narradas à experiência dos seus ouvintes."*[1] Trata-se de uma dinâmica em que o narrador compartilha uma experiência, sua ou relatada por outros, de forma que os seus ouvintes incorporam essa narrativa, ao mesmo tempo em que o narrador também incorpora as experiências de seus ouvintes.

Ele imagina que os *narradores "se movem para cima e para baixo nos degraus de sua experiência, como numa escada. Uma escada que chega até o centro da terra e que se perde nas nuvens – é a imagem de uma experiência coletiva, para a qual mesmo o mais profundo choque da experiência individual, a morte, não representa um escândalo nem um impedimento."*[2] Dessa forma, a narrativa é construída no partilhar de experiências incorporadas pelos ouvintes e pelo próprio narrador, no qual emerge a experiência coletiva.

Benjamin lamenta, já em 1936, o declínio da narrativa em um mundo que cedeu espaço à informação, que vem repleta de explicações e que nos bombardeia a todo instante. Ele cita que pela primeira vez os horrores de uma guerra (a I Guerra Mundial) não produziram narrativas, mas sim o silêncio. E o que se produziu nos anos que se seguiram a guerra foi uma grande quantidade de informação, mas nenhuma experiência humana narrada.

Talvez ele não pudesse ter imaginado o quanto essa afirmação seria profundamente assertiva de nossa vivência no século XXI, em que os horrores nos calam e a informação nos chega, abundante e incansável, pelas mais diversas mídias eletrônicas.

O declínio da narrativa notado por Benjamin encontra, surpreendentemente talvez, nos Tribunais, uma exceção. Se nos detivermos um momento, veremos que um processo judicial força a diminuição da velocidade do tempo pós-moderno, nos pausa, e nos oferece diversas narrativas sobre experiências únicas. Pelos corredores, pelas salas de audiência, pelos escritórios, ao telefone, nos cafés, o processo força o compartilhamento de narrativas que de outra forma permaneceriam para sempre com seus narradores.

(*) Doutoranda e mestre em Filosofia do Direito pela PUC-SP. Bacharel pela mesma Universidade.

(1) Tradução de Sérgio Paulo Rouanet em BENJAMIN, Walter. Magia e técnica, arte e política: ensaios sobre literatura e história da cultura. 8ª edição revista, São Paulo: Brasiliense, 2012, p. 217. No original: *"Der Erzähler nimmt, was er erzählt, aus der Erfahrung; aus der eigenen oder berichteten. Und er macht es wiederum zur Erfahrung derer, die seiner Geschichte zuhören"* In: BENJAMIN, Walter. Der Erzähler. *In* Gesammelte Schriften II, 2, Frankfurt am Main: Suhrkamp, 1977. p. 443.

(2) Tradução de Sérgio Paulo Rouanet em BENJAMIN, Walter. Magia e técnica, arte e política: ensaios sobre literatura e história da cultura. 8ª edição revista, São Paulo: Brasiliense, 2012, p. 232. No original: *"Dabei ist allen gro-en Erzählern die Unbeschwertheit gemeint, mit der sie auf und ab bewegen. Eine Leiter, die bis ins Erdinnere reicht und sich in den Wolken verliert, ist das Bild einer Kollektiverfahrung, für die selbst der tiefste Chock jeder individuellen, der Tod, keinerlei Ansto- und Schranke darstellt"* In: BENJAMIN, Walter. Der Erzähler. *In* Gesammelte Schriften II, 2, Frankfurt am Main: Suhrkamp, 1977. p. 457.

Essas narrativas, como na dinâmica descrita por Benjamin, sobem e descem a escada das experiências individuais às coletivas, e assim, pode-se pensar na construção de uma experiência coletiva por meio das narrativas exercitadas em cada um dos processos judiciais.

Para este artigo, importa a análise da construção da experiência coletiva sobre (a violação dos) direitos humanos nos anos de regime militar.

As diversas experiências individuais, de cada família, de um vizinho, de um colega de sala ou de trabalho, foram caladas durante os anos de chumbo. Mas surgiram aos poucos nas batalhas judiciais de familiares em busca de informações sobre o paradeiro ou o destino de seus entes queridos.

A análise desses processos nos Tribunais Regionais Federais brasileiros revela muitas dessas narrativas, dos caminhos tortuosos percorridos durante esses anos, bem como da evolução da prestação de tutela jurisdicional nesses casos.

O objetivo deste artigo é comparar a construção da experiência coletiva da violação de direitos humanos nos anos de chumbo no Brasil com as narrativas e as sentenças da Corte Interamericana de Direitos Humanos. De que forma os Tribunais contribuem (ou podem contribuir) para essa construção?

No Brasil, uma pesquisa abrangente por todos os processos judiciais dos Tribunais Regionais Federais sob o tema "Lei de Anistia" revela uma grande quantidade de processos técnica e aparentemente similares de familiares de vítimas de tortura pela ditadura militar, pleiteando a localização de corpos, para que pudessem ser velados e indenizações por danos materiais e morais.

O caso de *Júlia Gomes Lund e outros x União*, que anos mais tarde seria julgado na Corte Interamericana de Direitos Humanos (CIDH) revela dificuldades como a possibilidade jurídica do pedido dos familiares pedirem informação sobre o local de sepultamento de seus parentes falecidos (Apelação Cível n. 89.01.06733-1/DF, Rel. Selene Almeida, 17.08.1993). No início, esse pedido era julgado como *impossível*. Foi no Tribunal Regional Federal da 1ª Região, em que a Relatora Desembargadora Selene Almeida, em 17.08.1993, decidiu pela possibilidade jurídica do pedido, fundamentada no direito ao sepultamento de seus mortos.

No entanto, treze anos depois, os autos ainda arrastavam-se, sem satisfação do direito dos familiares, e o mesmo Tribunal reconhece que "*somada à dor da perda, tem-se, nesta demanda, a angústia de conviverem os Autores com os efeitos do desaparecimento forçado dos entes queridos, o destino ignorado e a opressão de um silêncio fabricado*" (16.03.2006).

As famílias autoras desse processo aguardariam ainda mais quatro anos até que a Sentença proferida pela Corte Interamericana de Direitos Humanos em 24.11.2010 reconhecesse a procedência de seus pedidos e condenasse o Estado brasileiro a cumpri-los. A Sentença forçava o rompimento do "*silêncio fabricado*", já que assim como as famílias deste processo, muitas outras também enfrentavam alegações preliminares como a "possibilidade do pedido" ou a "prescrição" de seus pedidos, de forma que as experiências vividas por essas famílias eram novamente silenciadas.

Durante a pesquisa, verificou-se que a preliminar da prescrição foi ponto de grande divergência entre os Tribunais brasileiros. Aos poucos, e muito recentemente é que foram aderindo à tese da imprescritibilidade das violações de direitos humanos. Ainda em 2001 é possível encontrar muitas decisões julgando prescritas as indenizações por perseguição política e tortura durante o regime militar, em nome da segurança nas relações jurídicas e da não eternização da possibilidade de propor demandas (TRF4, AC 2001.04.01.008193-1, Terceira Turma, Relatora Marga Inge Barth Tessler, DJ 06.06.2001).

Contudo, já havia também muitas outras decisões reconhecendo a imprescritibilidade das violações de direitos humanos. São exemplos, a Apelação Cível n. 1999.34.00.026686-5/DF, Desembargadora Federal Maria do Carmo Cardoso, 14.02.2003; Ação Rescisória n. 2003.01.00.029992-3/MG, Desembargador Federal Souza Prudente, 06.02.2004; Apelação Cível n. 1997.35.00.006010-0/GO, Desembargador Federal Fagundes de Deus, 16.05.2005; Recurso Especial na Apelação Cível n. 2000.35.00.020230-9/GO, 02.07.2007; a Apelação n. 1999.38.02.001712-0/MG, Desembargador Federal Souza Prudente, que em 27.03.2012 reformou a sentença de 08.03.2010, que aplicava a prescrição ao pleito.

A tese da imprescritibilidade foi reiterada pela Corte Interamericana de Direitos Humanos para condenar o Brasil, determinando que "*são inadmissíveis as disposições de anistia, as disposições de prescrição e o estabelecimento de excludentes de responsabilidade, que pretendam impedir a investigação e punição dos responsáveis por graves violações dos direitos humanos, como a tortura, as execuções sumárias, extrajudiciais ou arbitrárias, e os desaparecimentos forçados, todas elas proibidas, por violar direitos inderrogáveis reconhecidos pelo Direito Internacional dos Direitos Humanos*"[3]. Após essa condenação

---

(3) Sentença de 24.11.2010, p. 64, item 171 – CASO GOMES LUND E OUTROS ("GUERRILHA DO ARAGUAIA") VS. BRASIL

internacional, em 24.11.2010, nota-se que esse entendimento restou pacificado na jurisprudência brasileira, não se encontrando mais julgados que a contrariem.

Certamente a condenação da Corte Interamericana pôs fim a muitas questões jurídicas sobre esses casos, razão pela qual nota-se que as questões mais recentes voltam-se para a *comprovação* de perseguição política ou de tortura durante o regime. Podem-se encontrar decisões que negam tutela por falta de provas nesse sentido, por exemplo: *"não existe prova de que o recorrente tenha sido obrigado a sair do país e tenha sido vítima de perseguição política/ideológica por 17 anos"* (TRF4, AC 5003674-63.2012.404.7005, Quarta Turma, Relator Desembargador Federal Candido Alfredo Silva Leal Junior); e também decisões que prestam tutela reconhecendo a veracidade das alegações, por exemplo: *"na hipótese sob análise, resta inconteste a demonstração dos danos sofridos pelos filhos e esposa do jornalista e advogado Jayme Miranda, visto que o seu sofrimento (perseguição, tortura, humilhação etc.) indiretamente os atingiu, por envolver o estado psicológico de cada um dos envolvidos, estado este que traz complicações muitas vezes difíceis de serem sanadas"* (PROCESSO: 08005135820134058000, AC/AL, Desembargador Federal Manoel Erhardt, Primeira Turma, 26.03.2015).

Cabe ainda ressaltar que a decisão da Corte Interamericana de Direitos Humanos, de 24.11.2010, trata em seu item 256, que o *"Estado* [brasileiro] *deve conduzir eficazmente a investigação penal dos fatos do presente caso, a fim de esclarecê-los, determinar as correspondentes responsabilidades penais e aplicar efetivamente as sanções e consequências que a lei disponha"*[4].

Era claro que esse ponto da condenação geraria polêmica, pois implica em investigar os crimes cometidos contra os direitos humanos, esclarecê-los e determinar as responsabilidades e sanções penais aos torturadores e homicidas. De fato, apesar da nitidez da condenação da Corte Interamericana de Direitos Humanos, ainda há resistência de parte dos Tribunais em aplicá-la. O exemplo é recente e precisamente do caso da Guerrilha do Araguaia, agora no *Habeas Corpus* n. 0068063-92.2012.4.01.0000/PA que nega expressamente eficácia à decisão da Corte Interamericana de Direitos Humanos em 28.08.2015, ao afirmar que *"a decisão da Corte Interamericana de Direitos Humanos, no julgamento do caso Gomes Lund, cujo resultado, ao que se afirma, impôs ao Estado Brasileiro a realização, perante a sua jurisdição ordinária, de investigação penal dos fatos ocorridos na chamada Guerrilha do Araguaia, não interfere no direito de punir do Estado, e nem na decisão do STF sobre a matéria. A investigação tem o sentido apenas de propiciar o conhecimento da verdade histórica, para todas as gerações, de ontem e de hoje, o que não se submete a prazos de prescrição!"*.

Este é, portanto, o estado atual dos processos referentes a Lei da Anistia no Brasil. Superadas as questões preliminares da *impossibilidade jurídica do pedido* e da *prescrição*, que se arrastaram por anos, nota-se que a decisão da Corte Interamericana pacificou especialmente a tese da imprescritibilidade das violações aos direitos humanos, que já vinha ganhando força nos Tribunais brasileiros. Restaram questões probatórias, que têm sido analisadas caso a caso e a resistência em alguns casos em aceitar ações penais contra torturadores e homicidas, a exemplo do próprio caso do Araguaia, citado acima.

Neste estágio, para além das narrativas das experiências individuais, que foram surgindo em meio às disputas judiciais, é importante questionar em que medida os juízes brasileiros podem contribuir para a construção de uma experiência coletiva útil ao desenvolvimento democrático no Brasil.

Para tanto, nota-se que todos os casos brasileiros analisados recorriam à prestação de tutela jurisdicional para obter ou a localização de corpos de familiares, para que fosse possível sepultá-los com dignidade; ou informações sobre desaparecidos; e/ou indenizações por danos materiais e morais.

O mesmo ocorreu nos primeiros anos de julgados sobre esse tema na Corte Interamericana de Direitos Humanos. Após longas e chocantes narrativas sobre sequestros, torturas, homicídios, muitos dos votos dos juízes da Corte demonstravam certo desconforto ao condenar os Estados apenas a dar informações sobre as atrocidades, somada a uma quantia em dinheiro. As condenações entre os anos de 1987, em que foi a julgamento *Velásquez Rodríguez x Honduras*, o primeiro caso a esse respeito julgado pela Corte e 10.09.1993, eram muito similares à prestação brasileira de tutela jurisdicional, consistindo basicamente no trinômio declaração/condenação à informação/indenização.

No entanto, em 10.09.1993, no julgamento do caso *Aloeboetoe e outros x Suriname*, surge algo realmente interessante. O caso tratava da tortura e homicídio de mais de vinte homens, incluindo um jovem de quinze anos pelas forças armadas do Suriname. Os familiares das vítimas demoraram a obter informações sobre seus parentes, até encontrarem uma das vítimas – a única sobrevivente ao massacre. A Corte conde-

---

(4) P. 95 da referida Sentença.

nou o Suriname a pagar indenizações, mas também a criar uma fundação que gerisse parte do dinheiro em prol da comunidade afetada pelo massacre, ademais da construção de uma escola e de um posto médico naquela localidade.

Essa tutela diferencia-se das demais. Quando, sob qualquer justificativa, pessoas são ilegalmente detidas, torturadas e mortas, essas experiências individuais atingem a todos enquanto *humanos*. Ao ouvir essas histórias, as incorporamos em nossa própria existência. Relacionamo-nos com essas mortes de forma que elas passam a ser uma experiência coletiva. É precisamente isso que diz Benjamin ao afirmar que "é a imagem de uma experiência coletiva, para a qual mesmo o mais profundo choque da experiência individual, a morte, não representa *um escândalo nem um impedimento*[5]". Nem mesmo a narrativa da morte, que é o *"mais profundo choque da experiência individual"* exime-se de ser incorporada ao ouvinte e experimentada como experiência coletiva.

Por isso, é simbólica a prestação de tutela jurisdicional a toda a comunidade – imediatamente, na construção de uma escola e de um posto médico, e a longo prazo, na gestão de recursos por uma fundação criada especialmente para benfeitorias à comunidade. Essa tutela diferencia-se das demais, pois não apenas visa indenizar (o que é literalmente impossível, posto que o dano é irreparável), mas ajuda a construir essa experiência coletiva no caso. O mecanismo da criação de fundação foi também utilizado no caso *El Amparo x Venezuela*, em 14.09.1996.

Estes seriam os primeiros de muitos outros casos em que se utilizaram outras possibilidades de prestação de tutela jurisdicional – mais atentas às necessidades produzidas pelos danos, mais úteis a uma experiência coletiva acerca da violação de direitos humanos e à construção de valores democráticos a partir dela.

Em 26.05.2001, no julgamento *Niños de la calle (Villagrán Morales e outros) x Guatemala*, sobre o sequestro, tortura e homicídio de menores de idade por policiais, além da condenação a Guatemala a pagar indenizações aos familiares das vítimas; a internalizar normas de direitos humanos com as quais já se comprometeu internacionalmente; a devolver os restos mortais das vítimas às famílias; a Corte condenou também – e é este ponto que merece destaque – a Guatemala a designar um centro educacional alusivo aos jovens vítimas deste caso. Os *niños de la calle*, é dizer, os meninos de rua, a quem provavelmente foi negado o acesso à educação antes de serem brutalmente assassinados, teriam então um centro educacional dedicado a sua memória.

Ao final do mesmo ano de 2001, foram julgados dois casos contra o Estado do Peru. O caso Cantoral Benavides, detido por mais de quatro anos sem ordem judicial ou qualquer processo judicial pela Direção Nacional contra o Terrorismo, acusado de traição da pátria, e exposto publicamente como membro do Sendero Lunimoso. A condenação incluiu, além da indenização em dinheiro, itens mais simbólicos e atentos ao que poderia ser construído pela prestação jurisdicional: bolsas de estudo, atendimento médico e psicológico.

O segundo caso trata da detenção ilegal, sob alegação de terrorismo, de Durand e Ugarte, também pela Direção Nacional contra o Terrorismo do Peru. Houve uma rebelião no presídio em que estavam ilegalmente detidos e durante a intervenção policial ambos *desapareceram*. Não havia qualquer vestígio dos corpos. A condenação incluiu a construção de um imóvel; atendimento médico, psicológico e de desenvolvimento interpessoal; além de pedido de perdão público e efetiva investigação e sanção dos responsáveis pelas violações.

Em 2001 a Corte Interamericana de Direitos Humanos julgou um ataque de grupo de extermínio ligado às forças armadas durante uma festa popular em *Barrios Altos*, dez anos antes. À época, não houve investigação efetiva, que apenas foi aberta quatro anos depois, e ao final, uma lei de anistia os abrangeu. A condenação abrangeu a publicação de uma expressão pública de pedido de perdão às vítimas pelos graves danos causados e uma ratificação da vontade de que não voltem a ocorrer esses fatos e a obrigação de erigir um monumento recordatório.

O caso *Caracazo x Venezuela* remonta ao nome da capital, Caracas, na qual ocorreram manifestações populares violentamente reprimidas pela polícia, com números até hoje incertos de mortos e desaparecidos. O caso foi julgado em 29.08.2002 pela Corte Interamericana e a condenação incluiu as medidas necessárias para capacitar as suas forças armadas, instruindo-as sobre direitos humanos.

A detenção ilegal, tortura e desaparecimento do estudante José Carlos Trujillo Oroza, em 1971, em Santa Cruz, na Bolívia, é bastante similar às narrativas en-

---

(5) Tradução de Sérgio Paulo Rouanet em BENJAMIN, Walter. Magia e técnica, arte e política: ensaios sobre literatura e história da cultura. 8. ed., revista, São Paulo: Brasiliense, 2012. p. 232.

contradas nos processos judiciais brasileiros analisados neste artigo. O caso (*Trujillo Oroza x Bolívia*) foi julgado pela Corte Interamericana de Direitos Humanos em (27.02.2002). A Bolívia foi condenada além de empregar todos os meios necessários para localizar os restos mortais da vítima e entregá-los a seus familiares, para que eles possam dar-lhe uma sepultura adequada; tipificar o delito de "desaparecimento forçado de pessoas" no seu ordenamento interno; ainvestigar, identificar e sancionar os responsáveis; a pagar indenização – a dar o nome "Trujillo Oroza" a um centro educacional em Santa Fé.

Em 1987, em Puerto Boyacá, Colômbia, um grupo paramilitar deteve dezessete comerciantes da região, os assassinou, esquartejou e atirou os restos mortais ao rio. Após alguns dias, outros dois comerciantes empreitaram uma busca por seus colegas e foram igualmente assassinados. Em 05.07.2004 o caso dos *19 comerciantes x Colômbia* foi julgado pela Corte Interamericana de Direitos Humanos, que em sua sentença condenou a Colômbia, dentre outras prestações, a pagar por tratamentos médicos e psicológicos dos familiares das vítimas; a erigir um monumento em memória das vítimas; e a realizar um ato público de reconhecimento de responsabilidade internacional.

Myrna Mack Chang era uma antropóloga guatemalteca que após estudos no Reino Unido, retornou à Guatemala para realizar trabalho de campo nas comunidades rurais impactadas pela guerra civil. Crítica do governo e defensora dos direitos humanos, chegou a fundar a Associação para o Avanço das Ciências Sociais na Guatemala, existente até hoje. Em 1990, Myrna Mack Chang foi assassinada, por esfaqueamento, por um esquadrão da morte das forças armadas da Guatemala. Em 2004, a Corte Interamericana de Direitos Humanos condenou a Guatemala a investigar e responsabilizar os culpados; a pagar indenizações as vítimas – mas também a dar o nome da vítima à uma bolsa de estudos e a instruir as forças armadas acerca dos direitos humanos.

Em 1981, Emma Guadalupe foi detida ilegalmente por um braço das forças armadas da Guatemala que a torturou e estuprou. Não obstante, ela conseguiu fugir por uma janela. No dia seguinte, os policiais arrombaram a casa de seus pais e, apesar da resistência de sua mãe, sequestraram seu irmão menor, Marco Antonio Molina Theissen, de quatorze anos de idade, que nunca mais foi visto. A luta da família durou vinte três anos até a condenação da Corte Interamericana de Direitos Humanos a Guatemala localizar e entregar à família os restos mortais da vítima; pagar indenização; realizar ato público de reconhecimento de sua responsabilidade internacional; criar procedimento em caso de ausência e presunção de morte por desaparecimento forçado e sistema de informação genética; bem como designar um centro educacional existente, na cidade de Guatemala, com nome que aluda às crianças desaparecidas durante o conflito armado interno.

Em 1991, os irmãos Rafael Samuel, de dezessete anos e Emilio Moisés Gómez Paquiyauri, de quatorze anos, foram sequestrados, torturados e assassinados por agentes da polícia nacional peruana. Em 08.07.2004, a Corte Interamericana de Direitos Humanos condenou o Peru, entre outras prestações a dar os nomes das vítimas a um centro educacional, além de dar uma bolsa de estudo até nível universitário à filha de uma das vítimas e facilitar seu reconhecimento como tal.

O Judiciário é um espaço privilegiado, que guarda o cuidado com o tempo, o ouvir, e o compartilhar narrativas, em um mundo em que tudo isso está em declínio. Por isso, é de suma importância a simples existência dos processos judiciais das vítimas e familiares de vítimas dos anos de chumbo, pois deles emergiram narrativas antes caladas pelo regime militar. A partir deles também, surgiram possibilidade de prestação de tutela declaratória, que contribuem para o compartilhamento e publicidade dessas narrativas, além de tutelas condenatórias, que por força da gravidade das violações sofridas, nunca poderão ser suficientes.

Contudo, em análise da evolução das sentenças da Corte Interamericana de Direitos Humanos, nota-se algo realmente interessante. Em determinado ponto (o caso *Aloeboetoe e outros x Suriname*, em 1993), a Corte passa a prestar tutelas diversas do trinômio declaração/ informação/ indenização. Atenta às peculiaridades de cada caso concreto, ela passa a condenar os Estados a prestações muito simbólicas não apenas para as vítimas diretas, que são partes dos processos, mas que serão experimentadas por toda comunidade.

Em casos de massacres em pequenas comunidades são criados postos médicos, escolas, e fundações para gerir recursos e fazer melhorias nas comunidades das vítimas e de seus familiares. Há condenações em criar espaços educacionais também formação dos membros de forças policiais em direitos humanos. Estudantes sequestrados, torturados e mortos por regimes de seus Estados tiveram sua memória honrada em centros educacionais e bolsas de estudo em seu país. Atos públicos e memoriais também foram construídos.

Todos esses casos são exemplos propositivos que revelam *outras* formas por meio das quais as tutelas jurisdicionais podem ajudar a compartilhar narrativas tão importantes e construir experiências coletivas sobre memória e democracia. Nesses casos, as tutelas fizeram com que as prestações a que foram condenados os Estados façam parte da vida e da experiência das comunidades. A tutela estendeu-se à construção de uma experiência coletiva de valores democráticos e na manutenção da memória das narrativas das experiências individuais de cada uma dessas vítimas.

1. Referências Bibliográficas

BENJAMIN, Walter. Der Erzähler. *In: Gesammelte Schriften II*, 2, Frankfurt am Main: Suhrkamp, 1977.

BENJAMIN, Walter. O narrador. *In: Magia e técnica, arte e política:* ensaios sobre literatura e história da cultura. Tradução: Sérgio Paulo Rouanet. Prefácio: Jeanne Marie Gagnebin. 8. ed., revista, São Paulo: Brasiliense, 2012.

A NATUREZA JURÍDICA DA FIFA E SUA INFLUÊNCIA INTERNACIONAL

Henrique Araújo Torreira de Mattos(*)
Frédéric Walthère Joachim Pili(**)

1. Contexto social: a existência de uma elite composta de técnico-políticos e de guerras palacianas

Pierre Bourdieu em um estudo famoso desenvolveu a teoria de que a globalização seria o fruto da atuação daqueles que chamou de técnico-políticos, formados pelas maiores faculdades globais e nutridos dos mesmos valores. Ao contrário de seus predecessores formados em Direito (e chamados por esta razão de político-bacharéis, promotores do desenvolvimento nacional), esta nova elite global se forma em economia e traz para seu país de origem ao ocupar cargos relevantes nas grandes empresas ou na alta administração pública o ideário que adquiriu fora. Também, esta influência tende a produzir desequilíbrios dentro das principais disciplinas estudadas nas faculdades. Por exemplo, provoca uma valorização excessiva do Direito Empresarial dentro da área jurídica. Esse desequilíbrio alimenta as guerras palacianas ou seja as lutas de influência dentro do aparelho estatal. Estas guerras palacianas representam uma ferramenta para instituições norte-americanas, entre outras, para implementar reformas jurídicas ou econômicas inspiradas pelo modelo norte-americano.[1]

A influência da FIFA no mundo pode ser vista como uma expressão de um movimento parecido. Grandes esportistas durante sua carreira estão submetidos às diretrizes da associação, para depois voltar ao seu país de origem, ocupar ali cargos importantes dentro da associação local e nacional e assim reproduzir as premissas da FIFA.

Assim, as regras de futebol representariam uma forma perfeita de Direito hegemônico, dispensando a atuação de um Estado por ser amplamente reconhecido pela sociedade global. Um dos blocos históricos, ou seja o conjunto de forças materiais e ideológicas, é a transnacionalização. Neste contexto, os litígios são resolvidos por meio de procedimentos fixados em nível global, sem mais passar por uma ordem jurídica nacional.[2]

2. O contexto Brasileiro

Em 2014 o Brasil sediou a Copa do Mundo FIFA[3] de futebol, evento este de magnitude global, pois envolve várias federações de futebol a ela associadas situadas

---

(*) Advogado formado pela PUC/SP em 1998. Mestre em Direito das Relações Econômicas Internacionais pela Pontifícia Universidade Católica de São Paulo (2009), Pós graduado em Direto Empresarial pela Pontifícia Universidade Católica de São Paulo (2001) e em Direito Internacional Público e Privado pela Hague Academy of International Law em Haia/Holanda (2004). Assistente de Coordenação e Professor no curso de pós-graduação *latu sensu* em Direito Internacional da Pontifícia Universidade Católica de Sao Paulo (COGEAE) desde 2007, Professor assistente no curso de graduação em Direito Internacional na Pontifícia Universidade Católica de São Paulo desde 1999 e Colaborador da ODIPP (Oficina de Direito Internacional Público e Privado). Professor de Direito Empresarial na ESEG (Escola Superior de Engenharia e Gestão) desde 2013.

(*) Estudou na Universidade de Liège história e relações internacionais. Ele se formou em Direito pela Pontifícia Universidade Católica de São Paulo. Atua como advogado na área de planos de saúde.

(1) Y. DEZALAY, B. GARTH, A dolarização do conhecimento técnico-profissional e do Estado, in Revista brasileira de ciências sociais, vol. 15, n. 43, junho de 2000, p. 164-165, 168.

(2) S. BUCKEL, A. FISCHER-LESCANO, Reconsiderando Gramsci: hegemonia no direito global, in *Revista direito GV*, vol. 5, n. 2, julho-dezembro de 2009. p. 482-483.

(3) (Fédération internationale de football association), associação regida pelo registro comercial Suíço, especialmente fundado no art. 1.1 do estatuto da FIFA e no art. 60 do Código civil suíço. A FIFA, ao contrário do que poderia se pensar, não é a única em estabelecer as regras do jogo, as Confederações britânicas também têm voz com base no art. 6.2 do estatuto da FIFA.

em diversos países, os quais se submetem às suas regras com a intenção de receber tal evento, visto que tanto as federações quanto os Estados se beneficiam com vultosos investimentos trazidos pela promoção do *marketing* esportivo relacionado.

Segundo especialistas[4], a Copa do Mundo do Brasil de futebol movimentou o equivalente a US$ 35.000.000.000,00 (trinta e cinco bilhões dólares norte-americanos) na economia do país, seja relacionado a investimentos diretos em marketing promocional (marcas esportivas, pagamento de concessões de transmissões televisivas e propaganda em geral), como investimentos indiretos relacionados à infraestrutura necessária para a sua realização (construção de estádios, hotelaria, transportes, dentre outros). Vale ressaltar também que, pela primeira vez na história das Copas, houve isenção total de impostos, apesar do fato de que a FIFA teve lucros altíssimos.

De qualquer forma, para o país sede da Copa, a ideia de que vai lucrar constitui um enorme engano, pois no caso da África do Sul por exemplo, que também foi muito lucrativa, o PIB do país teve um acréscimo de apenas 1 % naquele ano. No caso brasileiro, a Copa provocou uma retratação do PIB, diante da chantagem exercida pela FIFA para obter a isenção fiscal sua e de seus parceiros comerciais. Apenas, as empresas nacionais pagaram imposto com base no art. 7º, § 2º, da Lei n. 12.350.[5]

Segundo balanço financeiro publicado pela FIFA em 2015[6], a FIFA faturou de 2011 a 2014 o equivalente a US$ 5,7 bilhões, correspondendo a um montante 37% superior ao valor faturado na edição anterior da Copa do Mundo realizada na África do Sul. Deste total o montante de US$ 2,48 bilhões corresponderam à venda dos direitos de transmissão, o montante de US$ 1,6 bilhão corresponderam a receita obtida com marketing e o restante com a venda de ingressos, hospitalidades (camarotes) dentre outros.

Em todo este contexto de bonança financeira, apesar do que houve no Brasil, o país que sedia a Copa do Mundo também pode se beneficiar com a entrada de capital, investimentos com infraestrutura necessária para a sua realização (construção de estádios, hotelaria, transportes, dentre outro). Como consequência, diante dos montantes envolvidos, os Estados têm interesse em sediar os jogos da Copa do Mundo, vez que a promessa de grandes investimentos, inclusive investimentos internacionais, podem ser atraídos para o mercado nacional, bem como a manutenção de um legado para país em infraestrutura, turismo e capacitação de mão de obra relacionada. No caso brasileiro, existia a convicção de que o país iria se aproveitar da visibilidade adquirida no plano internacional.[7]

Nota-se enfim, que este cenário acaba por fortalecer e empoderar tal associação de forças ou influência internacional capaz ingerir na política e na economia de um Estado, podendo inclusive influenciar modificações legislativas[8], vez que para o evento o Governo Federal publicou a Lei Geral da Copa que outorga à FIFA o direito de estabelecer regras específicas relacionadas ao referido evento, com validade no território brasileiro, podendo inclusive requerer indenizações àqueles que as descumprirem:

> "Art. 16. Observadas as disposições da Lei n. 10.406, de 10 de janeiro de 2002 (Código Civil), <u>é obrigado a indenizar os danos, os lucros cessantes e qualquer proveito obtido aquele que praticar, sem autorização da FIFA ou de pessoa por ela indicada, entre outras, as seguintes condutas</u>:
>
> I – *atividades de publicidade, inclusive oferta de provas de comida ou bebida, distribuição de produtos de marca, panfletos ou outros materiais promocionais ou ainda atividades similares de cunho publicitário nos Locais Oficiais de Competição, em suas principais vias de acesso, nas áreas a que se refere o art. 11 ou em lugares que sejam claramente visíveis a partir daqueles;*
>
> II – *publicidade ostensiva em veículos automotores, estacionados ou circulando pelos Locais Oficiais de Competição, em suas principais vias de acesso, nas áreas a que se refere o art. 11 ou em lugares que sejam claramente visíveis a partir daqueles;*
>
> III – *publicidade aérea ou náutica, inclusive por meio do uso de balões, aeronaves ou embarcações, nos Locais Oficiais de Competição, em suas principais vias de acesso, nas áreas a que se refere o art. 11 ou em lugares que sejam claramente visíveis a partir daqueles;*

---

(4) J. L. SILVA BASTOS DE MENEZES, *Os impactos no sistema tributário brasileiro com a Copa do Mundo FIFA 2014 e a perspectivas para os jogos olímpicos de 2016 no Brasil* in Âmbito jurídico, vol. XIX, n. 146, março de 2016.

(5) J. L. SILVA BASTOS DE MENEZES, *Os impactos no sistema tributário brasileiro com a Copa do Mundo FIFA 2014 e a perspectivas para os jogos olímpicos de 2016 no Brasil* in Âmbito jurídico, vol. XIX, n. 146, março de 2016.

(6) <http://www.fifa.com/governance/finances/index.html>.

(7) J. L. SILVA BASTOS DE MENEZES. *Os impactos no sistema tributário brasileiro com a Copa do Mundo FIFA 2014 e a perspectivas para os jogos olímpicos de 2016 no Brasil* in Âmbito jurídico, vol. XIX, n. 146, março de 2016.

(8) Lei n. 12.663 de 05.06.2012 que Dispõe sobre as medidas relativas à Copa das Confederações FIFA 2013, à Copa do Mundo FIFA 2014 e à Jornada Mundial da Juventude – 2013, que serão realizadas no Brasil; altera as Leis ns. 6.815, de 19 de agosto de 1980, e 10.671, de 15 de maio de 2003; e estabelece concessão de prêmio e de auxílio especial mensal aos jogadores das seleções campeãs do mundo em 1958, 1962 e 1970.

IV – *exibição pública das Partidas por qualquer meio de comunicação em local público ou privado de acesso público, associada à promoção comercial de produto, marca ou serviço ou em que seja cobrado Ingresso;*

V – *venda, oferecimento, transporte, ocultação, exposição à venda, negociação, desvio ou transferência de Ingressos, convites ou qualquer outro tipo de autorização ou credencial para os Eventos de forma onerosa, com a intenção de obter vantagens para si ou para outrem; e*

VI – *uso de ingressos, convites ou qualquer outro tipo de autorização ou credencial para os Eventos para fins de publicidade, venda ou promoção, como benefício, brinde, prêmio de concursos, competições ou promoções, como parte de pacote de viagem ou hospedagem, ou a sua disponibilização ou o seu anúncio para esses propósitos.*

§ 1º *O valor da indenização prevista neste artigo será calculado de maneira a englobar quaisquer danos sofridos pela parte prejudicada, incluindo os lucros cessantes e qualquer proveito obtido pelo autor da infração.*

§ 2º *Serão solidariamente responsáveis pela reparação dos danos referidos no caput todos aqueles que realizarem, organizarem, autorizarem, aprovarem ou patrocinarem a exibição pública a que se refere o inciso IV.*

Art. 17. <u>Caso não seja possível estabelecer o valor dos danos, lucros cessantes ou vantagem ilegalmente obtida, a indenização decorrente dos atos ilícitos previstos no art. 16 corresponderá ao valor que o autor da infração teria pago ao titular do direito violado para que lhe fosse permitido explorá-lo regularmente, tomando-se por base os parâmetros contratuais geralmente usados pelo titular do direito violado.</u>

Art. 18. *Os produtos apreendidos por violação ao disposto nesta Lei serão destruídos ou doados a entidades e organizações de assistência social, respeitado o devido processo legal e ouvida a FIFA, após a descaracterização dos produtos pela remoção dos Símbolos Oficiais, quando possível.*" (grifos nossos)

Portanto, a Lei n. 12.663 de 2012 protegeu as marcas ou os produtos relacionados à FIFA, o acesso às imediações dos estádios é objeto de regulamentação, especialmente para limitar o comércio de rua, também garante a exclusividade da reprodução ou captação dos sons ou das imagens e a atribuição do direito de divulgar propaganda na área ao redor dos locais oficiais da competição. Outra lei importante, a Lei n. 12.462 de 2011, descreve o procedimento para a contratação das obras de infraestrutura. O art. 6º, *caput*, foi objeto de intensas discussões, por não permitir a divulgação ao público do procedimento da licitação.

No caso da lei citada acima, podemos entender que de certa forma a referida norma já arbitra uma possível indenização, fazendo com que algumas indagações quanto ao direito do contraditório, que pretendemos abordar no capítulo seguinte.

Diante deste quadro, verificamos que a influência da FIFA sobre negócios internacionais e até mesmo sobre os governos dos países é notória, visto ser capaz de movimentar o executivo e o legislativo para por meio de lei nacional, defender seus interesses e investimentos para a realização do evento. Desta forma, propomos analisar a natureza jurídica da FIFA, bem como eventuais mecanismos jurídicos existentes para poder melhor compreender como tal associação que em princípio seria uma associação privada possui tanto poder no âmbito internacional, a ponto de alterar as políticas internas estatais.

3. Das Associações desportivas no Brasil e a FIFA

A Constituição Federal do Brasil em seu art. 217 discorre sobre os princípios que regem a atividade desportiva no Brasil, trazendo a premissa da *"autonomia das entidades desportivas, dirigentes e associações, quanto a sua organização e funcionamento"*, bem como sobre a destinação dos recursos públicos.[9]

A Lei Pelé (Lei n. 9.615/1998) ao tratar do mesmo princípio, informa em seu art. 16 o que segue:

> *"Art. 16. As entidades de prática desportiva e as entidades nacionais de administração do desporto, bem como as ligas de que trata o art. 20, são pessoas jurídicas de direito privado, com organização e funcionamento autônomo, e terão as competências definidas em seus estatutos."*

Portanto, verificamos que a legislação brasileira permite a existência de entidades desportivas com o objetivo de administrar o desporto no Brasil mediante delegação, deixando clara a sua natureza privada, e como consequência conforme estabelecido em seus respectivos estatutos sociais, acabam por representar o país, por meio das atividades que administram frente

---

(9) "Art. 217. É dever do Estado fomentar práticas desportivas formais e não formais, como direito de cada um, observados: I – a autonomia das entidades desportivas dirigentes e associações, quanto a sua organização e funcionamento; II – a destinação de recursos públicos para a promoção prioritária do desporto educacional e, em casos específicos, para a do desporto de alto rendimento; III – o tratamento diferenciado para o desporto profissional e o não-profissional; IV – a proteção e o incentivo às manifestações desportivas de criação nacional. § 1º O Poder Judiciário só admitirá ações relativas à disciplina e às competições desportivas após esgotarem-se as instâncias da justiça desportiva, regulada em lei. § 2º A justiça desportiva terá o prazo máximo de sessenta dias, contados da instauração do processo, para proferir decisão final. § 3º O Poder Público incentivará o lazer, como forma de promoção social."

às entidades internacionais. Percebe-se que conforme previsto na legislação, tais entidades nacionais, visando atingir seus objetivos em favor do esporte, tem direito a recursos públicos, ainda que sejam privadas e ressaltamos (conforme citado na lei), possuem sua autonomia para exercer suas atividades de acordo com seu estatuto e da melhor maneira que licitamente convier. Neste contexto, podemos tomar a CBF (Confederação Brasileira de Futebol) como exemplo ao comentar sobre futebol.

Do ponto de vista internacional a estrutura jurídica da FIFA, por exemplo, segue a mesma premissa, vez que é uma associação de direito privado, possui sua sede na Suíça e seu funcionamento está vinculado com as regras de seu estatuto social que por sua vez é regido pelas leis daquele país.

O art. 2º do estatuto social da FIFA estabelece seu propósito conforme segue:[10]

"The objectives of FIFA are:

a) to improve the game of football constantly and promote it globally in the light of its unifying, educational, cultural and humanitarian values, particularly through youth and development programmes;

b) <u>to organise its own international competitions;</u>

c) <u>to draw up regulations and provisions and ensure their enforcement;</u>

d) <u>to control every type of Association Football by taking appropriate steps to prevent infringements of the Statutes, regulations or decisions of FIFA or of the Laws of the Game;</u>

e) to promote integrity, ethics and fair play with a view to preventing all methods or practices, such as corruption, doping or match manipulation, which might jeopardise the integrity of matches, competitions, Players, Officials and Members or give rise to abuse of Association Football."(grifos nossos)

Portanto, a FIFA congrega um ente nacional em cada país, sendo que no caso do Brasil a CBF anteriormente descrita passa ser a confederação nacional que a representa no futebol dentro do território nacional, que por sua vez também é uma associação de direito privado, sem fins lucrativos, nos termos de seu estatuto social abaixo transcrito:

"Art. 1º – A CONFEDERAÇÃO BRASILEIRA DE FUTEBOL, designada pela sigla CBF, filiada à Fédération Internationale de Football Association, designada pela sigla FIFA, à Confederación Sudamericana de Futbol – CONMEBOL e ao Comitê Olímpico Brasileiro, designado pela sigla COB, é uma associação de direito privado, de caráter desportivo, dirigente do futebol brasileiro.

§ 1º A CBF, amparada no inciso I do art. 217 da Constituição Federal e nos termos da legislação desportiva federal, goza de peculiar autonomia quanto à sua organização e funcionamento, não estando sujeita a ingerência ou Confederação Brasileira de Futebol interferência estatal, a teor do disposto nos incisos XVII e XVIII do art.5º da Constituição Federal.

§ 2º Todos os membros, órgãos e integrantes da CBF, assim como clubes, atletas, árbitros, treinadores, médicos e outros dirigentes pertencentes a clubes ou ligas das federações filiadas devem observar e fazer cumprir no Brasil os Estatutos, regulamentos, diretrizes, decisões e o Código de Ética da Fédération Internationale de Football Association – FIFA e da Confederación Sudamericana de Futbol – CONMEBOL.

§ 3º A CBF será representada ativa e passivamente, judicial e extrajudicialmente, pelo seu Presidente ou seu substituto legal.

§ 4º A CBF, compreendendo todos os seus poderes, órgãos e dirigentes, não exerce qualquer função delegada do Poder Público nem se caracteriza como entidade ou autoridade pública.

§ 5º A CBF reconhece que a prática formal do futebol é regulada por normas nacionais e internacionais e pelas regras de jogo aprovadas por "The International Football Association Board – IFAB", que lhe incumbe fazer observar no Brasil.

§ 6º As federações, clubes e ligas filiadas, vinculadas e subordinadas, direta ou indiretamente, à CBF e por esta reconhecidos, obrigam-se a manter sua independência de qualquer entidade externa, seja qual for a sua forma jurídica, e, nenhuma pessoa física ou jurídica (sociedades e suas filiais) pode controlar mais de um clube ou agrupação se isto atentar contra a integridade de qualquer partida ou competição.

§ 7º A CBF não terá atividades político-partidárias nem religiosas, sendo terminantemente proibida a discriminação de qualquer tipo contra um país, um indivíduo ou um grupo de pessoas por preconceito de origem étnica, cor, idioma, religião, ou de qualquer tipo de comportamento discriminatório e/ou que afronte a dignidade humana, e, se ocorrer, será punida com penalidades de suspensão, multa, perda de pontos, proibição de acesso ao estádio ou de exclusão, aplicáveis a jogadores, dirigentes e espectadores."

Apesar das candidaturas do Brasil para sediar a Copa do Mundo FIFA terem contado com a aprovação

---

(10) <http://resources.fifa.com/mm/document/affederation/generic/02/41/81/55/fifastatuten2014_e_neutral.pdf>.

do Estado e ter se transformado em um evento de Estado para o Brasil, visando a sua promoção internacional, a organização do evento é realizado pela FIFA e conta com a CBF como seu braço brasileiro para ajudar na organização e criar o cenário apropriado para que se desenvolva. Aliás, importante destacar conforme se verifica dos estatutos sociais tanto da FIFA quanto da CBF que a FIFA possui o poder de controle das associações de futebol dos países e como se não bastasse, no caso do Brasil, a Constituição Federal, bem como a legislação infraconstitucional dá autonomia a tais associações como visto acima.

Importante ressaltar que para a execução do evento, grandes investimentos são necessários, fazendo com que a participação do Estado seja imprescindível para ajudar no financiamento de obras ou gastos diretos e indiretos com a preparação. Contudo, por não ser evento estatal, mas sim da FIFA por meio da CBF, avaliaremos neste trabalho até que ponto uma associação suíça poderia ter autonomia dentro do território brasileiro, sem que exista um tratado internacional entre Brasil e Suíça, que permita tal autonomia ou forma de atuação. Neste sentido, lançamos a pergunta no sentido de melhor compreender se o art. 217 da Constituição Federal Brasileira propõe uma autonomia absoluta.

4. A influência da FIFA em relação aos mecanismos de solução de controvérsias e a Legislação Brasileira

Dando continuidade ao nosso estudo no sentido de analisar os motivos pelos quais a FIFA tem e teve ingerência no Direito Brasileiro, bem como as justificativas para tanto, analisaremos agora um aspecto importante que está relacionado ao fortalecimento de tal premissa.

No campo do Direito, de modo geral a validade de uma regra ou norma está ligada à sua capacidade de se fazer valer, seja naturalmente ou por imposição estatal/judiciária ou mediante consenso entre as partes. Neste contexto, destacamos que o Direito Desportivo vem ganhando atenção nos últimos anos, principalmente, por envolver negócios jurídicos que representam grandes cifras.

Conforme vimos acima, em função do disposto no art. 217 da Constituição Federal, criou-se uma autonomia na atuação das associações desportivas que de certa forma, permitiu a aplicação de legislação estrangeira privada no território Brasileiro. Chama a atenção nesta esfera do Direito, o conflito entre normas constitucionais e regras estrangeiras, colocando em discussão a soberania do Estado.

Sendo assim, no âmbito dos mecanismos de solução de controvérsias, passa-se a analisar disposição contida no Estatuto da FIFA que proíbe o ingresso de seus filiados perante o Poder Judiciário dos Estados em que se situam, para a discutir matérias relacionadas às práticas esportivas, frente ao disposto no art. 5º, inciso XXXV da Constituição Federal do Brasil, tendo em vista ter sido escolhida a arbitragem como método para solução de conflitos. Para tanto, citamos abaixo as referências normativas para análise:

a) Art. 66 do estatuto da FIFA:

"Court of Arbitration for Sport (CAS)

1. *FIFA recognises the independent Court of Arbitration for Sport (CAS) with headquarters in Lausanne (Switzerland) to resolve disputes between FIFA, Members, Confederations, Leagues, Clubs, Players, Officials and licensed match agents and players' agents.*

2. *The provisions of the CAS Code of Sports-related Arbitration shall apply to the proceedings. CAS shall primarily apply the various regulations of FIFA and, additionally, Swiss law."*

b) Art. 5º, inciso XXXV da Constituição Federal do Brasil:

"Art. 5º Todos são iguais perante a lei, sem distinção de qualquer natureza, garantindo-se aos brasileiros e aos estrangeiros residentes no País a inviolabilidade do direito à vida, à liberdade, à igualdade, à segurança e à propriedade, nos termos seguintes:.... XXXV – a lei não excluirá da apreciação do Poder Judiciário lesão ou ameaça a direito;"

Como é possível perceber da análise dos textos legais acima, ao verificarmos que a CBF, apesar de ser uma associação brasileira privada, é credenciada da FIFA. Neste sentido, podemos chegar à conclusão de que em função de sua filiação às regras da FIFA, a análise conjunta ao art. 217 da Constituição Federal do Brasil, indiretamente coloca a FIFA como o órgão máximo do futebol mundial, e consequentemente recepciona não apenas as regras internas da FIFA, mas também as Leis Suíças.

Ou seja, podemos entender que qualquer outra pessoa jurídica credenciada filiada na FIFA, possui direitos e deveres que estão previstos na legislação Suíça, inclusive em relação à forma de solução de controvérsias, já que o estatuto da FIFA estabelece a arbitragem como o mecanismo apropriado. Tal dispositivo, transforma a FIFA de uma mera associação suíça em uma entidade transnacional com mecanismos próprios de dissolução de controvérsias e determinação da lei aplicável.

Apesar do disposto no art. 5º XXXV da CF, no sentido de não afastar o judiciário brasileiro em relação à análise de quaisquer controvérsias envolvendo brasileiros dentro do território nacional, não podemos esquecer que o próprio Direito Brasileiro consagrou a arbitragem em seu ordenamento jurídico por meio da Lei n. 9.307/1996, ficando pacificado no judiciário a arbitragem como forma alternativa e facultativa de solução de controvérsias que por conseguinte, afasta a atuação do judiciário para conhecer de temas, cujas partes a tenham escolhido como mecanismo de dissolução litígios.[11]

Nesta linha, o professor Carlos Alberto Carmona destaca que a arbitragem é um *"Meio alternativo de solução de controvérsias através da intervenção de uma ou mais pessoas que recebem seus poderes de uma convenção privada, decidindo com base nela, sem intervenção estatal, sendo a decisão destinada a assumir a mesma eficácia da sentença judicial".*[12]

Portanto, fica visível e até justificável juridicamente a influência que a FIFA exerce sobre seus associados e por que não dizer, a influência que pode exercer sobre políticas públicas de diversos Estados. Do ponto de vista prático, a influência internacional da FIFA também pode ser percebida ao compararmos o número de filiados que a entidade possui atualmente (208 filiados), versus o número de Estados membros na ONU (atualmente – 192 membros).

Ainda, a aplicação internacional das normas da FIFA de maneira transacional acaba sendo um reflexo de sua formação, pois é feita por meio de suas entidades nacionais de administração do esporte filiadas. Note que tal aplicação, não se restringe apenas nos casos de instalações de processos arbitrais, mas também podem refletir na rotina diária das atividades e negócios realizados por seus filiados, sejam eles clubes de futebol, atletas, árbitros e demais pessoas ou entidades envolvidas neste esporte.

Destacamos abaixo o entendimento de Marcílio César Ramos Krieger:

"Referentemente ao futebol, temos que a propriedade das regras do jogo é da International Board, que delegou à Fifa a sua difusão e preservação para todo o mundo. A Fifa, por sua vez, reconhece em cada país apenas uma entidade nacional, condicionando esta filiação à rigorosa observância de suas normas e regras. No Brasil, esta entidade é a CBF, que aceita a filiação de federações estaduais e clubes, desde que aceitem cumprir e fazer cumprir aquelas normas e regras e, também, as da própria CBF. Quem não aceitar tal imposição, ou deixar de as cumprir, sofre o risco de ser desligado do sistema federado do futebol."[13]

O entendimento acima fica mais visível ao analisar o art. 68 do estatuto da FIFA conforme abaixo citado:

"Art. 68. Obligation.

1. *The Confederations, Members and Leagues shall agree to recognise CAS as an independent judicial authority and to ensure that their members, affiliated Players and Officials comply with the decisions passed by CAS. The same obligation shall apply to licensed match and players' agents.*

2. *Recourse to ordinary courts of law is prohibited unless specifically provided for in the FIFA regulations. Recourse to ordinary courts of law for all types of provisional measures is also prohibited.*

3. *The Associations shall insert a clause in their statutes or regulations, stipulating that it is prohibited to take disputes in the Association or disputes affecting Leagues, members of Leagues, Clubs, members of Clubs, Players, Officials and other Association Officials to ordinary courts of law, unless the FIFA regulations or binding legal provisions specifically provide for or stipulate recourse to ordinary courts of law. Instead of recourse to ordinary courts of law, provision shall be made for arbitration. Such disputes shall be taken to an independent and duly constituted arbitration tribunal recognised under the rules of the Association or Confederation or to CAS. The Associations shall also ensure that this stipulation is implemented in the Association, if necessary by imposing a binding obligation on its members. The Associations shall impose sanctions on any party that fails to respect this obligation and ensure that any appeal against such sanctions shall likewise be strictly submitted to arbitration, and not to ordinary courts of law."*

Diante disso, é importante colocar que ao analisarmos a questão FIFA, que tal análise não leve apenas em consideração a perspectiva do Direito Interno Brasileiro (Constituição Federal, Lei Pelé, dentre outras que possam surgir), mas sim regras internas da FIFA que em tese sequer possuem uma natureza estatal, já que emanam do próprio órgão, balizados por diretivas da legislação Suíça.

---

(11) Apesar da lei ter sido questionada no ano de 2000 por meio de questionamento incidental da constitucionalidade da Lei de Arbitragem, houve decisão do STF (7 votos a 4), pela constitucionalidade da Lei de Arbitragem (Dez/2001). Importante ainda destacar que a Lei de Arbitragem em seu art. 35 dispõe que "Para ser reconhecida ou executada no Brasil, a sentença arbitral estrangeira está sujeita, unicamente, à homologação do Superior Tribunal de Justiça".
(12) CARMONA, Carlos Alberto. Arbitragem e Processo. 3. ed. São Paulo: Atlas, 2009.
(13) KRIEGER, Marcílio César Ramos. A FIFA e o Direito Desportivo Brasileiro. Revista Brasileira de Direito Desportivo, São Paulo, v. 08, p. 52, Segundo Semestre, 2005.

O raciocínio acima ganha forma e deixa de ser apenas uma questão consensual, se pensarmos apenas na esfera arbitral, ao analisarmos o entendimento da Lei n. 9615/1998 que institui normas gerais sobre desporto e dá outras providências, quando determina que *"A prática desportiva formal é regulada por normas nacionais e internacionais e pelas regras de prática desportiva de cada modalidade, aceitas pelas respectivas entidades nacionais de administração do desporto"*, conforme determinado em seu art. 1º, § 1º. Fica portanto, claro que o Direito Brasileira recepciona o Direito, que neste caso não seria apenas o Direito Estatal Suíço, como também recepciona regras internas de uma associação estrangeira, sendo portanto, regra institucional da FIFA, uma espécie de *lex mercatória*, advinda dos usos e costumes relacionados ao esporte.

Após esta análise ainda resta saber de que forma deve ser analisada esta questão levando em conta a premissa de ordem pública prevista no Direito Brasileiro, mais detidamente em relação à Lei de Introdução às Normas do Direito Brasileiro.[14]

Neste caso é evidente a existência de uma antinomia, vez que Constituição Federal do Brasil, como vimos, permite o ingresso ao Poder Judiciário para a análise de qualquer questão que apresente grave lesão ou ameaça de direito, apensar das normas da FIFA restringirem tal acesso.

Lembramos então ensinamento de Luis Roberto Barroso quanto ao conflito entre norma estrangeira e a Constituição Brasileira: *"Para neutralizar certos contrastes mais contundentes, praticamente todos os Estados estabelecem uma grande categoria de limitação à aplicação do direito estrangeiro. Essa restrição se consubstancia um instituto amplo, fluido e de difícil apreensão conceitual que é a ordem pública."*[15]

Apesar da ressalva tratada acima, a ordem pública pode afastar a aplicação de regras da FIFA ou até mesmo que o assunto seja endereçado para discussão ao Poder Judiciário Estatal ao invés do Juízo Arbitral. Apesar disso, a cerca que divide tais premissas e entendimentos não são tão claras, a começar pela definição do conceito de rodem pública, cuja analise já foi feita pela Suprema Corte Brasileira, que ainda não respalda juridicamente um entendimento objetivo.

Percebe-se pois, que apesar de inicialmente aparentar uma discussão de Direito Privado por envolver negócios relacionados a duas associações privadas nacionais e internacionais, bem com outros entes privados envolvidos, o raciocínio evolui para o Direito Público e enfim, nos deparamos agora com um tema delicado a ser tratado que consiste na soberania do Estado. Nesta linha, Álvaro Melo Filho nos ensina que:

> "... perde sentido o debate se a soberania formal vai desaparecer, ou não. O que importa é soberania real, posta em questão na medida em que os Estados deixam de ser ativos e passam a ser reativos. Ou seja, não são os Estados que dizem, por exemplo, aos órgãos desportivos internacionais o que devem fazer, são estes que dizem aquilo que os países filiados têm obrigação de fazer, sob pena de desfiliação.... Vale dizer, a autonomia desportiva dos órgãos diretivos internacionais ignora fronteiras, pois suas regras e estrutura são universais, o que determinou a *mondialization du sport.*"

Em resumo, cumpre ressaltar que em tese o acesso ao Judiciário Estatal poderia ocorrer, mas fica a pergunta sobre a sua efetividade em relação a tal decisão considerando a aplicabilidade internacional entre os filiados da FIFA.

5. Conclusões

Diante do exposto acima, parece pacífico o entendimento de que a FIFA possui um poder internacional grande e nos atrevemos até a colocá-la como um sujeito de Direito Internacional Público *sui generis*, acomodando-a em torno de uma ONGat (organizações não Governamentais Transnacionais)[16] e uma empresa Transnacional, vez que (i) apesar de ser uma associação que com base no sistema jurídico brasileiro não teria fins lucrativos, de fato visa o lucro, motivo pelo qual seria entendido como um modelo societário híbrido para os padrões brasileiros, (ii) como vimos, promove a circulação de capital ao redor do mundo, (iii) possui uma influência política grande em diversos países, especialmente países que possuem federações do esporte afiliado, vez que suas regras internas acabam sendo adotadas internamente em cada um dos países, mas também pelo fato de exerce uma influência legislativa grande, haja vista a Lei Geral da Copa e isenções fiscais promulgadas pelo Estado Brasileiro na ocasião da Copa do Munda da FIFA realizada em 2014, que como vimos não teve como objetivo máximo considerar os

---

(14) Art. 17. As leis, atos e sentenças de outro país, bem como quaisquer declarações de vontade, não terão eficácia no Brasil, quando ofenderem a soberania nacional, a ordem pública e os bons costumes.

(15) BARROSO, Luis Roberto. *Interpretação e Aplicação da Constituição – Fundamentos de uma dogmática constitucional transformada*. 6. ed. São Paulo: Saraiva, 2004. p. 45.

(16) Conceito trazido pelo jurista Ricardo Seitenfus

interesses do Estado Brasileiro, mas sim conceder favores a federações esportivas nacionais e internacionais e por último (iv) não podemos nos esquecer também do fato de que possui e obriga a utilização de seu mecanismo arbitral específico de solução de controvérsias em relação a demandas surgidas entre filiados, entidades, profissionais ou entes relacionados ao esporte.

Portanto, convalidando o entendimento acima, lançamos ainda um desafio no sentido de pensarmos em função dos pontos levantados neste trabalho, se a FIFA também poderia ser considerada um Sujeito de Direito Internacional Público pelo fato de também influência na formação de fontes do Direito Internacional desportivo, seja por via de uma espécie de *lex mercatória* do esporte, usos e costumes, bem como suas normas internas que regem o esporte e direcionam ao redor do mundo a conduta de pessoas físicas e jurídicas, sendo que no caso destas últimas, públicas e privadas.

6. Referências Bibliográficas

KRIEGER, Marcílio César Ramos. A FIFA e o Direito Desportivo Brasileiro. *Revista Brasileira de Direito Desportivo*. São Paulo, v. 08, p. 52, Segundo Semestre, 2005.

DINIZ, Maria Helena. *Conflito de Normas*: De acordo com o Novo Código Civil (Lei n. 10.462/2002). 5. ed. São Paulo: Saraiva, 2003.

BARROSO, Luis Roberto, *Interpretação e Aplicação da Constituição* – Fundamentos de uma dogmática constitucional transformada. 6. ed. São Paulo: Saraiva, 2004.

SESMA, Edson. Corte Arbitral do Esporte – Aspectos Práticos e Procedimentos. *Revista Brasileira de Direito Desportivo*, São Paulo, v. 08, p. 81/95, Segundo Semestre, 2005.

S. Buckel, A. Fischer-Lescano, Reconsiderando Gramsci: hegemonia no direito global, in *Revista direito GV*, vol. 5, n. 2, julho-dezembro de 2009.

Y. Dezalay, B. Garth, A dolarização do conhecimento técnico-profissional e do Estado, in *Revista brasileira de ciências sociais*, vol. 15, n. 43, junho de 2000.

M. C. Mattioli. Empresas transnacionais: responsabilidade social e legal internacional, in *Revista TST*, vol. 69, n. 3, julho-dezembro de 2003.

J. L. Silva Bastos de Menezes. *Os impactos no sistema tributário brasileiro com a Copa do Mundo FIFA 2014 e a perspectivas para os jogos olímpicos de 2016 no Brasil* in Âmbito jurídico, vol. XIX, n. 146, março de 2016.

E. C. Xavier Júnior, C. Brandão. Desafios globais contemporâneos: cenário de convergências no Direito internacional, in *Revista direito GV*, vol. 5, n. 2, julho-dezembro de 2009.

EVOLUÇÃO HISTÓRICA DO INSTITUTO DO REFÚGIO: DO SÉCULO XX AOS DIAS ATUAIS

Felipe Nicolau Pimentel Alamino(*)

1. Introdução

O instituto do Refúgio embora não seja uma criação do século XX, teve grande destaque a partir do final da Primeira Guerra Mundial. Com a criação da Sociedade das Nações, houve uma tentativa de articulação para resolver o problema das populações deslocadas devido às barbáries da guerra e também da Revolução Soviética (1917). O conceito ganhou força durante e após a Segunda Guerra Mundial e também no período de Descolonização, quando se viu grande fluxo de deslocados fugindo dos conflitos que envolviam seus Estados de origem. Infelizmente, estes conflitos e o instituto do refúgio não é um conceito cujo interesse deva ser apenas histórico. O ano de 2015, em especial, marcou a memória de todos com as notícias de refugiados chegando nas praias da Europa, fugindo de conflitos armados, sobretudo na Síria, bem como com fotos de alguns, inclusive crianças, que não conseguiram fazer a travessia e tiveram suas vidas perdidas na tentativa de encontrar refúgio.

O presente artigo pretende analisar a evolução jurídica da proteção do refugiado pela Comunidade Internacional, de um projeto embrionário anterior à Segunda Guerra, com atuações mais restritas aos problemas europeus, até a posição hodierna, com os esforços globais do Alto Comissariado das Nações Unidas para Refugiados.

Embora comece a tratar do conceito no período posterior à Primeira Guerra Mundial, com destaque para a proteção de nacionalidades específicas e para o Escritório Nansen, considera-se o principal marco jurídico do conceito, a Convenção das Nações Unidas sobre o Estatuto dos Refugiados de 1951, tido como um grande divisor da forma como se entendia o 'refúgio' na doutrina e na prática jurídica.

A evolução do estudo do 'refúgio', embora não exaustiva, far-se-á, portanto com a análise de sua evolução no entre-guerras e no pós-guerra, chegando aos dias atuais. Finalmente, passaremos a análise, ainda que breve, dos principais marcos jurídicos regionais para a proteção deste tema tão caro ao Direito Internacional.

2. O direito internacional dos refugiados antes da Convenção de 1951

2.1. O regime internacional de proteção ao refugiados sob a sociedade das nações

Embora o deslocamento forçado apresente uma longa história na política internacional, o aparecimento de um regime internacional de proteção – bem como os primeiros ensaios de institucionalização do refúgio – somente tiveram lugar nos primeiros anos após a Primeira Guerra Mundial.

Talvez o dado mais relevante sobre o contexto que finalmente propiciou os primeiros ensaios de um regime internacional de proteção aos refugiados tenha sido o movimento de instituição do sistema de passaportes e vistos no início do século XX (LOESCHER; BETTS; MILLNER, 2008. p. 7). Anteriormente, o controle deficiente de fronteiras e imigração permitia aos estrangeiros entrar no território de outros Estados e, de modo geral, trabalhar e exercer certos ofícios independentemente de seu estatuto[1].

(*) Advogado. Pós-graduando em Direito Internacional na PUC/SP Cogeae.

(1) "During the long period of peace and social stability at the end of the nineteenth and the beginning of the twentieth centuries, stateless persons were few and their situation was tolerable. Life was not highly organized as it is today and foreigners, whatever their status, enjoyed considerable freedom. (...) He

O "fechamento" burocrático das fronteiras e o interesse dos Estados em controlar e disciplinar os residentes no território alterou drasticamente a situação daqueles que buscavam refúgio fora das fronteiras de seus Estados:

> No século XIX não podia haver um lapso temporal entre a fuga e a chegada. O indivíduo estava sempre localizado dentro de alguma jurisdição nacional. Com o desenvolvimento de restrições nacionais à imigração e procedimentos de naturalização, entretanto, alguns indivíduos encontraram-se em um limbo jurídico – apátridas ou temporariamente sem aceitação por nenhum soberano. (KENNEDY, 1986, p. 26; tradução nossa)[2].

Concomitantemente, a situação caótica do pós--Primeira Guerra, com maciços movimentos populacionais (sobretudo em razão a Revolução e posterior Guerra Civil Russa, bem como de perseguições contra armênios na Turquia) trouxe o perigo de grandes contingentes de indivíduos à margem do sistema estatal de controle[3]. Esse risco de desestabilização levou os Estados europeus a entabularem as primeiras tratativas internacionais sobre a questão dos refugiados.

2.1.1. Alto Comissariado para Refugiados Russos e Armênios (1921-30)

A situação crítica levou a um apelo do Comitê Internacional da Cruz Vermelha para que alguma medida internacional fosse tomada. O apelo foi ouvido e representantes dos principais países europeus reuniram-se sob os auspícios da Liga das Nações (LDN ou SDN). Em 27 de junho de 1921 o Conselho da Liga, por resolução, decidiu criar o Alto Comissariado para Refugiados Russos, posteriormente apontando o cientista, explorador e diplomata norueguês Fridtjof Nansen para o cargo. Nansen já havia auxiliado a SDN na questão da repatriação dos prisioneiros de guerra.

A primeira questão tratada pelo Comissariado foi a da identificação e fornecimento de documentos de viagem. Grande parte dos refugiados encontrava-se sem passaportes válidos ou qualquer outra forma aceita de identificação. Encontravam-se, portanto, incapacitados de entrar ou estabelecer-se legalmente em outros países[4]. Um acordo para o fornecimento de certificados de identidade para refugiados russos[5] foi assinado em Genebra em 5 de julho de 1922, com base em propostas formuladas por Nansen. O arranjo foi adotado por vinte e quatro países inicialmente (HOLBORN, 1939 p. 684) que passaram a aceitar o documento resultante (referido informalmente como "passaporte Nansen").

Entretanto, a entrada e trânsito de seus portadores continuava sujeita aos mesmos controles legais e requisitos para a emissão de vistos aplicáveis a estrangeiros[6]. Ainda, e diferentemente de um passaporte, o documento fornecido para os refugiados expressamente não conferia ao portador o direito de retorno ao país emissor[7]. "O refugiado agora possuía um documento sobre o qual um visto poderia ser afixado, mas os países para os quais ele solicitava o visto costumavam negá-lo por medo de que uma vez que entrasse em seu território ele seria incapaz de deixá-lo.[8]" (Organização das Nações Unidas, 1949, p. 32; tradução nossa).

---

was free to find employment as a wage-earner, to practice a craft or engage in trade. (Organização das Nações Unidas, 1949, pp. 8-9). "Durante o longo período de paz e estabilidade social no final do século dezenove e início do século vinte, apátridas eram poucos, e a sua situação era tolerável. A vida não era tão altamente organizada como é hoje e estrangeiros, qualquer que fosse seu status, gozavam de considerável liberdade. (...) Ele era livre para achar emprego como um assalariado, praticar um ofício ou entrar para o comércio. " (Tradução nossa)

(2) No original: "In the nineteenth century there could be no temporal gap between flight and arrival. One was always located within some national jurisdiction. With the development of national immigration restrictions and nationalization procedures, however, some individuals found themselves in a legal limbo – either stateless or temporarily without acceptance by any sovereign."

(3) ADAMS (1939, p. 30-31) estima que em 1922-23 havia entre 750.000 e 1.000.000 de refugiados russos, a maioria em países europeus, e 320.000 armênios. O relatório *A Study of Statelessness* (1949, p. 4) das Nações Unidas cita dados atribuídos a Sir John Simsom para quantificar os refugiados russos entre 718.000 e 772.000 em 1922; e os armênios em 205.000 (1924).

(4) "Passports not only establish the holder's identity, but determine especial rights and duties, both in domestic and international relations. (...) They are not only documents of travel and identity, necessary to enter one country from another, but also to obtain work, to participate in the benefits of social insurance, and to obtain a permit of sojourn" (HOLBORN, 1939, p. 683). "Passaportes não apenas estabelecem a identidade do portador, mas determinam direitos e deveres especiais, tanto nas relações domésticas quanto nas internacionais. (...) Eles são não apenas documentos de viagem e identidade, necessários para entrar em um país vindo de outro, mas também para obter trabalho, para participar nos benefícios da seguridade social, e para obter uma permição de residência." (tradução nossa).

(5) League of Nations, *Arrangement with respect to the issue of certificates of identity to Russian Refugees*, 5 July 1922, League of Nations, Treaty Series Vol. XIII n. 355. Disponível em: <http://www.refworld.org/docid/3dd8b4864.html>. Acesso em: 20 dez. 2015.

(6) "It shall not infringe the laws and regulations in force in any State with regard to the control of foreigners" League of Nations, *Arrangement...*, 5 July 1922, item (1).

(7) "The grant of the certificate does not in any way imply the right for the refugee to return to the State in which he has obtained it without the special authorization of that State." League of Nations, *Arrangement...*, 5 July 1922, item (3).

(8) "The refugee now possessed a document on which a visa could be affixed, but the countries to which he applied for an entry visa used to refuse it out of fear that once he had entered their territory he would be unable to leave it. "

Uma Conferência em Genebra 31 de maio de 1924 estendeu o benefício do "passaporte" aos refugiados armênios, sendo que o Alto Comissariado passou a ocupar-se de ambos os grupos. O próximo passo foi o Acordo de 12 de maio de 1926[9] que modificou parcialmente o regime de emissão dos documentos, sobretudo buscando remediar a falha relativa ao direito de retorno.

Outro elemento de destaque no acordo consiste na definição do termo "refugiados", inaugurando uma prática que seria reproduzida por documentos oficiais ao longo de todo o período da Liga das Nações. Os arranjos e tratados do entreguerras somente estendiam benefícios a determinados grupos de refugiados, definidos conforme a nacionalidade ou país de origem.

> 2. The Conference adopts the following definitions of the term "refugees":
>
> "Russian: Any person of Russian origin who does not enjoy or who no longer enjoys the protection of the Government of the Union of Socialist Soviet Republics and who has not acquired another nationality.
>
> "Armenian: Any person of Armenian origin formerly a subject of the Ottoman Empire who does not enjoy or who no longer enjoys the protection of the Government of the Turkish Republic and who has not acquired another nationality.[10]

A definição do acordo de 1926 foi referência constante para documentos e declarações posteriores. Foram feitas tentativas de alargar a definição de refugiados para contemplar outros grupos, sem grande sucesso.

É interessante observar que a definição não faz referência à causa da situação. São mencionados apenas três elementos: a origem nacional ou étnica, a ausência de proteção estatal e a não aquisição de outra nacionalidade. Trata-se do que Jaeger (1978, p. 4) chama de "definição pragmática"[11], e o mesmo tipo de definição foi posteriormente adotado em documentos subsequentes até, pelo menos, 1938.

O paradigma reinante na época era o de tratamento de estrangeiros:

> *A primeira geração de acordos sobre refugiados era uma tentativa de responder à situação juridicamente anômala dos refugiados. (...) Como todos os estrangeiros, refugiados estavam essencialmente à mercê das instituições de um Estado estrangeiro. Em contraste com outros estrangeiros, entretanto, refugiados claramente não podiam buscar o tradicional remédio da proteção diplomática de seu país de nacionalidade. (HATHAWAY, 2005, p. 84; tradução nossa)*[12]

A próxima tarefa do Alto Comissariado foi buscar assegurar minimamente o status jurídico dos refugiados sob sua jurisdição. Para tanto, recorreu-se ao Acordo sobre o Status Jurídico de Refugiados Russos e Armênios de 30 de junho de 1928[13], tentando, dentro do possível, igualar a situação dos refugiados à dos demais estrangeiros no país de refúgio. Busca-se suprir a ausência de proteção estatal por meio da ação do Alto Comissariado e seus representantes, encarregados de realizar uma série de serviços geralmente desempenhados pelo Estado de origem[14].

Considerando a particular situação dos refugiados, o arranjo recomenda que direitos cabíveis não sejam negados devido à ausência de reciprocidade no Estado de origem[15]. O acordo menciona ainda alguns direitos específicos que deveriam ser concedidos aos refugiados, como o acesso à assistência jurídica. Por fim, recomenda que medidas de expulsão contra refugiados russos ou armênios sejam evitadas ou suspensas "in cases where the person concerned is not in a position to enter a neighbouring country in a regular manner."[16]

---

(9) League of Nations, *Arrangement Relating to the Issue of Identity Certificates to Russian and Armenian Refugees*, 12 May 1926, League of Nations, Treaty Series Vol. LXXXIX, n. 2004, disponível em: <http://www.refworld.org/docid/3dd8b5802.html>. Acesso: 21 dez. 2015.

(10) League of Nations, *Arrangement* ..., 12 may 1926.

(11) "The characteristics of these definitions which could be termed " pragmatic definitions " is that they do not analyse the reasons for the refugee's departure from his country of origin and do not link refugee status with such reasons or motivations. However, the "travaux preparatoires" indicate that there was a kind of group determination of refugee status based on the events in the country of origin". Status and international protection of refugees. 9th study session, Institut International des droits de l'homme, july 1978, Disponível em: <http://repository.forcedmigration.org/show_metadata.jsp?pid=fmo:81>. "As características dessas definições que podem ser denominadas "pragmáticas" é que elas não analisam as razões para a partida do refugiado de seu país de origem e não ligam o *status* de refugiado a tais razões ou motivações. Entretanto, os trabalhos preparatórios indicam que houve um tipo de determinação por grupo do status de refugiado baseado nos eventos no país de origem." (Tradução nossa).

(12) "The first generation of refugee accords was an attempt to respond to the legally anomalous situation of refugees. (...) Like all aliens, refugees were essentially at the mercy of the institutions of a foreign state. In: contrast to other foreigners, however, refugees clearly could not seek the traditional remedy of diplomatic protection from their country of nationality. "

(13) League of Nations, *Arrangement Relating to the Legal Status of Russian and Armenian Refugees*, 30 June 1928, League of Nations Treaty Series, Vol. LXXXIX, N. 2005. Disponível em: <http://www.refworld.org/docid/3dd8cde56.html>. Acesso em: 21 dez. 2015.

(14) League of Nations, *Arrangement* ..., 30 June 1928, item (1).

(15) League of Nations, *Arrangement* ..., 30 June 1928, item (4).

(16) League of Nations, *Arrangement* ..., 30 June 1928, item (7).

Trata-se da primeira manifestação de preocupação com a situação de particular vulnerabilidade de refugiados face a medidas de expulsão ou deportação.

No mesmo dia de 30 de junho de 1928 as medidas já tomadas em relação a refugiados russos e armênios foram estendidas a refugiados turcos, assírios, assírio-caldeus e "assimilados" (qualquer pessoa de origem síria ou curda)[17], praticamente repetindo os termos da definição de 1926.

Após a morte de Nansen, a Assembléia Geral da SDN decidiu, por meio de resolução datada de 30 de setembro de 1930, extinguir o Alto Comissariado e separar suas funções. Ao Secretário-Geral da Liga coube a tarefa de proteção política e jurídica dos refugiados, enquanto foi criado o Escritório Internacional Nansen para lidar com a assistência humanitária (HOLBORN, 1938, p. 688). A inconstância institucional e a multiplicação de órgãos, alguns funcionando em paralelo, foram características do período.

2.1.2. Escritório Internacional Nansen (1930-38), Alto Comissariado para Refugiados vindos da Alemanha (1933-38) e as Convenções de 1933 e 1938

Todos os documentos até o momento haviam sido elaborados como simples "arranjos" trazendo recomendações e eram considerados como não-vinculantes em relação aos Estados aderentes. De todas as recomendações do Acordo de 1928 somente uma, em um país, chegou a ser incorporada à legislação doméstica (Organização das Nações Unidas, 1949, p. 37). Mudando a estratégia, até mesmo em resposta à sensível deterioração das condições materiais decorrente dos efeitos da Crise de 1929, o Secretário-Geral da Sociedade das Nações e o Escritório Nansen voltaram-se para a elaboração de uma convenção vinculante destinada a disciplinar a situação dos refugiados sob sua responsabilidade.

O resultado foi a Convenção sobre o Status Internacional de Refugiados, de 28 de outubro de 1933[18]. A convenção era aplicável somente aos refugiados até então sob a responsabilidade de Liga, ou seja, russos, armênios, turcos, assírios, assírio-caldeus e assimilados. Ela torna vinculantes muitas das disposições constantes de ajustes anteriores, ao mesmo tempo avançando a proteção dos refugiados em diversos campos.

Particularmente relevante é o art. 3º, reproduzido abaixo:

> Article 3º. *Each of the Contracting Parties undertakes not to remove or keep from its territory by application of police measures, such as expulsions or non-admittance at the frontier (refoulement), refugees who have been authorised to reside there regularly, unless the said measures are dictated by reasons of national security or public order.*
>
> It undertakes in any case not to refuse entry to refugees at the frontiers of their countries of origin.[19]

O artigo pela primeira vez traz o princípio do *non-refoulement* para o âmbito do direito convencional. Proíbe-se a expulsão ou não admissão na fronteira (*refoulement*) de refugiados autorizados a residir no país, salvo por motivos de segurança nacional ou ordem pública, e, em qualquer caso, a não admissão de refugiados nas fronteiras de seu país de origem.

A convenção ainda reproduz as disposições do Acordo de 1928 sobre o estatuto pessoal de refugiados e sobre a isenção da exigência de reciprocidade, além de trazer um rol de direitos básicos. É interessante notar que na maior parte dos direitos a convenção busca equiparar a situação do refugiado ao "estrangeiro mais favorecido", ou seja, garantir o tratamento mais favorável acordado a um estrangeiro pela legislação do Estado de refúgio ("the most favourable treatment that it accords to nationals of a foreign country[20]"). É o caso do direito de acesso à seguridade social, educação e acesso a estabelecimentos de ensino, e tratamento tarifário não discriminatório.

Entretanto, em alguns casos a convenção vai além e chega mesmo a conceder aos refugiados tratamento mais favorável do que aquele acordado aos demais estrangeiros, equiparando-os aos nacionais do Estado de refúgio. O direito de acesso aos tribunais, por exemplo, é concedido aos refugiados de forma absoluta, inclusive no que diz respeito à assistência judiciária, nas mesmas condições que um nacional.[21] O tratado ainda restringe a

---

(17) League of Nations, *Arrangement Concerning the Extension to Other Categories of Certain Measures Taken in Favour of Russian and Armenian Refugees*, 30 June 1928, League of Nations, Treaty Series, 1929; 89 LoNTS 63, Disponível em: <http://www.refworld.org/docid/42cb8d0a4.html>. Acesso em: 21 dez. 2015.

(18) League of Nations, *Convention Relating to the International Status of Refugees*, 28 October 1933, League of Nations, Treaty Series Vol. CLIX N. 3663. Disponível em: <http://www.refworld.org/docid/3dd8cf374.html>. Acesso em: 21 dez. 2015.

(19) League of Nations, *Convention Relating...*, 28 october 1933.

(20) League of Nations, *Convention Relating...* , 28 october 1933, Article 8.

(21) **Article 6**. Refugees shall have, in the territories of the Contracting Parties, free and ready access to the courts of law. In the countries in which they have their domicile or regular residence, they shall enjoy, in this respect, the same rights and privileges as nationals; they shall, on the same conditions as the latter, enjoy the benefit of legal assistance and shall be exempt from cautio judicatum solvi. (League of Nations, *Convention Relating...* , 28 october 1933).

aplicação de normas de proteção da mão de obra nacional (restrições à contratação de estrangeiros) em caso de refugiados, o que também os coloca em posição privilegiada face aos demais estrangeiros. Tais disposições representam os primeiros indícios da superação do paradigma de equiparação ao estrangeiro.

Sob muitos aspectos a Convenção de 1933 é a culminação do trabalho normativo da Liga das Nações em matéria de refugiados, consolidando muito do que já havia sido feito sob a égide de recomendações e servindo de modelo a ser reproduzido em documentos posteriores, que pouco inovaram em relação a ela. Entretanto, a Convenção foi prejudicada pelo número exíguo de ratificações que recebeu, bem como pela escalada de tensões e finalmente pela eclosão da Segunda Guerra Mundial.

Novos ensaios no sentido de estabelecer uma definição geral de refugiados e estender a proteção da Sociedade das Nações a todos, independentemente da origem, novamente fracassaram. O delegado da Noruega apresentou proposta nesse sentido em 1935 (Organização das Nações Unidas, 1949, p. 29), e o *Institut de Droit International*, em 1936, aprovou resolução com proposta de regulamentação do estatuto jurídico de refugiados e apátridas[22]. Entretanto, tensões políticas, o declínio da influência da Liga e a oposição de países relevantes, como Alemanha e Itália, impediram que houvesse novos progressos nesse sentido.

A ascensão ao poder na Alemanha do governo nazista ocasionou um novo e preocupante surto de refugiados rumo aos demais países europeus[23]. O representante dos Países Baixos levou o assunto à atenção do Conselho da Liga ainda em 1933. Para aplacar a oposição do representante alemão, foi estabelecido um mecanismo fora dos quadros da organização para lidar com a questão, o Alto Comissariado para Refugiados vindos da Alemanha (1933-1938). Inicialmente ocupando-se da assistência material aos refugiados, o órgão foi incorporado à SDN em 1935. Com o apoio do Secretário-Geral, ele encarregou-se de promover o Acordo Provisório sobre o Status de Refugiados vindos da Alemanha[24], de 1936.

O Acordo Provisório define "refugiado vindo da Alemanha" em termos próximos aos dos acordos de 1926 e 1928, além de estender aos mesmos algumas das provisões constantes da Convenção de 1933, como a expedição de certificados de identidade ("passaporte Nansen"), o direito de retorno, restrições a expulsões e acesso a tribunais. O Acordo possuía duas deficiências importantes: uma consistia na possibilidade, em determinado caso, de retorno do refugiado às fronteiras da Alemanha; a outra, na definição, que não fazia referência aos apátridas.

Dois anos depois, com a permanência e mesmo agravamento do deslocamento de refugiados alemães, estabeleceu-se uma Convenção sobre o Status de Refugiados vindos da Alemanha[25], que praticamente reproduz o teor da Convenção de 1933, salvo no que diz respeito ao princípio do *non-refoulement*, onde retoma o disposto no Acordo de 1936. Ao menos uma deficiência do Acordo Provisório foi sanada, uma vez que a definição foi modificada para englobar também apátridas procedentes do território alemão[26]. Em 14 de Setembro um protocolo adicional assimilou refugiados austríacos aos alemães, colocando-os sob a proteção da Convenção de 1938.

É interessante notar que, embora a definição siga, de maneira geral, a tradição "pragmática" de suas antecessoras, a cláusula excludente em caso de pessoas que deixaram o país por motivos de "pura conveniência pessoal" já permite observar uma tímida preocupação com os motivos por trás da decisão, o que JAEGER (1978, p. 4) chama de "elementos ideológicos"[27].

---

(22) Institut de Droit International, *Statut Juridique des apatrides et des réfugiés*, 24 avril 1936, disponível em: <http://www.justitiaetpace.org/idiF/resolutionsF/1936_brux_02_fr.pdf>. Acesso em: 21 dez. 2015. "Dans les présentes Résolutions, le terme «réfugié» désigne tout individu qui, en raison d'événements politiques survenus sur le territoire de l'Etat dont il était ressortissant, a quitté volontairement ou non ce territoire ou en demeure éloigné, qui n'a acquis aucune nationalité nouvelle et ne jouit de la protection diplomatique d'aucun autre Etat." "Nas presentes resoluções, o termo "refugiado" designa todo indivíduo que, em razão de eventos políticos sobrevindos sobre o território do Estado de onde ele veio, deixou, voluntariamente ou não, esse território ou encontra-se dele distanciado, que não adquiriu nenhuma nacionalidade nova e não goza da proteção diplomática de nenhum outro Estado." (Tradução nossa.)

(23) HOLBORN, 1938, p. 691 estima o número de refugiados alemães em 1933 em 60.000.

(24) League of Nations, *Provisional Arrangement concerning the Status of Refugees Coming from Germany*, 4 July 1936, League of Nations Treaty Series, Vol. CLXXI, N. 3952. Disponível em: <http://www.refworld.org/docid/3dd8d0ae4.html>. Acesso em: 21 dez. 2015.

(25) League of Nations, *Convention concerning the Status of Refugees Coming From Germany*, 10 February 1938, League of Nations Treaty Series, Vol. CXCII, N. 4461, p. 59. Disponível em: <http://www.refworld.org/docid/3dd8d12a4.html>. Acesso em: 21 dez. 2015.

(26) League of Nations, *Convention concerning…*, 10 February 1938: **Article I.** 1. For the purposes of the present Convention, the term "refugees coming from Germany" shall be deemed to apply to: (a) Persons possessing or having possessed German nationality and not possessing any other nationality who are proved not to enjoy, in law or in fact, the protection of the German Government. (b) Stateless persons not covered by previous Conventions or Agreements who have left Germany territory after being established therein and who are proved not to enjoy, in law or in fact, the protection of the Germany Government. 2. Persons who leave Germany for reasons of purely personal convenience are not included in this definition.

(27) "Very soon, however, there appeared a trend to include in the definition of refugee ideological elements, i.e. the refugee is supposed to have left his country because his basic rights or in present terminology, his basic human rights were threatened". "Muito cedo, entretanto, surgiu uma tendência de incluir na

A convenção de 1938 marca o fim do desenvolvimento normativo de proteção aos refugiados no período do entreguerras; desenvolvimento esse que, como foi visto, tem seu auge na Convenção de 1933. No campo institucional, ainda em 1938 a Liga das Nações decidiu estabelecer um único órgão para unificar a atuação em favor de todos os refugiados sob sua responsabilidade, reunindo as atribuições do Escritório Nansen e do Alto Comissariado para Refugiados vindos da Alemanha no Alto Comissariado para Todos os Refugiados (1938-46), cuja atuação acabou prejudicada pela eclosão da Segunda Guerra Mundial.

2.2. Desenvolvimentos institucionais paralelos à Liga e sob as Nações Unidas (1938-50): Comitê Intergovernamental para Refugiados, UNRRA e OIR

No mesmo ano de 1938 teve lugar a Conferência Internacional de Evian, França, realizada de 4 a 15 de julho, após apelo do então presidente dos Estados Unidos, Franklin Delano Roosevelt face à dramática situação dos refugiados alemães. Realizada fora da estrutura institucional da Liga das Nações, tinha por objetivo facilitar a emigração involuntária de refugiados e auxiliar aqueles que já haviam emigrado. A conferência estabeleceu o Comitê Intergovernamental para Refugiados (1938-46), inicialmente voltado para a proteção internacional de refugiados alemães e austríacos.

Mais relevante, entretanto, é o fato de que a definição adotada pelo Comitê contempla pela primeira vez, expressamente, os "elementos ideológicos", ou seja, os motivos que dão origem à perseguição: crenças políticas ou origem racial[28]. Trata-se de uma tendência que viria a prevalecer nas definições do pós-Guerra. Ainda, por resolução de 1943, o Comitê decidiu expandir a sua atuação para englobar todos aqueles que, em virtude dos eventos na Europa, tiveram que abandonar seus países devido ao perigo à sua vida ou liberdade em razão de raça, religião ou crenças políticas (Organização das Nações Unidas, 1949, p. 28-29).

No mesmo ano, o *Supreme Headquarters Allied Expeditionary Force* (SHAEF), face à magnitude dos novos problemas gerados pela Guerra, decidiu pela criação da *United Nations Relief and Rehabilitation Agency* (UNRRA), que tinha por principal objetivo fornecer assistência material para deslocados e promover a sua repatriação. A UNRRA não era uma agência voltada unicamente para refugiados, e tampouco possuía competência para promover o seu reassentamento em terceiros países, de forma que o seu trabalho consistiu principalmente em identificar grupos de deslocados e devolvê-los a seus países de origem.[29] Considerando estimativas que situam o número de indivíduos em situação de deslocamento forçado no pós-guerra em dezenas de milhões, pode-se ter uma ideia do monumental trabalho desempenhado pela agência.

O novo foco em repatriação logo gerou novas discussões entre os países aliados face a resistências e críticas a casos de repatriação forçada, tudo em meio ao cenário de emergência da Guerra Fria. "Na medida que as potências ocidentais tornaram-se crescentemente relutantes em retornar deslocados a áreas sob o controle soviético, as repatriações em massa de 1945 desaceleraram-se e depois pararam quase completamente ao final de 1946." (LOESCHER, 1996, p. 49; tradução nossa)[30]. A questão da repatriação tornou-se uma das questões mais debatidas nas Nações Unidas.

O debate, e o descrédito da política de repatriação, contribuíram para a extinção da UNRRA em 1947, e sua substituição pela Organização Internacional dos Refugiados (OIR). A OIR, criada por tratado sob a égide das Nações Unidas, foi criada para lidar com "refugiados genuínos e pessoas deslocadas", e a distinção entre os dois, presente já em sua constituição, é de grande relevância. Aliás, a Constituição da OIR é o documento mais importante em termos de definição normativa e evolução do termo "refugiados" desde, pelo menos, o período da Liga.

---

definição de refugiado elementos ideológicos: o refugiado deve ter deixado seu país porque seus direitos básicos, ou, na terminologia atual, seus direitos humanos fundamentais foram ameaçados." (Tradução nossa).

(28) "(a) That the persons coming within the scope of the activity of the Intergovernmental Committee shall be (1) persons who have not already left their country of origin (Germany, including Austria), but who must emigrate on account of their political beliefs or racial origin, and (2) persons as defined in (1) who have already left their country of origin and who have not yet established themselves permanently elsewhere;" (Resolution adopted by the Inter-Governmental Committee at Evian on 14 July 1938 defining the functions of the Intergovernmental Committee).

(29) "One of UNRRA's principal functions was to promote and oversee repatriation. The great majority of the dislocated people under UNRRA care were anxious to go home and rebuild their lives. The overburdened countries of asylum—particularly Germany, but also Austria and Italy— were anxious that these people be repatriated quickly. At the Yalta Conference in February 1945, the big powers paved the way for large-scale repatriations to the Soviet Union;" (LOESCHER, 1996, p. 47). "Uma das principais funções da UNRRA era promover e administrar a repatriação. A grande maioria dos deslocados sob os cuidados da UNRRA estavam ansiosos para ir para casa e reconstruir suas vidas. Os sobrecarregados países de asilo – particularmente Alemanha, mas também Áustria e Itália – estavam ansiosos para que essas pessoas fossem repatriadas rapidamente. Na Conferência de Yalta em fevereiro de 1945, as grandes potências abriram o caminho para repatriações de larga escala rumo à União Soviética." (Tradução nossa).

(30) "As the Western powers became increasingly reluctant to return displaced persons to areas under Soviet control, the mass repatriations of 1945 slowed and then came to almost a complete halt by the end of 1946."

O Anexo I do Tratado traz as definições, e a definição de "refugiado" faz referência específica a vítimas dos regimes nazistas ou fascistas, republicanos espanhóis e pessoas que eram consideradas refugiados antes da eclosão da guerra (sob o regime da LDN). Ainda, a Carta da OIR prevê o que podem ser consideradas objeções válidas à repatriação:

(a) The following shall be considered as valid objections:

(i) persecution, or fear, based on reasonable grounds of persecution because of race, religion, nationality or political opinions, provided these opinions are not in conflict with the principles of the United Nations, as laid down in the Preamble of the Charter of the United Nations;

(ii) objections of a political nature judged by the Organization to be "valid", as contemplated in paragraph 8 (a)1 of the report of the Third Committee of the General Assembly as adopted by the Assembly on 12 February 1946;[31]

A Constituição retoma, portanto, a tendência já manifestada pelo Comitê Intergovernamental, no sentido de uma definição "ideológica" (nos termos de Jaeger) e não mais restrita a determinados grupos étnicos ou populacionais. A ênfase, daqui em diante, passa a ser na situação particular do refugiado, na perseguição, conforme expressamente previsto entre as "objeções válidas" à repatriação; trata-se de reconhecer um direito à não repatriação forçada em determinados casos. Por outro lado, a Constituição prevê expressamente um rol de pessoas excluídas da competência da OIR; dentre elas traidores, criminosos de guerra e pessoas que auxiliaram ou colaboraram com o inimigo[32].

Em julho 1947, de acordo com estimativas da própria OIR, a organização tinha 1.604.000 pessoas sob sua responsabilidade, entre refugiados e deslocados. Um ano depois, em julho de 1948, o número havia caído para 599.000 (Organização das Nações Unidas, 1949, p. 4). Tão logo ficou claro que a intenção original de resolver o problema dos refugiados até 1950, data prevista para o encerramento das atividades da OIR, era irrealizável, negociações foram entabuladas para a criação de um novo órgão. Havia ainda a necessidade de integrar e atualizar os tratados existentes sobre refugiados.

A Declaração Universal dos Direitos Humanos, adotada pela AGNU em 10 de dezembro de 1948 (Resolução n. 217 A III), prevê expressamente o direito de solicitar e gozar de asilo em caso de perseguição ilegítima, dando suporte à concepção de um direito universal de refúgio. Ainda, o estudo realizado pelo Secretário-Geral a pedido do Comitê Econômico e Social (*A Study of Statelessness*, 1949[33]) concluiu com uma recomendação de criação de uma convenção geral aplicável a todos os refugiados, e que consolidasse os direitos existentes expandindo-os a novas categorias de refugiados e avançando-os, quando necessário. Trouxe também a recomendação pela criação de um órgão independente voltado para a proteção dos refugiados, pois:

A atribuição de um status não é suficiente por si só para regularizar a situação de apátridas e para trazê-las para a órbita do direito; eles devem também ser ligados a um órgão independente que supra de alguma forma a ausência de proteção nacional e forneça alguns serviços que as autoridades de um país de origem realizam para seus nacionais residentes no estrangeiro. (Organização das Nações Unidas, 1949, p. 56; tradução nossa)[34]

Ambas as propostas foram posteriormente adotadas na ONU e deram início aos trabalhos que culminariam com os desdobramentos de 1950/51.

3. O fim da OIR e a criação do ACNUR (UNHCR)

A Organização Internacional para refugiados, como já colocado, foi criada com limite temporal, programada para encerrar suas atividades em 30 de junho de 1950, porém, tal fato só ocorreria dois anos depois, em 28 de fevereiro de 1952, haja vista que preparativos foram necessários para que se obtivesse a total transferência de competências para o novo organismo que surgiria.[35]

Em 1º de janeiro de 1951, estabeleceu-se o Alto Comissariado das Nações Unidas para Refugiados

---

(31) United Nations, *Constitution of the International Refugee Organization*, 15 december 1946, United Nations, Treaty Series, vol. 18, p. 3. Disponível em: <http://www.refworld.org/docid/3ae6b37810.html>. Acesso em: 22 dez. 2015.

(32) United Nations, *Constitution of the...*, 15 December 1946. (Annex I, Part II: Persons who will not be the concern of the Organization).

(33) Embora voltado para o problema da apatrídia o referido estudo, em virtude da definição dada, acaba tratando de apátridas propriamente ditos (*de jure*) e refugiados, considerados na grande parte dos casos como apátridas *de facto* em vista de encontrarem-se privados da proteção de seu Estado.

(34) "The conferment of a status is not sufficient in itself to regularize the standing of stateless persons and to bring them into the orbit of the law; they must also be linked to an independent organ which would to some extent make up for the absence of national protection and render them certain services which the authorities of a country of origin render to their nationals resident abroad."

(35) JUBILUT, Liliana Lyra. *O Direito Internacional dos Refugiados e a sua Aplicação no Ordenamento Jurídico Brasileiro*. Editora Método. São Paulo. 2007. p.79.

(ACNUR/UNHCR)[36], com sede em Genebra na Suíça e criada por meio da resolução 319 (IV) de 1949, seguida da resolução 428 (V) de 1950[37], cujo anexo continha o Estatuto deste novo organismo, cujo objetivo principal era efetivar a proteção de refugiados em nível universal.

O Estatuto da ACNUR, embora exíguo, consta de três capítulos e 22 artigos, estabelece as diretrizes principais do organismo, colocando-o sob a égide da Assembleia Geral e da ECOSOC[38] e apregoando que o Alto Comissário, figura de maior importância dentro deste organismo, oriente-se por razões humanitárias, fugindo de decisões de caráter político.

Por ter ligação direta com os eventos imediatamente anteriores a sua criação, o Estatuto e, como veremos mais adiante no presente artigo, a Convenção Relativa ao Estatuto dos Refugiados de 1951, dá maior atenção aos refugiados oriundos da barbárie ocorrida durante a Segunda Guerra Mundial, tendo como limite para ser considerado refugiado a data do início dos trabalhos deste organismo.

O Estatuto estabelece portanto alguns paradigmas para que se possa enquadrar uma pessoa como refugiado:

> Haver sido enquadrado como refugiado nas Convenções e demais documentos internacionais anteriores a este, como a da OIR;
>
> Haver sido perseguido, ou ter havido razões para que houvesse o temor de ser perseguido, por razões de raça, religião, nacionalidade ou posicionamento político e devido a estes fatores encontrar-se fora de seu país de nacionalidade (ou anterior residência) ou não querendo retornar a ele, até a data de 1º de Janeiro de 1951.[39]

O Estatuto estabelece também as razões segundo as quais a competência da ACNUR cessaria de ser aplicada:

> A pessoa considerada refugiada ter retornado ao país de origem ou, caso tenha perdido sua nacionalidade, ter readquirido de maneira voluntária;
>
> Haver adquirido nova nacionalidade e assim obter proteção de outro Estado;
>
> As razões pelas quais a pessoa se transformou em refugiado cessaram de existir.

Assim, o Estatuto, em si, limita o escopo do organismo, porém o quadro internacional criado pelo mundo bipolar viria a alterar essa imagem, bem como a atuação do ACNUR.

Em 1956 o ACNUR já teve que atuar na Revolução Húngara e, posteriormente, com os movimentos de descolonização na África e na Ásia nas décadas de 1960 e 1970, ampliou ainda mais seu trabalho, funcionando até os dias atuais, sendo um dos organismos mais respeitados internacionalmente, galardoado por duas vezes com o prêmio Nobel da Paz, em 1954 e 1981.[40]

4. Estrutura e Atuação do ACNUR

Embora tenha sua sede localizada em Genebra, na Suíça, o ACNUR conta com escritórios regionais (assim como continentais e sub-regionais) com o objetivo de efetivar a proteção aos refugiados em todo o globo.[41] Com esta divisão, o ACNUR consegue coordenar melhor as atividades com relação a proteção dos refugiados que envolvem diferentes membros das Nações Unidas.

Possui também um Comitê Executivo, estabelecido pela Resolução n. 565 (XIX) de 1955 da ECOSOC, consistindo de 22 Estados membros ou não da ONU, que organizará o fundo orçamentário do organismo, dará as diretrizes para o Alto Comissário executar suas funções, bem como dar pareceres não vinculantes sobre matérias as quais for chamado a opinar pelo Alto Comissário.

O ACNUR, seguindo seus objetivos de proteção aos refugiados, segue, segundo JUBILUT, três estratégias: integração local, repatriação voluntária e reassentamento[42]. Os reassentamentos são os mais críticos haja vista que se tratam de realocar refugiados em terceiros Estados, posto que os Estados que em primeiro momento reconheceram o *status* de refugiado não podem permanecer com estes em seu território – o ACNUR

---

(36) No presente artigo utilizaremos o acrônimo ACNUR, mais difundido no país, e não seu par em inglês UNHCR. Doravante, ao tratar do Alto Comissariado escreveremos apenas ACNUR.

(37) Ambas resoluções são provenientes da Assembleia Geral da ONU.

(38) Assim, o ACNUR é um órgão subsidiário da ONU e não uma Agência Especializada.

(39) Da mesma forma como na Convenção de 1951, nota-se apenas proteção contra a perseguição aos direitos civis e políticos, não contendo nenhuma ressalva quanto aos direitos econômicos, sociais e culturais.

(40) Em <http://www.acnur.org/t3/portugues/informacao-geral/breve-historico-do-acnur>. Acesso em: 27 dez. 2015 e JUBILUT, Liliana Lyra. *O Direito Internacional dos Refugiados e a sua Aplicação no Ordenamento Jurídico Brasileiro*. São Paulo: Método, 2007. p. 159.

(41) JUBILUT, Liliana Lyra. *Ibid.*, p. 152.

(42) JUBILUT, Liliana Lyra. *Ibid.*, p. 154.

proporciona auxílio financeiro e político entre Estados para que tal ocorra.

As repatriações voluntárias seriam das três estratégias a mais interessante posto que é que propicia o retorno do refugiado ao seu local de origem, sem ser de forma forçada, depois de haver cessado a ameaça que lhe fez fugir. Desta forma, cessa sua condição de refugiado e este pode refazer sua vida, retomando os laços familiares ou de amizade, reencontrando suas raízes.

Para que consiga alcançar seus objetivos, o ACNUR, que está autorizado a celebrar tratados, previsto no art. 8º de seu Estatuto:

> 8. O Alto Comissariado assegurará a proteção de todos os refugiados que estiverem sob seu mandato das seguintes formas:
>
> a) Promovendo a conclusão e ratificação de convenções internacionais para proteção dos refugiados, velando pela sua aplicação e propondo alterações aos mesmos;
>
> b) Promovendo, mediante acordos especiais com os governos, a execução de todas as
>
> *medidas destinadas a melhorar a situação dos refugiados e a reduzir o número de pessoas que requerem proteção;*(...)[43]

Desta forma, o Acnur pode efetuar acordos com o objetivo de proteger refugiados, por meio de ações diretas com os Estados nos quais se encontram e programas de parcerias.

Outra função primordial do ACNUR é a aplicação da Convenção de 1951 e seu Protocolo de 1967, os instrumentos mais relevantes na evolução do estatuto do refúgio em nível internacional, que serão estudados no próximo tópico.

5. A Convenção de 1951 Relativa ao Estatuto dos Refugiados e seu Protocolo de 1967

5.1. *A Convenção Relativa ao Estatuto dos Refugiados de 1951*

O mais importante diploma sobre os refugiados é a Convenção de 1951, todavia, ainda que seja um divisor de águas no Direito Internacional dos refugiados, esta Convenção apresenta algumas limitações importantes, diretamente relacionadas com o momento no qual surgiu, o pós-guerra.

A resolução da Assembleia Geral da ONU 429 (V) de 1950[44], convoca uma Conferência com o escopo de redigir uma Convenção que regule o *status* legal dos refugiados, o que viria a ser coroado com a Convenção das Nações Unidas sobre o Estatuto dos Refugiados, adotada em 28 de julho de 1951, entrando em vigor em 22 de abril de 1954.[45]

A Convenção reconhece que sem cooperação internacional não é possível a proteção dos refugiados, para tanto, estabelece diretrizes, a começar pela definição do termo de refugiado, que, conforme já foi ressaltado no Estatuto do ACNUR, segue o mesmo paradigma com relação aos acontecimentos da Segunda Guerra Mundial, porém, neste instrumento, há a possiblidade de os signatários escolherem a quem se aplicariam as definições sobre refugiados, se apenas aos acontecimentos na Europa, como teria optado o Brasil,[46] ou se na Europa e em outras regiões, conforme § 2º, art. 1º da Convenção.[47]

A Convenção também limita sua aplicação com relação às pessoas que houverem cometido crimes contra a paz, crimes de Guerra ou crimes contra a humanidade, ou graves crimes de direito comum fora do país de refúgio, ou ainda caso sejam culpadas de atos contrários aos princípios da ONU.

De forma abrangente, a Convenção protege todas as pessoas que possam vir a se tornar refugiados, sem discriminação quanto à raça, à religião ou ao país de origem, também roga aos Estados Membros que proporcionem aos refugiados em seus territórios a liberdade de culto religioso.

Com relação aos direitos dos refugiados, a Convenção garante o respeito ao *status* anterior à situação de refúgio (casamento, por exemplo), propriedade móvel e imóvel, proteção à propriedade intelectual e industrial, assim como direitos de associação e de sustentar uma ação em juízo.

A Convenção roga aos Estados Membros que não faça distinções maiores aos refugiados que faria a qualquer outro estrangeiro no que concerne as profissões assalariadas, além de não estabelecer restrições caso os refugiados preencham algumas condições, conforme art. 17:

---

(43) Estatuto do Acnur, em <http://www.refugiados.net/cid_virtual_bkup/asilo2/2eacnur.html>. Acessado em: 27 dez. 2015.
(44) Do mesmo ano da criação do ACNUR, portanto.
(45) <http://www.acnur.org/t3/portugues/informacao-geral/o-que-e-a-convencao-de-1951>. Acesso em: 27 dez. 2015.
(46) JUBILUT, Liliana Lyra. *Ibid.*, p.78.
(47) <http://www.acnur.org/t3/fileadmin/scripts/doc.php?file=t3/fileadmin/Documentos/portugues/BDL/Convencao_relativa_ao_Estatuto_dos_Refugiados>. Acesso em: 27 dez. 2015.

Residência por pelos menos três anos no país;

Ter por cônjuge um nacional do país de residência (não poderá invocar esta disposição caso tenha abandonado o cônjuge);

Ter pelo menos um filho com a nacionalidade do país de residência;

Caso tenham entrado por um programa de recrutamento de mão-de-obra ou plano de imigração.[48]

Como marco importante, a Convenção procura facilitar alojamento dos refugiados, fator importante para sua permanência no país de refúgio e escopo de muitos acordos entre o ACNUR e Estados que os recebem. Além de facilitar a liberdade de movimento, ou seja, não restringir a permanência dos refugiados em apenas uma área de seu território e conferir papéis de identidade ao refugiado que não tenha um documento de viagem válido, possibilitando assim que este se locomova e tenha seus direitos garantidos.[49]

5.1.1. A condição dos refugiados em situação irregular e a expulsão

Um dos pontos de maior relevância, ainda que não seja propriamente uma novidade na área, consiste na proibição de expulsão bem como a condição de refugiados em situação irregular no país de refúgio.

Pela presente Convenção ficou acordado entre os Estados signatários que não seria aplicada nenhuma sanção penal ao refugiado que tiver sua entrada ou permanência irregular no país, uma vez que tenha chegado diretamente do território no qual corria risco de vida, ou sua liberdade estava sob ameaça, fazendo a ressalva que devem se apresentar o mais rápido possível para as autoridades do país expondo razões aceitáveis para a sua entrada ou presença irregular.[50]

Quanto à expulsão, o art. 33 da Convenção consagra o princípio do *non-refoulement*, já conhecido do Direito Internacional, como na Convenção de 1933, porém desta vez, com abrangência maior, proibindo os Estados Membros de expulsar um refugiado para as fronteiras onde encontre sua vida ou liberdade ameaçados por razão de sua raça, religião, nacionalidade, grupo social ou opiniões políticas. Todavia, o art. 32 não impede que o refugiado seja expulso, por razões de ordem pública ou segurança nacional e após devido processo legal, além de, caso seja decidida a expulsão, os Estados Membros devem conceder prazo para que o refugiado possa obter admissão em outro país. O § 2º do art. 33, por outro lado, após ver consagrado o princípio do *non-refoulement em seu* parágrafo anterior, garante que este princípio não pode ser invocado de forma contrária ao direito, ou seja, o refugiado não poderá invocá-lo quando colocar em risco a segurança do país que o recebeu ou quando for condenado definitivamente por crime ou delito grave que ameace a comunidade do Estado receptor.

5.1.2. Disposições executórias e solução de litígios

A Convenção roga que as autoridades nacionais cooperem com as Nações Unidas, sobretudo com o ACNUR, com o objetivo de facilitar a supervisão da aplicação das disposições nela contidas e também com informações com relação a leis e demais regulamentações que sejam promulgadas para assegurar a aplicação da Convenção.

Finalmente, o art. 38 garante que qualquer controvérsia entre as Partes da Convenção quanto a sua interpretação ou aplicação será resolvida, caso não o possa ser por outros meios, com a submissão do caso à Corte Internacional de Justiça, a pedido de uma das partes.

Embora tais disposições não sejam propriamente mudanças nos direitos dos refugiados ou da consolidação de seu estatuto, trazem avanços quanto a forma de se articularem os principais protagonistas na proteção aos refugiados, o ACNUR e os Estados, seja por coordenação ou pelo direito de litigar.

5.2. O Protocolo Relativo ao Estatuto dos Refugiados de 1967

A situação global, conforme já fora salientado, mudou fortemente nos anos posteriores a 1951, surgindo novas categorias de refugiados que não eram pre-

---

(48) <http://www.acnur.org/t3/fileadmin/scripts/doc.php?file=t3/fileadmin/Documentos/portugues/BDL/Convencao_relativa_ao_Estatuto_dos_Refugiados>. Acesso em: 28 dez. 2015.

(49) A limitação a este direito concedido pela Convenção é a existência de razões imperiosas de segurança nacional que poderiam impedir que o Estado que recebe o refugiado conceda este tipo de documento. Mais uma vez podem-se ver críticas ao fato de esta Convenção, fruto de sua época e o Direito Internacional clássico, ser muito focada na soberania dos Estados, garantindo a estes maior relevância como sujeito de Direito Internacional em detrimento da pessoa humana, todavia, é inegável as grandes conquistas que os refugiados galgaram por meio deste diploma legal, agora de maneira internacional e com um organismo que tem por função primordial a sua defesa, o ACNUR.

(50) Interessante ressaltar que a Convenção não define o que é apresentação sem demora, nem razões aceitáveis para a entrada ou presença irregulares, sendo assim, é plenamente discricionário por parte do Estado que concede o refúgio, cabendo a ele decidir o que é sem demora e o que seria uma razão aceitável para a permanência irregular, o que fortalece a visão soberanista dos Estados.

vistas na primeira Convenção, conforme o preâmbulo do Protocolo de 1967[51] reconhece. Assim, conforme a Resolução n. 1.186 (XLI) do ECOSOC[52], de 1966 e a Resolução n. 2.198 (XXI) da Assembleia Geral da ONU[53], do mesmo ano, surge um esboço do que seria o futuro Protocolo a ser aceito pelos Estados.

Este Protocolo, traz como grande alteração no que tange à proteção aos refugiados a mudança em sua definição, não mais havendo limitação temporal, que outrora se restringia a fatos anteriores ao 1º de Janeiro de 1951, além de alterar a limitação geográfica que ocorria na Convenção anterior, não se limitando a apenas Europa, como uma das cláusulas possíveis para os países signatários, abrangendo todo o globo. Ressalta-se porém que este novo Protocolo seria submetido aos Estados para que pudessem aderir a ele, não havendo aceitação automática.

6. A regionalização do direito ao refúgio

6.1. A expansão do direito ao refúgio no continente europeu

As guerras no Iraque e na Síria, assim como as instabilidades no Afeganistão e demais lugares naquela região são os responsáveis pelo aumento de 24%[54] (vinte e quatro por cento) nos pedidos de refúgio à trinta e oito países europeus em 2014[55]. Além disso, a Federação da Rússia recebeu cerca de 168 (cento e sessenta e oito) mil refugiados a mais advindos do conflito na Ucrânia; já a Turquia registrou mais de meio milhão de solicitações de asilo e refugiados da Síria, Iraque e outros páises da região.

Observados os fluxos "migratórios" atuais, percebe-se o quão importante foi o Acordo de Schengen, estabelecido em 1981, o qual tratou da supressão gradual dos controles das fronteiras comuns, reunindo, inicialmente, os países Benelux – Bélgica, Holanda e Luxemburgo – além da França e Alemanha com o fito de implementar um "espaço sem fronteiras interiores". O acordo necessitava de regulamentação, por isso o Acordo de Schengen ficou consolidado (até 1997) por meio da Convenção de Aplicação do Acordo de Schengen de 1985.

Dessa forma, na redoma do Espaço Schengen os controles fiscais, aduaneiros e policiais nas fronteiras internas são simplificados, para que qualquer pessoa que adentre o espaço integrado possa circular livremente. Contudo, a preocupação com a criminalidade e combate à imigração irregular foi a responsável por algumas reservas na Convenção de Aplicação de Schengen, como por exemplo no caso de refugiados, qual país seria encubido de examinar o pedido.

Entretanto, o Acordo de Supressão de Vistos (Espaço Schengen) tratou apenas superficialmente da questão de responsabilidade pelo tratamento de pedidos de asilo, assim a Convenção de Dublin, realizada em 1990, instituiu o princípio central para os requerimentos de asilo dentro da União Europeia. Conforme o (1) art. 3º:

> Article 3º
>
> 1. Member States undertake to examine the application of any alien who applies at the border or in their territory to any one of them for asylum.

Consta no mencionado artigo que a responsabilidade de examinar a solicitação de asilo e recebimento de refugiados cumpre ao primeiro país do espaço de integração em que a pessoa atravessou a fronteira. No entanto, diversos problemas afloraram ao sobrecarregar um único Estado-membro com o ônus de suportar o recebimento de refugiados, por isso não foi a melhor equalização de responsabilidades adotada.

Tanto o instrumento do Acordo de Schengen (1990) como a Convenção de Dublin, citada acima, tentaram harmonizar suas legislações com o intuito de obter o denominador comum para a definição de refugiado, além de estabelecer a política de refúgio comuns entres os países-membros, porém na prática é aplicada a definição clássica restritiva, na tentativa de diminuir o número de refugiados reconhecidos e assegurarem menos garantias àqueles classificados em outras "categorias"(MILESI, 2005).

Todavia, somente após o surgimento do Tratado de Amsterdã[56], em 1997, fica estabelecido como objetivo da União Europeia a criação de uma política comum de asilo, imigração e controle externo de fronteiras[57], e

---

(51) <http://www.fd.uc.pt/CI/CEE/pm/Tratados/Lisboa/conv-genebra%20protocolo%201967.htm>. Acesso em: 28 dez. 2015.
(52) <http://www.refworld.org/docid/3ae69eeb14.html>. Acesso em: 28 dez. 2015.
(53) <http://www.un-documents.net/a21r2198.htm>. Acesso em: 28 dez. 2015.
(54) UNHCR. *"2015 UNHCR regional operations profile – Europe"*. Disponível em: <http://www.unhcr.org/pages/4a02d9346.html>.
(55) Referente ao mesmo período em 2013.
(56) "Tratado de Amsterdã que altera o Tratado da União Europeia, os tratados que instituem as comunidades europeias e alguns atos relativos a esses tratados".
(57) Art. 73-K
   O Conselho, deliberando nos termos do art. 739-0, adoptará, no prazo de cinco anos a contar da data de entrada em vigor do Tratado de Amesterdão:

assim, iniciou-se debates para a criação de um instrumento comunitário que pudesse regular o Estado responsável pela apreciação do pedido.

Inspirados pela Resolução n. 565 (XIX) do Conselho Econômico e Social das Nações Unidas criou do Comitê Executivo do FONUR – Fundo das Nações Unidas para os Refugiados (1955)[58], o Conselho da União Eurpeia na Decisão n. 596[59] de 2000, criou o Fundo Europeu para os Refugiados, objetivando a ajuda concreta para criar e melhorar as condições dos refugiados e das pessoas deslocadas, uma vez que a expansão do refúgio pela Europa aclamava pela união de esforços a fim de proporcionarem maior integração dos refugiados na sociedade.

Então na reunião do *Ad Hoc Commitee of Experts on the Legal Aspects of Territorial Asylum, Refugees and Stateless Persons* (CAHAR) em 2005, teve a formalização de um documento que deu orientações acerca da aplicação de procedimentos que conduzem à expulsão de estrangeiros do território de Estados-membros do Conselho da Europeu. Estão previstas hipóteses em que poderá ocorrer expulsão de estrangeiros; não ficando mais exclusivamente a critério do Estado-membro.

Por fim, tal qual a pacificação na Carta dos Direitos Fundamentais da União Europeia em seu art. 18[60] do "Direito de asilo", o Tratado sobre o Funcionamento da União Europeia consolida e finda as discussões acerca do refúgio entre os países-membros, estabelecendo (o mais próximo) a unificação de normas, conforme abaixo:

Art. 78. *(ex-pontos 1) e 2) do art. 63, e ex-n. 2 do art. 64 TCE) 1. A União desenvolve uma política comum em matéria de asilo, de protecção subsidiária e de protecção temporária, destinada a conceder um estatuto adequado a qualquer nacional de um país terceiro que necessite de protecção internacional e a garantir a observância do princípio da não repulsão. Esta política deve estar em conformidade com a Convenção de Genebra, de 28 de Julho de 1951, e o Protocolo, de 31 de Janeiro de 1967, relativos ao Estatuto dos Refugiados, e com os outros tratados pertinentes.*

O Tratado de Lisboa, de 2007, foi o responsável pela alteração e reforma do funcionamento da UE, objetivando finalizar ou complementar o processo já iniciado pelo Tratado de Amsterdã.

Outrossim, em 2008 foi aprovado formalmente o Pacto Europeu de Imigração e Asilo, no qual, apesar de não vinculativo, define linhas gerais de um futuro plano de ação na construção de uma política europea de imigração e asilo, chamada Programa Haia II 2009-2015. O atual Plano de Ação inclui sete estratégias prioritárias, quais sendo:

i) Reforço da cooperação com os países terceiros de trânsito e de origem de fluxos migratórios;

ii) Reforço da gestão de fronteiras nas fronteiras externas;

iii) Prevenção da imigração ilegal através da fronteira greco-turca;

iv) Prevenção do abuso de canais de imigração legal;

v) Prevenção do abuso do direito de livre circulação de nacionais de países terceiros;

vi) Reforço da gestão das migrações, incluindo a cooperação nas práticas de regresso; e

---

1. Medidas em matéria de asilo concordantes com a Convenção de Genebra, de 28 de Julho de 1951, e o Protocolo, de 31 de Janeiro de 1967, relativos ao estatuto dos refugiados, bem como com os demais tratados pertinentes, nos seguintes domínios:

a) Critérios e mecanismos para a determinação do Estado-Membro responsável pela análise de um pedido de asilo apresentado num dos Estados-Membros por um nacional de um país terceiro;

b) Normas mínimas em matéria de acolhimento dos requerentes de asilo nos Estados--Membros;

c) Normas mínimas em matéria de condições a preencher pelos nacionais de países terceiros que pretendam aceder ao estatuto de refugiado;

d) Normas mínimas em matéria de concessão ou retirada do estatuto de refugiado nos Estados-Membros;

2. Medidas relativas aos refugiados e às pessoas deslocadas, nos seguintes domínios:

a) Normas mínimas em matéria de concessão de protecção temporária a pessoas deslocadas de países terceiros que não possam regressar ao seu país de origem, bem como a pessoas que, por outros motivos, necessitem de protecção internacional;

b) Medidas tendentes a assegurar uma repartição equilibrada do esforço assumido pelos Estados-Membros ao acolherem refugiados e pessoas deslocadas e suportarem as consequências decorrentes desse acolhimento;

3. Medidas relativas à política de imigração, nos seguintes domínios:

(...)

4. Medidas que definam os direitos e condições em que os nacionais de países terceiros que residam legalmente num Estado-Membro podem residir noutros Estados-Membros.

(58) Nações Unidas. "Estatuto do Alto Comissariado das Nações Unidas para os Refugiados". Link disponível: http://www.refugiados.net/cid_virtual_bkup/asilo2/2eacnur.html#dois

(59) Decisão publicada no Jornal Oficial das Comunidades Europeias em 06.10.2000.

(60) Art. 18. É garantido o direito de asilo, no quadro da Convenção de Genebra de 28 de Julho de 1951 e do Protocolo de 31 de Janeiro de 1967, relativos ao Estatuto dos Refugiados, e nos termos do Tratado da União Europeia e do Tratado sobre o Funcionamento da União Europeia (a seguir designados "Tratados").

vii) Gestão das pressões migratórias de e via países do Sul do Mediterrâneo.[61]

Com isso, pretendem implementar um procedimento único de asilo que comporte as garantias indispensáveis e adotar estatutos uniformes de refugiados acerca do benefício da proteção subsidiária.

6.2. Ampliação do conceito de Refúgio na África e América Latina

É notório que os Estados possam estender, ampliar e readequar o conceito de refugiados conforme suas próprias questões regionais. Assim era a intenção primordial apresentada pela Convenção de 1951 – tal qual o Protocolo de 1967 –, estabelecer os padrões mínimos afim de resguardar os direitos dos refugiados não abrangidos nas demais localidades.

Dessa forma, elenca-se duas grandes regiões que sentiram a necessidade de ampliação do conceito a fim de garantir a proteção de um maior número de pessoas. Estas entenderam o dever que cabe a cada região ou Estado que partilham das mesmas adversidades em normatizar sua situação partindo dos princípios ora estabelecidos.[62]

6.2.1. Dos instrumentos africanos

Segundo estatísticas da ACNUR, o continente africano abriga cerca de 3 (três) milhões de refugiados, um número considerável uma vez que a escala e volatilidade das crises humanitárias são recorrentes nos Estados da África.

Os Estados africanos que haviam conquistado sua independência uniram-se para formar a, na época, OUA – Organização Unidade Africana (1963)[63], a qual tinha por objetivo a solidariedade e cooperação entre os Estados, além de erradicar o colonialismo que assolava a região. Após adotarem o Protocolo de 1967, a antiga OUA formalizou a Convenção Relativa aos Aspectos Específicos dos Problemas dos Refugiados Africanos em 1969[64].

Nesta Convenção, logo no primeiro artigo, há extensa definição concordada e adotada pelos Estados-membros da OUA acerca do termo "refugiado", veja-se:

Art. I

Definição do termo Refugiado

1 – Para fins da presente Convenção, o termo refugiado aplica-se a qualquer pessoa que, receando com razão, ser perseguida em virtude da sua raça, religião, nacionalidade, filiação em certo grupo social ou das suas opiniões políticas, se encontra fora do país da sua nacionalidade e não possa, ou em virtude daquele receio, não queira requerer a protecção daquele país; ou que, se não tiver nacionalidade e estiver fora do país da sua anterior residência habitual após aqueles acontecimentos, não possa ou, em virtude desse receio, não queira lá voltar.

2 – O termo refugiado aplica-se também a qualquer pessoa que, devido a uma agressão, ocupação externa, dominação estrangeira ou a acontecimentos que perturbem gravemente a ordem pública numa parte ou na totalidade do seu país de origem ou do país de que tem nacionalidade, seja obrigada a deixar o lugar da residência habitual para procurar refúgio noutro lugar fora do seu país de origem ou de nacionalidade.

3 – No caso de uma pessoa com várias nacionalidades, a expressão do país da sua nacionalidade refere-se a cada um dos países de que essa pessoa tem a nacionalidade; não será considerada privada da protecção do país da sua nacionalidade qualquer pessoa que, sem razão válida, baseada num receio fundado, não tenha pedido a protecção de um dos países da sua nacionalidade.

Importante destacar que o (2) do art. 1º expressamente acrescenta o alcance da concessão de refúgio para que seja garantida a proteção de pessoas em situações que sejam obrigadas a deixar seu local de residência habitual em razão de desastres causados pelo homem. O fundamento é entitulado por "perigo generalizado" de acordo com a visão de alguns doutrinadores.

Ademais, a Convenção da OUA também abre o leque de possibilidades ao ressaltar que os acontecimen-

---

(61) SGMAI. Secretaria Geral do Ministério da Administração Interna. Disponível: <http://www.sg.mai.gov.pt/RelacoesInternacionais/UniaoEuropeia/Imigracao/Paginas/default.aspx>.

(62) SOARES, Carina de Oliveira. *"O direito internacional dos refugiados e o ordenamento jurídico brasileirp: análise da efetividade da proteção nacional"*. Dissertação apresentada à UFAL para obtenção do grau de Mestre em Direito em 2012. Link disponível: <http://www.acnur.org/t3/fileadmin/Documentos/portugues/eventos/O_direito_internacional_dos_refugiados.pdf>.

(63) *"25 de maio de 1963: 30 Estados africanos independentes fundam a Organização da Unidade Africana (OUA) na capital da Etiópia, Addis Abeba. O objetivo: promover a unidade do continente e defender a soberania e integridade territorial dos seus membros. Nesse mesmo ano, a OUA cria na Tanzânia um chamado "Comitê de Libertação", que apoiou a luta contra o poder da minoria branca na Namíbia e na África do Sul."* SCHADOMSKY, Ludger; SILVA, Guilherme Correia da. "50 anos da UA: a história da União Africana". Publicado em 29/05/2013. Link disponível: <http://www.dw.com/pt/uni%C3%A3o-africana--cronologia-50-anos-ua-hist%C3%B3ria-da-uni%C3%A3o-africana/a-16832167>.

(64) Nomenclatura oficial: *Convention Governing the Specific Aspects of Refugee Problems in Africa – 1969*.

tos podem ocorrer *"numa parte ou na totalidade do seu país de origem ou do país de que tem nacionalidade"*[65]. Com isso, é apresentada a hipótese de reconhecimento dos deslocados internos – aqueles que se encontram em situação análoga a dos refugiaodos, porém permanecem dentro de seu país de origem ou nacionalidade – como refugiados.

Por fim, referida Convenção (1969) consistiu na primeira experiência regional na elaboração de instrumentos de proteção a refugiados, em tal caso cogitou-se que a Convenção da OUA poderia enfrentar o caráter universal da Convenção de 1951[66], contudo esse argumento não prosperou, uma vez que os instrumentos regionais devem complementar àqueles de abrangência global.

6.2.2. Dos instrumentos latino-americanos

Cada regionalismo teve seu desenvolvimento explorado em decorrência de suas próprias necessidades, o mesmo ocorreu com a América Latina, a qual foi marcada por fortes regimes ditatoriais entre as décadas de 70 e 80. Não obstante a concentração de mais de 2 (dois) milhões de deslocados, apenas 150 (cento e cinquenta) mil[67] estavam devidamente enquadrados na clássica definição da Convenção de 1951.

Percebeu-se então que era fundamental a ampliação dessa "definição universal" para que fosse adequado à situação alarmante que perpetuava naquela região.

Consequentemente, em 1981, a ACNUR organizou o *"Coloquio sobre el Asilo y la Protección Internacional de Refugiados en América Latina"* – o que ficou conhecido como "Colóquio Mexicano" – para que se discutissem as questões e soluções para o tema (E. g. proteção à pessoas que fugim de agressões, dominação, ocupação externa, violação massiva[68]), fora a primeira iniciativa do gênero nas localidades.

Todavia, somente em 1984, com o Colóquio em Cartagena é que elaborou-se um documento encorpado estabelecendo normas internas que facilitassem a aplicação da Convenção de 1951 e Protocolo de 1967, assim como continha procedimentos internos para garantir a proteção dos refugiados, este denominado de Declaração de Cartagena sobre os Refugiados, aprovado pela Assembleia Geralda OEA em 1985 (HATHAWAY, 1993).

Ainda sobre a Declaração de Cartagena (1984), destaca-se um trecho da conclusão contida no documento, acerca da expressa ampliação do conceito de refugiado também para aqueles que fundamentarem sua situação em razão de ameaças à vida, segurança ou liberdade, ou violência generalizada, maciça e demais hipóteses qualificadas conforme abaixo:

> 3. To reiterate that, in view of the experience gained from the massive flows of refugees in the Central American area, it is necessary to consider enlarging the concept of a refugee, bearing in mind, as far as appropriate and in the light of the situation prevailing in the region, the precedent of the OAU Convention (article 1, paragraph 2) and the doctrine employed in the reports of the Inter-American Commission on Human Rights. Hence the definition or concept of a refugee to be recommended for use in the region is one which, in addition to containing the elements of the 1951 Convention and the 1967 Protocol, includes among refugees persons who have fled their country because their lives, safety or freedom have been threatened by generalized violence, foreign aggression, internal conflicts, massive violation of human rights or other circumstances which have seriously disturbed public order.

Além dos preceitos básicos, a referida Declaração também estabelece a conceituação dessa questão no campo dos direitos humanos ao determinar a "violação maciça de direitos humanos"[69] como elemento de maior ampliação do conceito no mesmo período.

Em comemoração ao 10º (décimo) aniversário da Declaração de Cartagena, por intermédio de um Colóquio Internacional promovido pelo Alto Comissariado das Nações Unidas para os Refugiados, a Declaração de San José Sobre Refugiados e Pessoas Deslocadas (Cartagena +10) em 1994 estabeleceu a compreensão da proteção específica de deslocados internos, trazendo a explicação de que *"o deslocamento é causado principalmente pela violação de direitos humanos, reconhecendo claramente convergências entre os sistemas internacionais*

---

(65) Trecho extraído do (2) do art. 1º, Definição do termo Refugiado, da Convenção Relativa aos Aspectos Específicos dos Problemas dos Refugiados na África. OUA. 1969.

(66) MOREIRA, Julia Bertino. *"A Construção e Transformação da Definição de Refugiado"*. Publicado em nov. 2007. Disponível em: <http://www.santiagodantassp.locaweb.com.br/br/simp/artigos/moreira2.pdf>.

(67) *Op. cit.*

(68) SANTIAGO. O Direito Internacional dos Refugiados: características e desenvolvimento na América Latina. In: TRINDADE, Antonio Augusto Cançado. *"A proteção dos Direitos Humanos nos plano nacional e internacional: perspectivas brasileiras"*. San Jose: Instituto Friedrich Naumann-Stiftung: Brasília, 1992.

(69) No trecho da conclusão citado acima é possível encontrar o termo como *"massive violation of human rights"*.

de proteção da pessoa humana e enfatizando sua natureza complementar" (BARRETO; LEÃO, 2010)[70].

A partir daí tornou-se tradição a organização de colóquios no marco de cada 10 (dez) anos de existência da Declaração de Cartagena. Por isso, a Declaração e Plano de Ação do México realizou-se no vigésimo aniversário, em 2004, e apresentou propostas ousadas para proteção internacional (MILESI, 2005), tal como confrontou políticas e legislações restritivas de muitos países sobre questões de refúgio e migração, assim como aqueles que estabelecem restrições sobre o reassentamento de refugiados[71].

Já no último ciclo de aniversário da Declaração de Cartagena (+30), em 2014, a Declaração e o Plano de Ação do Brasil – "Um Roteiro Comum para Fortalecer a Proteção e Promover Soluções Duradouras para as Pessoas Refugiadas, Deslocadas e Apátridas na América Latina e no Caribe em um Marco de Cooperação e Solidariedade" – trouxeram diversas inovações com elaboração de projetos e uma gama de programas[72] (Programa "Asilo de Qualidade"; Programa "Fronteiras Solidárias e Seguras"; Programa "Mobilidade Laboral"; Programa "Reassentamento Solidário" e etc.) a fim de estimular o avanço nas soluções para pessoas refugiadas, bem como impulsionar a cooperação internacional por meio dos diversos programas criados. Assim, também se comprometeram diante do ACNUR os estados-membros a adotarem e seguirem o plano de ação, pois este ficou responsável pela elaboração de informes de progresso a cada três meses.

De um modo geral, foram inovadoras tanto a definição ampliada trazida pela OUA como aquela trazida pxela Declaração de Cartagena, em razão de levarem em conta as situações de violências e conflitos específicos da região, ambos ocorridos nos países da África, tal qual nos países da América Latina. No entanto, o Colóquio de Cartagena resultou em uma medida mais além daquelas já previstas na Convenção da OUA, na Declaração de Cartagena a violação massiva dos direitos humanos é arrolada nas hipóteses que os qualificam como refugiados[73], conforme destacado acima.

6.3. Proteção dos refugiados na região do pacífico e Ásia

Acompanhando a divisão geográfica estabelecida pela ACNUR[74], a região do Pacífico e Ásia é composta pela Ásia Central, Sudoeste, Sul e Sudeste da Ásia, assim como o Leste da Ásia e Pacífico. Ao todo, os refugiados somam 3,5 milhões de refugiados, sendo que a maioria são originários do Afeganistão e Myanmar.

O primeiro instrumento significativo acerca da questão do refúgio ficou estabelecido em 1966 "Bangkok Principles on Status and Treatment of Refugees", fora adotado pela organização AALCO – Asian-African Legal Consultative Organization[75]. O texto inicial previa a não vinculação jurídica dos princípios quando adotados; já em 1970 adotaram uma adendo sobre o "direito de retorno", e, em 1987 aprovaram um novo adendo acerca da partilha de encargos.

Contudo, o referido instrumento não foi popularizado como previsto (TAYLOR, 2015), por isso entre 1996 e 2001, na tentativa de dar maior efetividade no grande marco do direito internacional do Pacífico-asiático, a AALCO, a ACNUR e os Estados-membros discutiram e revisaram os Princípios da Bangkok a fim de definirem um texto mais apropriado para atualidade. Nesse processo culminou na consolidação dos "Revised Bangkok Principles " não tendo força jurídica vinculante[76].

"The Bali Process", seguindo a cronologia histórica, foi resultado de uma Conferência Ministerial presidida pela Austrália e Indonésia em 2002; tratou-se de tráfico de pessoas e questões relacionadas a crimes transnacionais[77]. No entanto, na Quinta Reunião do "Bali Process" Ad Hoc Group Senior Officials, nas Declarações Finais, é transcrito o apoio aos refugiados que foram submetidos à essas circunstâncias:

> *12. Participants confirmed their support for better managing broad migration issues with the region. Participants also reaffirmed their commitment to achieving consis-*

---

(70) BARRETO, Luiz Paulo Teles Ferreira; LEÃO, Renato Zerbini Ribeiro. *"O Brasil e o espírito da Declaração de Cartagena"*. Publicado na Mini-feature: Brasil, Revista Forced Migration, Ed. 35, jul. 2010.

(71) MILESI, Rosita. *"Refugiados e Migrações Forçadas:* uma reflexão aos 20 anos da Declaração de Cartagena". Publicado em 2005. Link disponível: https://www.justica.gov.br/central-de-conteudo/estrangeiros/art_irmarosita.pdf

(72) UNHCR. *"2015 UNCHR regional operations profile – Americas"*. Disponível: <http://www.unhcr.org/pages/4a02da6e6.html>.

(73) MOREIRA. Op. Cit.

(74) ACNUR. *"2015 UNHCR regional operations profile – Asia and The Pacific"*. Disponível em:< http://www.unhcr.org/pages/4a02d8ec6.html>.

(75) AALCO representa, atualmente, 47 Estados-membros, tais como: Ghana, Índia, Indonesia, Iraque, Irã, Japão, Malasia, Mayanmar, Nepal, China, Qatar, Arábia Saudita, Tanzania, Tailândia, Uganda etc. .

(76) Representa o "Final text of the AALCO's 1966 Bangkok Principles on Status and Treatment of Refugees" adotado em 24 de junho de 2001 pela 40º sessão da AALCO, New Delhi.

(77) Houve um avanço considerável no *The Bali Process*, tanto que os Estados que adotaram o instrumento passaram a ser chamados de "Bali Process countries".

tency in regional approaches to protection, resettlement and repatriation to better address the needs of asylum seekers and refugees. In this regard, participants noted a presentation from STATT Consulting and some preliminary findings of a research report. Participants agreed a draft final report would be circulated to individual countries for verification and further consideration of draft findings.

Assim, a questão do tráfico de pessoas foi incluída no "Irregular Movement", Refúgio e Asilo – como já discorrido anteriormente –, tanto no "The Bali Process" como na Abordagem Cooperativa Regional da ACNUR.

Resta salientar que, em 2011, uma Conferência Regional sobre Proteção de Refugiados e Migração Internacional na Ásia Central dimanou na adoção da Declaração Almaty não vinculativa pelos cinco países da Ásia Central, assim como Afeganistão, Azerbaijão, China, Irã, Rússia e Turquia. A declaração traz uma maior palpabilidade acerca da preservação do asilo e refúgio e reforça os preceitos para controle de migração irregular[78].

Ainda em 1967, foi criada a ASEAN – Association of Southeast Asian Nations[79], a qual veio a adotar, recentemente em 2012, a "ASEAN Human Rights Declaration". Interessante mencionar o art. 16 dessa Declaração:

16. Every person has the right to seek and receive asylum in another State in accordance with the laws of such State and applicable international agreements.

Já na Austrália, grande representante do Pacífico – pelo menos quanto ao desenvolvimento, economia e extensão territorial – foi destaque negativo em junho de 2015 pelo ACNUDH – Alto Comissariado das Nações Unidas para Direitos Humanos[80], uma vez que, em decorrência da aprovação de alterações na Legislação de Migração (2012) a fim de conferir ao Ministro de Imigração o poder de designar os países que serão classificados como "regional processing country", destratou de questões importantes de refúgio.

Ocorre que, tendo em vista o abarrotamento de pedidos de refúgio recebidos na Austrália e consequente alteração na Lei de Migração, o governo australiano passou a fazer acordos com as pequenas nações do Pacífico e com o Camboja[81] – no qual houve a troca de assistência financeira pelo acolhimento de refugiados[82] – a fim de solucionar a questão dos refugiados enviando-os para estes países. Todavia, o ACNUDH entende que os refugiados que necessitam de urgente proteção encontram as portas australianas fechadas, além de que por muitas vezes são encaminhados à países mal preparados que não oferecerem uma "solução durável"[83].

Inspirados pela "The Bali Process" e da consequente "Regional Cooperation Framework" (RCF) – estabelecido na Quarta Conferência Regional Ministerial do Processo de Bali –, os representantes dos países mais afetados da região adotaram a "Jakarta Declaration on Addressing Irregular Movement of Persons" em 2013. Primariamente há o enfoque de controle de fronteiras; mas é a preocupação dos Estados em conferirem a proteção de forma a aproximar da cooperação que se destaca aos olhos da ACNUR.

Ademais, a Declaração de Jacarta traz a confirmação do Processo de Bali e do RCF em seu texto, do mesmo modo que, mais uma vez, reafirmam a equiparação entre a imigração irregular e asilo e refúgio, conforme abaixo:

6. We recognized that the issue of irregular movement of persons also covers asylum seekers and refugees and their possible secondary movements.

Em busca da unificação normativa dos direitos dos refugiados, desde novembro de 2008[84], a APPRN – Asia Pacific Refugee Rights Network[85] passou a funcionar em prol dos direitos dos refugiados da região, disseminando de informações, debates e trabalhos a fim de garantir que os direitos fundamentais dos refugiados, assim como dos requerentes de asilo e vítimas de migração forçada. Além disso, defendem que os Estados-membros ratifiquem a Convenção de 1951, bem como seu Protocolo de 1967, tal qual estimulam o desenvolvimento de legislação de proteção dos refugiados nacionais.

---

(78) TAYLOR, Savitri. *"Refugee Protection in the Asia Pacific Region"*. Disponível em: <http://www.refugeelegalidinformation.org/refugee-protection-asia-pacific-region>.

(79) ASEAN representa atualmente 10 Estados-membros, tais como: Vietnã, Tailândia, Singapura, Filipinas, Myanmar, Malásia, Indonésia, Camboja etc. Disponível em: <http://www.asean.org/asean/asean-member-states>.

(80) ACNUDH. Disponível em: <http://www.ohchr.org/EN/NewsEvents/Pages/DisplayNews.aspx?NewsID=16076&LangID=E>.

(81) Disponível em: <http://agenciabrasil.ebc.com.br/internacional/noticia/2015-10/australia-procura-novos-paises-para-acolher-pedidos-de-asilo>.

(82) Disponível em: <http://www.refworld.org/docid/5436588e4.html>.

(83) Disponível em: <http://www.ohchr.org/EN/NewsEvents/Pages/DisplayNews.aspx?NewsID=16076&LangID=E>.

(84) Data da primeira consulta Ásia-Pacífico sobre Direitos dos Refugiados (APCRR – Asia Pacific Consultation on Refugee Rights).

(85) "The Asia Pacific Refugee Rights Network (APPRN) is an open and growing network consisting of more than 200 (as of September 2014) civil society organisations and individuals from 26 countries committed..." <http://www.aprrn.info/1/index.php/about-us/who-we-are>.

Para que os trabalhos da APPRN tivessem um enfoque direcionado especificamente na região do Pacífico e Ásia, desenvolveu-se a própria visão para proteção da região[86], em 2013:

Vision Statement: APRRN envisions a region in which all refugees, asylum seekers, torture survivors and complainants, trafficked persons, IDPs, stateless persons and returnees (hereafter 'people in need of protection') have equal and adequate access to assistance and protection, and to timely durable solutions as relevant. We envision a region in which states (including those outside the region), civil society, UNHCR and other actors collaborate effectively towards a common purpose of regional protection, with respect for their differentiated roles and responsibilities[87].

Com isso, estabelecem uma Proteção Regional de um grande leque, utilizando um sistema eficaz, de integração global, cujo os atores internacionais localizados fora da região se comprometem ao regramento regional. A mesma visão é partilhada quando em 2014 é adotada a Constituição da "Asia Pacific Refugee Rights Network", essa traz um rol de objetivos específicos, delimitando diretrizes àqueles que o adotaram.

7. Conclusão

A evolução do instituto do refúgio ao longo do século passado apresenta algumas linhas-mestras, alguns traços comuns que podem ser destacados. Há uma linha comum: desde suas origens, como uma resposta – a princípio *ad hoc* – à inadequação dos institutos clássicos em meio a uma situação caótica de crise humanitária internacional; passando por sua expansão e adoção como sistema global, criado nos quadros da ONU e sob os auspícios da Convenção de 1951; até a posterior regionalização e mesmo aprofundamento da proteção.

Surgindo como uma solução política, concertada entre grandes potências e de caráter totalmente regional a um problema propriamente europeu, as primeiras disposições internacionais tratam apenas de certas nacionalidades e são adotadas por poucos países. Trata-se de uma fase europeia, preparatória, em que se busca ainda um arcabouço normativo e institucional adequado, com avanços e retrocessos.

Já na Liga das Nações são discutidas propostas de extensão da proteção em bases gerais, ou mesmo um conceito universal de refugiados. Tais propostas somente serão adotadas sob a proteção das Nações Unidas e da nova concepção jurídica internacional do pós-1945, com a progressiva valorização e proteção do indivíduo, simbolizada pela Declaração Universal de 1948. A partir da Convenção de 1951 inaugura-se a fase propriamente global do direito dos refugiados, seja pela expansão do conceito (completada pelo protocolo adicional, de 1967), seja pelo número e representatividade de seus signatários. Com base na experiência anterior, cria-se um arcabouço institucional, duradouro e vigente desde então, consubstanciado no ACNUR, órgão central do sistema ONU de proteção aos refugiados.

Por fim, uma vez estabelecido o marco global mínimo, em uma terceira fase vemos a progressiva integração e regionalização do direito dos refugiados, com convenções e sistemas de proteção próprios. Trata-se de internalização em sistemas regionais, por certo, mas também de aprofundamento e integração com base em valores e crenças compartilhadas. Cite-se como exemplo o caso das definições de refugiados nos sistemas latino-americano e africano, modeladas em favor de fatores regionais em benefício do ideal da proteção integral e que inovam perceptivelmente em relação ao sistema ONU.

A evolução, ao longo do século XX, autoriza uma interpretação no sentido da expansão e desenvolvimento da proteção aos refugiados, seja em nível material (proteção) ou geográfico (países aderentes), bem como sua adaptação a circunstâncias sempre mutáveis e

---

(86) "The Asia Pacific Refugee Rights Network's Vision for Regional Protection". <http://www.aprrn.info/1/index.php/news/53-announcements/237-the-asia--pacific-refugee-rights-network-s-vision-for-regional-protection>.

(87) "1.All refugees, whether living in camps or in urban or rural areas, are assured of equal and adequate access to assistance, fair procedures, protection and durable solutions.

2. Each state recognises the right to a nationality on a non-discriminatory basis and has in place effective mechanisms to prevent and reduce statelessness, including statelessness determination procedures, universal birth registration, access to civil status registration, and procedures to determine and obtain.

3. Multilateral action to address the root causes of forced displacement, combined with collective efforts to prevent and resolve protracted refugee, IDP and statelessness situations, has substantially reduced the number of 'people in need of protection' living in limbo and has significantly reduced the need for them to make onward movements in search of protection.

4. States have procedures for managing mixed migration flows that ensure due process, humane standards of treatment and the protection of all who require it.

5. Family unity and reunification is respected in all decisions concerning 'people in need of protection'.

6. There is a commitment to harmonization of approach so that legal and procedural standards are adopted and interpreted consistently jurisdiction to jurisdiction and ensure depth of judicial analysis, due process of law and relative consistency in refugee recognition rates." <http://www.aprrn.info/1/index.php/news/53-announcements/237-the-asia-pacific-refugee-rights-network-s-vision-for-regional-protection>.

novos desafios. Há mesmo uma construção do conceito de refugiado como instituto global e regionalmente reconhecido; como um indivíduo em particular situação de vulnerabilidade e, portanto, demandando um arcabouço protetivo específico, uma conquista do século passado que se estende aos dias de hoje.

8. Referências Bibliográficas

1. Documentos

Institut de Droit International. Statut Juridique des apatrides et des réfugiés, 24 avril 1936. Disponível em: <http://www.justitiaetpace.org/idiF/resolutionsF/1936_brux_02_fr.pdf>. Acesso em: 21 dez. 2015.

Liga das Nações. Arrangement with respect to the issue of certificates of identity to Russian Refugees, 5 July 1922, League of Nations, Treaty Series Vol. XIII No. 355, disponível em: <http://www.refworld.org/docid/3dd8b4864.html>. Acesso em: 20 dez. 2015.

_____. *Arrangement Relating to the Issue of Identity Certificates to Russian and Armenian Refugees*, 12 May 1926, League of Nations, Treaty Series Vol. LXXXIX, No. 2004, disponível em: <http://www.refworld.org/docid/3dd8b5802.html>. Acesso em: 21 dez. 2015.

_____. *Arrangement Concerning the Extension to Other Categories of Certain Measures Taken in Favour of Russian and Armenian Refugees*, 30 june 1928, League of Nations, Treaty Series, 1929; 89 LoNTS 63. Disponível em: <http://www.refworld.org/docid/42cb8d0a4.html>. Acesso em: 21 dez. 2015.

_____. *Arrangement Relating to the Legal Status of Russian and Armenian Refugees*, 30 June 1928, League of Nations Treaty Series, Vol. LXXXIX, N. 2005. Disponível em: <http://www.refworld.org/docid/3dd8cde56.html>. Acesso em: 21 dez. 2015.

_____. *Convention Relating to the International Status of Refugees*, 28 October 1933, League of Nations, Treaty Series Vol. CLIX N. 3663. Disponível em: <http://www.refworld.org/docid/3dd8cf374.html>. Acesso em: 21 dez. 2015.

_____. *Convention concerning the Status of Refugees Coming From Germany*, 10 February 1938, League of Nations Treaty Series, Vol. CXCII, N. 4461, page 59, disponível em: <http://www.refworld.org/docid/3dd8d12a4.html>. Acesso em: 21 dez. 2015.

_____. *Provisional Arrangement concerning the Status of Refugees Coming from Germany*, 4 July 1936, League of Nations Treaty Series, Vol. CLXXI, N. 3952, disponível em: <http://www.refworld.org/docid/3dd8d0ae4.html>. Acesso em: 21 dez. 2015.

_____. *Constitution of the International Refugee Organization*, 15 december 1946, United Nations, Treaty Series, vol. 18, p. 3. Disponível em: <http://www.refworld.org/docid/3ae6b37810.html>. Acesso em: 21 dez. 2015.

Organização das Nações Unidas. UN Ad Hoc Committee on Refugees and Stateless Persons. *A Study of Statelessness*, August 1949, Lake Success – New York. Disponível em: <http://www.refworld.org/docid/3ae68c2d0.html>. Acesso em: 21 dez. 2015.

_____. Declaração de Cartagena. 1984. (Resolução OEA/Ser.1L/II.66). Disponível em: Acesso em: 23 dez. 2015.

_____. Acordo de Schengen. 1981. (União Europeia). Acesso em 26 dez. 2015.

_____. Convenção de Aplicação do Acordo de Schengen. 1985. (União Europeia). Link disponível: <http://www.gddc.pt/cooperacao/materia-penal/textos-mpenal/ue/schb-9.html>. Acesso em: 09 nov. 2015.

_____. Dublin Convention determining the State responsible for examining applications for asylum lodged in one of the Member States of the European Communities. 1990. Link disponível: <http://www.gddc.pt/cooperacao/materia-penal/textos-mpenal/ue/schb-9.html>. Acesso em: 09 nov. 2015.

_____. Versão consolidadas do Tratado da União Europeia e Do Tratado Sobre o Funcionamento da União Europeia. Carta dos Direitos Fundamentias da União Europeia. Acesso em: 20 nov. 2015.

_____. Tratado de Amsterdã que altera o Tratado da União Europeia, os Tratados que instituem as comunidades europeias e alguns Atos Relativos a esses Tratados. 1997. Acesso em: 29 dez. 2015.

_____. Decisão do Conselho da União Europeia que cria o Fundo Europeu para Refugiados. 2000. (2000/596/CE). Acesso em: 30 dez. 2015.

_____. 925 Meeting. Ad Hoc Committee of Experts on the Legal Aspects Refugees and Stateless Persons (CAHAR). 2005. (10 legal questions). Acesso em: 03 jan. 2016.

_____. Tratado de Lisboa. (União Europeia). 2007. Disponível: <http://eur-lex.europa.eu/legal-content/PT/TXT/?uri=URISERV%3Aai0033>. Acesso em: 03 jan. 2016.

_____. Pacto Europeu sobre a Imigração e o Asilo – Programa Haia II 2009-2015. (União Europeia). 2008. Disponível em: <http://register.consilium.europa.eu/doc/srv?l=PT&f=ST%2013440%202008%20INIT>. Acesso em: 03 jan. 2016.

_____. Convention Governing the Specific Aspects of Refugee Problem in Africa. 1969. Acesso em: 09 nov. 2015.

_____. Coloquio sobre el Asilo y la Protección Internacional de Refugiados en América Latina. (Colóquio Mexicano). 1981. Acesso em: 20 nov. 2015.

_____. Cartagena Declaration on Refugees, Colloquium on the International Protection of Refugees in Central America, Mexico and Panamá. (Declaração de Cartagena). 1984. Acesso em: 09 nov. 2015.

_____. Declaração de San José sobre Refugiados e Pessoas Deslocadas. (Cartagena +10). 1994. Acesso em: 09 nov. 2015.

_____. Declaração e Plano de Ação do México para Fortalecer a Proteção Internacional dos Refugiados na América Latina. (Cartagena +20). 2004. Acesso em: 09 nov. 2015.

_____. Declaração e Plano de Ação do Brasil "Um roteiro comum para fortalecer a proteção e promover soluções duradouras para as pessoas refugiadas, deslocadas e apátridas na América Latina e no Caribe em um Marco de Cooperação e Solidariedade". (Cartagena +30). 2014. Acesso em: 20 nov. 2015.

_____. General Assembly Resolution 302. A/RES/302 (IV). (302 (IV). Assistance to Palestine Refugees). 1949. Acesso em: 09 nov. 2015.

103

_____. Final text of the AALCO'S 1966 Bangkok Principles on status and treatment of Refugees". (Asian-African Legal Consultative Organization). 2001. Acesso em: 09 nov. 2015.

_____. Bali Ministerial Conference on People Smuggling, Trafficking in Persons and Related Transnational Crime. (Co-Chairs' Statement). 2002. Acesso em: 09 nov. 2015.

_____. Regional Cooperative Approach to address Refugees, Asylum-Seekers and Irregular Movement. (UNHCR Discussion Paper). 2010. Acesso em: 09 nov. 2015.

_____. Almaty Declaration adopted by Participating States at the Regional Conference on Refugee Protection and International Migration held. (Almaty Declaration). 2011. Acesso em: 09 nov. 2015

_____. ASEAN Human Rights Declaration. (Association of Southeast Asian Nations). 2012. Acesso em: 09 nov. 2015

_____. Regional Cooperation Framework as adopted by the National Coordinators of the four Central Asian States. (Central Asia). 2012. Acesso em: 09 nov. 2015

_____. Jakarta Declaration on Addressing Irregular Movement of Persons. (Jakarta Declaration). 2013. Acesso em: 20 nov. 2015]

_____. Migration Legislation Amendment (Regional Processing and Other Measures) Act 2012. (No. 113, 2012 – Austrália). 2012. Acesso em: 09 nov. 2015

_____. Constitution of Asia Pacific Refugee Rights Network – APRRN. (Advancing the rights of refugees in the Asia Pacific region). 2014. Acesso em: 20 nov. 2015.

2. Artigos

ACNUR. *A situação dos refugiados no mundo: cinquenta anos de ação humanitária*. Almada: A Triunfadora Artes Gráficas, 2000. Disponível em: fmu.br. [Acesso em: 30 dez. 2015.

ADAMS, Walter. "Extent and Nature of the World Refugee Problem". *Annals of the American Academy of Political and Social Science* 203, 1939, p. 26-36. Disponível em: <http://www.jstor.org/stable/1021882>. Acesso em: 21 dez. 2015.

BARRETO, Luiz Paulo Teles Ferreira; LEÃO, Renato Zerbini Ribeiro. *"O Brasil e o espírito da Declaração de Cartagena"*. Publicado na Mini-feature: Brasil, Revista Forced Migration, Ed. 35, jul. 2010. Acesso em: 22 dez. 2015.

DECLARAÇÃO DE CARTAGENA. In: ARAUJO, Nadia; ALMEIDA, Guilherme Assis de (Coord.). *O Direito Internacional dos Refugiados: uma perspectiva brasileira*. Rio de Janeiro: Renovar, 2001. Disponível em: <http://www3.pucrs.br/pucrs/files/uni/poa/direito/graduacao/tcc/tcc2/trabalhos2006_2/rosana_kim.pdf>. Acesso em: 28 dez. 2015.

ESTORICK, Eric. "The Evian Conference and the Intergovernmental Committee". *Annals of the American Academy of Political and Social Science* 203, 1939, p. 136-141. Disponível em: http://www.jstor.org/stable/1021894 Acesso em: 20 dez. 2015.

HOLBORN, Louise W. "The Legal Status of Political Refugees, 1920-1938". *The American Journal of International Law* 32.4, 1938, p. 680-703. Disponível em: http://www.jstor.org/stable/2190591 Acesso em: 21 dez. 2015.

JAEGER, Gilbert. *Status and international protection of refugees*. 9th study session, Institut International des droits de l'homme, July 1978. Disponível em: <http://repository.forcedmigration.org/show_metadata.jsp?pid=fmo:81>. Acesso em: 22 dez. 2015.

KENNEDY, David W. "International Refugee Protection". *Human Rights Quarterly*, vol. 1, 1986. Disponível em: <http://www.law.harvard.edu/faculty/dkennedy/publications/refugee.pdf>. Acesso em: 21 dez. 2015.

MILESI, Rosita. *"Refugiados e Migrações Forçadas: uma reflexão aos 20 anos da Declaração de Cartagena"*. Publicado em 2005. Disponível em: <https://www.justica.gov.br/central-de-conteudo/estrangeiros/art_irmarosita.pdf>. Acesso em: 22 dez. 2015.

MOREIRA, Julia Bertino. *"A Construção e Transformação da Definição de Refugiado"*. Publicado em nov. 2007. Disponível: <http://www.santiagodantassp.locaweb.com.br/br/simp/artigos/moreira2.pdf>. Acesso em: 30 dez. 2015.

SOARES, Carina de Oliveira. *"O direito internacional dos refugiados e o ordenamento jurídico brasileirp: análise da efetividade da proteção nacional"*. Dissertação apresentada à UFAL para obtenção do grau de Mestre em Direito em 2012. Link disponível: <http://www.acnur.org/t3/fileadmin/Documentos/portugues/eventos/O_direito_internacional_dos_refugiados.pdf>. Acesso em: 22 dez. 2015.

TAYLOR, Savitri. *"Refugee Protection in the Asia Pacific Region"*. Disponível em: <http://www.refugeelegalidinformation.org/refugee-protection-asia-pacific-region>. Acesso em: 09 nov. 2015.

3. Livros

CASELLA, Paulo Borba. *Direito Internacional no Tempo Antigo* – Ed. 1 – São Paulo: Atlas, 2012.

CRETELLA NETO, José. *Teoria Geral Das Organizações Internacionais*. 3. ed. São Paulo: Editora Saraiva, 2013.

HADDAD, Emma. *The Refugee in International Society*. 1. ed. Cambridge: Cambridge University Press, 2008.

HATHAWAY, James C. *The Rights of Refugees Under International Law*. 1. ed. Cambridge: Cambridge University Press, 2005.

KIM, Keemchang. *Aliens in Medieval Law, the origins of modern citizenship*. 1. ed. Cambridge: Cambridge University Press: 2004.

LOESCHER, Gil. *Beyond Charity: International Cooperation and the Global Refugee Crisis*. 1a edição. Oxford: Oxford University Press, 1996.

LOESCHER, Gil, BETTS, Alexander e MILNER, James. *The United Nations High Comissioner for Refugees, the politics and practice of refugee protection into the twenty-first century*. 1. ed. New York: Routledge, 2008.

PIOVESAN, Flávia. *Brasil e o sistema interamericano de proteção dos direitos humanos: impacto, desafios e perspectivas*. Anuário Brasileiro de Direito Internacional Núm. II-2, Junho 2007. Disponível em: <http://international.vlex.com/vid/interamericano-direitos-impacto-desafios-215225149>. Acesso em: 27 dez. 2015.

PRICE, Matthew E. *Rethinking Asylum: History, Purpose and Limits*. 1a edição. Cambridge: Cambridge University Press, 2009.